介護職員実務者研修テキスト
医療的ケア DVD付

竹宮敏子 監修

ミネルヴァ書房

はじめに

　2011（平成23）年の「社会福祉士及び介護福祉士法」の改正によって、介護職もたんの吸引や経管栄養といった医療的ケアを行うことができるようになりました。

　現在わが国では、少子高齢化の進展と厳しい財政状況などから、医師や看護職だけでは適切で十分な医療を国民全体に提供することが難しくなってきている状況です。
　これまでも、実際の介護現場の状況から、「当面の間やむを得ず必要な措置」として介護職による医療的ケアが行われてきました。本来は医師や看護職が担うべき医行為を「容認」するという形です。しかし、少子高齢化と財政の問題に加え、入院期間の短縮、在宅療養への移行という流れがあり、今後ますます施設や在宅等で医療的ケアを必要とする利用者が増えるであろうことが予想され、現場の必要性から今回の法改正が行われました。
　改正をうけ、平成2012（平成24）年度から介護福祉士の養成課程に「医療的ケア」についての50時間の講義と演習が付け加えられ、2015（平成27）年度以降に実施される介護福祉士国家試験では、基本研修の修了が受験要件となっています。

　本書は、介護専門職を目指す人たちのために、テキストとして編纂されました。医療的ケアの実施において、実際の現場では個々の利用者の状況や各施設の特性に合わせた対応が必要になりますが、介護専門職としての医療的ケアの基本的な知識・技術が身につくように、厚生労働省の発表する規定のカリキュラムにそった章立てで構成されています。

　時代の要請により、これからの介護職は医療チームの一員としてより一層の専門性を求められることになるでしょう。本書を大いに活用し、研鑽に役立ててもらえることを願っています。

2015年9月
監修者　竹宮敏子

本書の構成

「手順」と3分野で構成

　本書は、「手順」と、3分野（「分野1　医療的ケアを支える基礎知識」「分野2　たんの吸引」「分野3　経管栄養」）に分けて構成してあります。

●「たんの吸引」・「経管栄養」の手順

　「たんの吸引」「経管栄養」の実施手順がひとめで確認できるように、流れにそってまとめました。また、医療的ケアに関する書類の例も掲載しています。

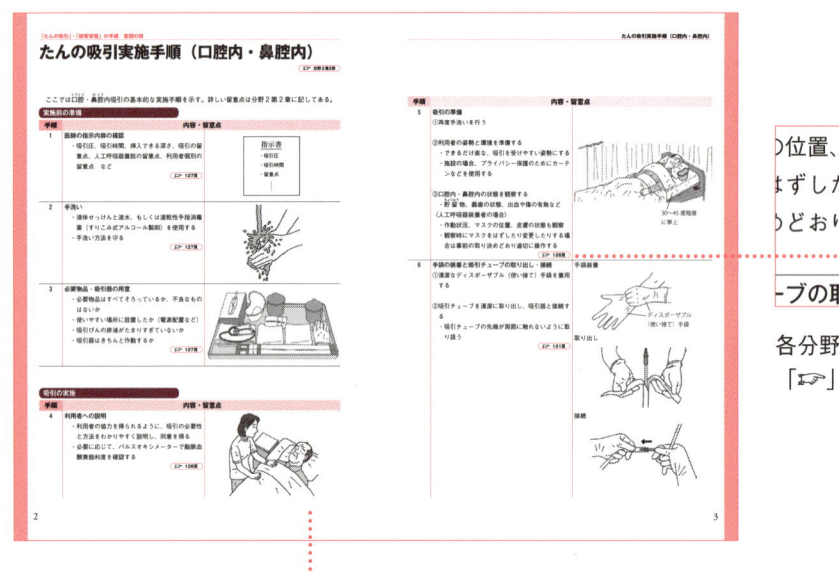

イラストとともに手技の流れを把握しましょう

各分野や本文との関連を「☞」マークで示しました

分野ごとの構成

　各分野は、それぞれ、扉、本文、重要事項チェックの順で構成してあります。

●扉の「学ぶこと」を分野学習のめやすに

　分野の扉には、その分野で学ぶべきことをまとめました。分野学習のめやすとなります。

> **この分野で学ぶこと**
> ■ たんの吸引に必要な人体の構造と機能、子どもの吸引、急変状態への対応などの基礎的知識を身につける。
> ■ たんの吸引の実施手順を習得する。

●章ごとのテーマ

各分野はいくつかの章に分かれています。章ごとのテーマを冒頭にかかげていますので、確認しておきましょう。

●キーワードがくっきり

本文中、キーワードが太字になっています。これをもとに要点をつかみましょう。また、内容の理解に役立つ用語解説を適宜掲載しました。本文内に付いている「●」の数字が対応しています。

●イラストと図表でよくわかる

具体的なケアの方法、覚えておきたい人体の構造など、イラストと図表を豊富に掲載しました。よく見て確実に覚えましょう。

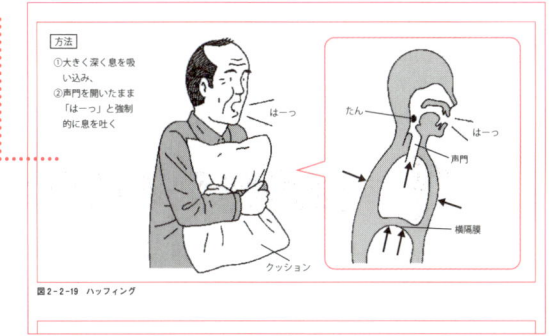

●要点確認でポイントを確認

各章末の「POINT 要点確認」には、章のテーマにそって、確認しておきたい事項をまとめました。

●総まとめは重要事項チェックで

各分野の最後に重要事項をチェックできるページを設けました。チェック欄があるので、総まとめに活用できます。
理解を十分にするため本文に戻って確認することも可能です。

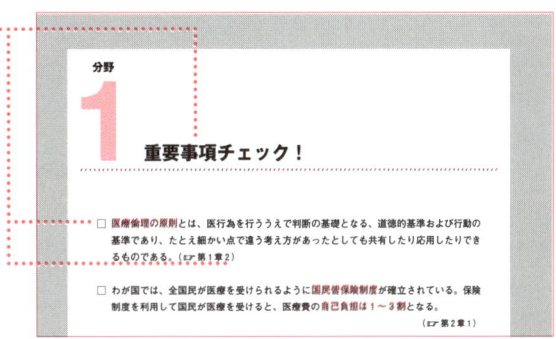

介護職員実務者研修テキスト
医療的ケア DVD付

目次

はじめに……………………………………………………………………………… i
本書の構成 ………………………………………………………………………… ii

「たんの吸引」・「経管栄養」の手順／書類の例　　1

分野 1　医療的ケアを支える基礎知識　　29

第1章　人間と社会……………………………………………………30
1 尊厳と自立…30／**2** 医療における倫理…33／**3** 利用者とその家族の気持ち…38

第2章　保健医療制度とチーム医療…………………………………40
1 保健医療に関連する諸制度…40／**2** 医行為の法的な扱い…44／**3** チーム医療における連携…50

第3章　安全な療養生活とリスクマネジメント・救急蘇生法……52
1 医療的ケアの安全とリスク…52／**2** 救急蘇生の基礎…55

第4章　感染予防と清潔保持…………………………………………64
1 感染予防の基礎…64／**2** 介護職の感染予防対策…66／**3** 居住環境の清潔保持と消毒法…72

第5章　健康状態の把握………………………………………………76
1 健康とは…76／**2** 健康状態を把握する…78／**3** 急変状態…87

分野1　重要事項チェック！…………………………………………90

分野 2　たんの吸引　91

第1章　高齢者および障害児・者の「たんの吸引」概論…92

1 呼吸のしくみとはたらき…92／**2** 異常な呼吸状態とは…94／**3** たんの吸引とは…97／**4** 人工呼吸器装着者の吸引…100／**5** 子どもの吸引…107／**6** 吸引に対する利用者・家族の気持ちの理解とその対応…109／**7** 吸引にともなう呼吸器系の感染とその予防…111／**8** たんの吸引で起こりうる異変とその対処法…113／**9** 異変・事故発生時の対応と事前対策…114

第2章　高齢者および障害児・者の「たんの吸引」実施手順…118

1 吸引に必要な物品…118／**2** 吸引の手順と留意点…124／**3** たんの排出を助けるケア…139／**4** 吸引実施の報告と記録…142

分野2　重要事項チェック！……144

分野 3　経管栄養　145

第1章　高齢者および障害児・者の「経管栄養」概論…146

1 消化のしくみとはたらき…146／**2** 消化器でよくある症状…149／**3** 経管栄養とは…151／**4** 注入物の種類と特徴…154／**5** 経管栄養実施における留意点…158／**6** 子どもの経管栄養…159／**7** 経管栄養にともなう感染とその予防…162／**8** 経管栄養に対する利用者・家族の気持ちの理解とその対応…164／**9** 経管栄養で起こりうる異変と実施における安全確認…166／**10** 異変・事故発生時の対応と事前対策…171

第2章　高齢者および障害児・者の「経管栄養」実施手順…176

1 経管栄養に必要な物品…176／**2** 経管栄養の手順と留意点…178／**3** 経管栄養にまつわるケア…191／**4** 経管栄養実施の報告と記録…195

分野3　重要事項チェック！……198

研修評価票／評価基準……199
索引……211
参考文献……215

「たんの吸引」・「経管栄養」の手順／書類の例

―――――――― おもな内容 ――――――――

たんの吸引実施手順（口腔内・鼻腔内）
たんの吸引実施手順（気管カニューレ内）
経管栄養の実施手順（液体注入物の場合）
経管栄養の実施手順（半固形化栄養剤の場合）
医療的ケアの実施に関する書類の例

「たんの吸引」・「経管栄養」の手順／書類の例

たんの吸引実施手順（口腔内・鼻腔内）

☞ 分野2第2章

ここでは口腔・鼻腔内吸引の基本的な実施手順を示す。詳しい留意点は分野2第2章に記してある。

実施前の準備

手順	内容・留意点	
1	医師の指示内容の確認 ・吸引圧、吸引時間、挿入できる深さ、吸引の留意点、人工呼吸器着脱の留意点、利用者個別の留意点　など ☞ 127頁	指示書 ・吸引圧 ・吸引時間 ・留意点
2	手洗い ・液体せっけんと流水、もしくは速乾性手指消毒薬（すりこみ式アルコール製剤）を使用する ・手洗い方法を守る ☞ 127頁	
3	必要物品・吸引器の用意 ・必要物品はすべてそろっているか、不良なものはないか ・使いやすい場所に設置したか（電源配置など） ・吸引びんの排液がたまりすぎていないか ・吸引器はきちんと作動するか ☞ 127頁	

吸引の実施

手順	内容・留意点	
4	利用者への説明 ・利用者の協力を得られるように、吸引の必要性と方法をわかりやすく説明し、同意を得る ・必要に応じて、パルスオキシメーターで動脈血酸素飽和度を確認する ☞ 128頁	

手順	内容・留意点
5	**吸引の準備** ①再度手洗いを行う ②利用者の姿勢と環境を準備する ・できるだけ楽な、吸引を受けやすい姿勢にする ・施設の場合、プライバシー保護のためにカーテンなどを使用する ③口腔内・鼻腔内の状態を観察する ・貯留物、義歯の状態、出血や傷の有無など 〈人工呼吸器装着者の場合〉 ・作動状況、マスクの位置、皮膚の状態も観察 ・観察時にマスクをはずしたり変更したりする場合は事前の取り決めどおり適切に操作する ☞ 128頁	 30〜45度程度に挙上
6	**手袋の装着と吸引チューブの取り出し・接続** ①清潔なディスポーザブル（使い捨て）手袋を着用する ②吸引チューブを清潔に取り出し、吸引器と接続する ・吸引チューブの先端が周囲に触れないように取り扱う ☞ 131頁	手袋装着 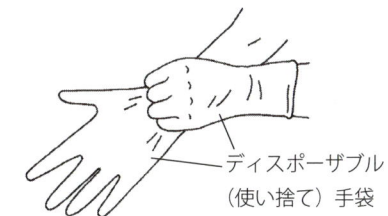 ディスポーザブル（使い捨て）手袋 取り出し 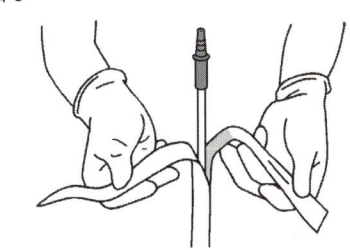 接続 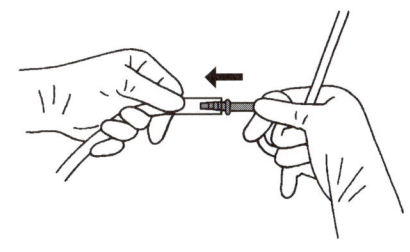

手順		内容・留意点
7	吸引圧の設定 吸引器のスイッチを入れる ・吸引器を見て、決められた吸引圧になっていることを確認する ☞ 131頁	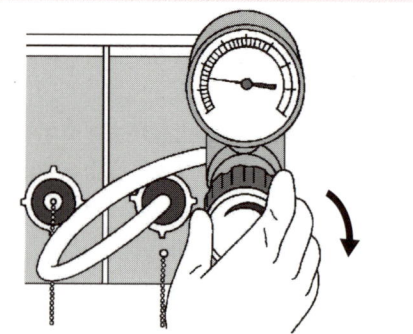
8	吸引 ①「吸引しますね」と、利用者に吸引開始の声をかける ②人工呼吸器装着者の場合マスクをはずす ③吸引チューブのコネクターの部分を親指でおさえ、圧をかけないで挿入する ・指示にある深さ（8〜10cm）を守る ・粘膜を刺激しないように静かに挿入する、強引に挿入しない ④親指をはなして圧をかけ、たんなどの貯留物を吸引する ・指示にある吸引圧と吸引時間（10〜15秒以内）を守る ・吸引物や利用者の状態を確認しながら行う ⑤吸引チューブを静かに抜く ⑥人工呼吸器装着者の場合、マスクを元に戻す ☞ 131頁	挿入  吸引 〈口腔内吸引〉 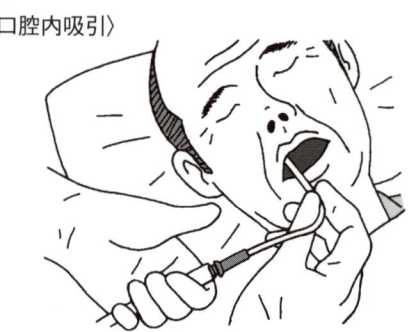 〈鼻腔内吸引〉 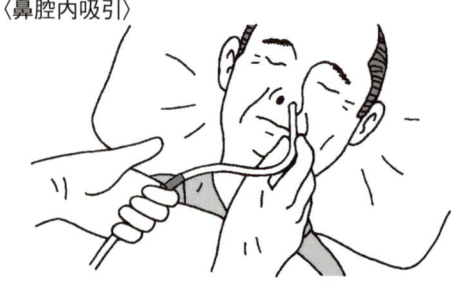

たんの吸引実施手順（口腔内・鼻腔内）

手順	内容・留意点	
9	吸引チューブの後始末 ①吸引チューブの外側をアルコール綿でふく ・チューブの外側の汚れを残さないように、連結部から先端に向かってふきとる ・アルコール綿は1回ごとに廃棄する ②通水してチューブ内を洗い流す ・内側の汚れがとれているかを確認する ③吸引器のスイッチを切る ④吸引チューブを廃棄する。再利用する場合は、所定の方法で保管する ⑤手袋をはずし、周囲に触れないように廃棄する ☞134頁	外側をふく 一方向にふく （戻らない） 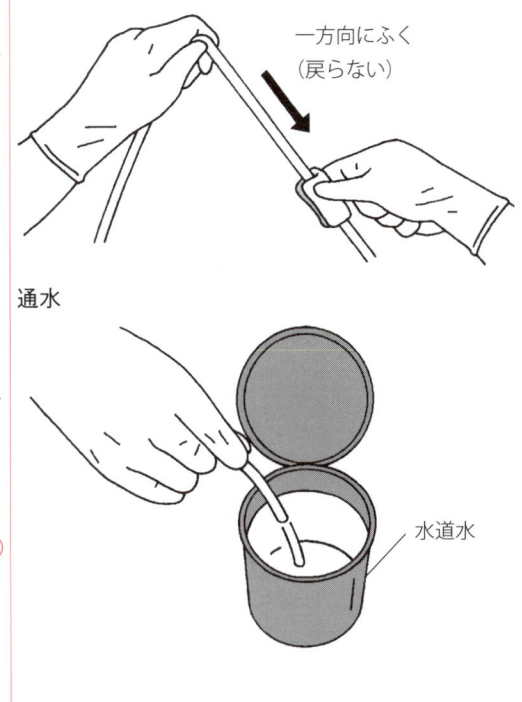 通水 水道水

実施後の観察と報告

手順	内容・留意点	
10	吸引後の利用者の状態確認 ①利用者に吸引終了の声かけを行い、姿勢を整える ・たんがとれたか、利用者本人に確認する ・ねぎらいの言葉をかける ・姿勢が苦しくないか、利用者本人に確認する	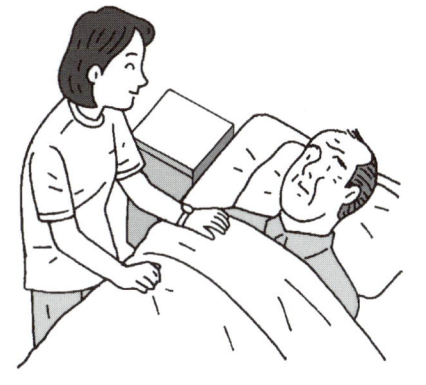

手順	内容・留意点
10	②吸引物・利用者の状態を観察する ・吸引物の量・性状、顔色、呼吸の状態、全身状態、吸引前からの変化など ・経鼻経管栄養を行っている人の場合、経鼻経管栄養チューブが口腔内に出ていないか ・人工呼吸器装着者の場合、機器が正常に作動しているか（胸の上がり具合等）、マスクの固定位置・強さ、皮膚状態が通常どおりかなど ③手洗いを行う ☞ 134頁
11	観察結果の報告 ・10の観察結果を医師・看護職に報告する。異常がある場合はすみやかに報告する ・該当する場合は、ヒヤリ・ハットやアクシデントの報告も行う ☞ 135頁

片づけ・記録　　☞ 135頁

手順	内容・留意点
12	吸引びん内の排液量の確認・廃棄 ・所定の目盛りに達する前に（おおむね容量の70～80％程度で）交換、廃棄する
13	使用物品の片づけ、交換 ・物品ごとに決められた頻度で新しいものに交換する ・次回使用のために不足しているものは補充する
14	実施記録の記入 ・実施の証明とともに、今後の実施計画に活用できるように記録を残す

たんの吸引実施手順（気管カニューレ内）

☞ 分野2第2章

ここでは気管カニューレ内吸引の基本的な実施手順を示す。詳しい留意点は分野2第2章に記してある。

実施前の準備

手順	内容・留意点	
1	**医師の指示内容の確認** ・吸引圧、吸引時間、挿入できる深さ、吸引の留意点、人工呼吸器着脱の留意点、利用者個別の留意点　など ☞ 136頁	指示書 ・吸引圧 ・吸引時間 ・留意点 ⋮
2	**手洗い** ・液体せっけんと流水、もしくは速乾性手指消毒薬（すりこみ式アルコール製剤）を使用する ・手洗い方法を守る ☞ 136頁	
3	**必要物品・吸引器の用意** ・気管カニューレ内吸引の必要物品を用意する ☞ 136頁	

吸引の実施

手順		内容・留意点	
4	利用者への説明	・利用者の協力が得られるように、吸引の必要性と方法をわかりやすく説明する ☞ 137頁	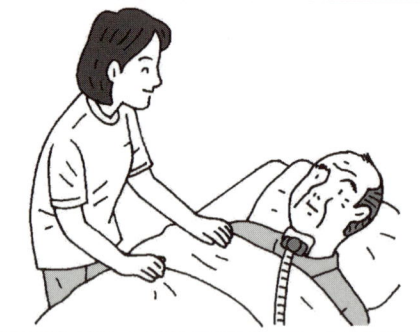
5	吸引の準備 ①再度手洗いを行う ②利用者の姿勢と環境を準備する ・できるだけ楽な、吸引を受けやすい姿勢にする ・施設の場合、プライバシー保護のためにカーテンなどを使用する ③気管カニューレの状態などを観察する ・気管カニューレの周囲や固定の状況 ・人工呼吸器装着者の場合は、その作動状況など ☞ 137頁		 ガーグルベースン
6	手袋の装着と吸引チューブの取り出し・接続 ①吸引チューブの開封口のみを開けておく ②手袋を装着する ・まず利き手でない方にディスポーザブル(使い捨て)手袋をつけ、それから利き手に滅菌手袋を装着する ・滅菌手袋の手は吸引チューブのみを扱い、滅菌を保持する ③滅菌手袋の手で吸引チューブを取り出し、吸引器と接続する ・吸引チューブは周囲に触れないようにする ☞ 137頁		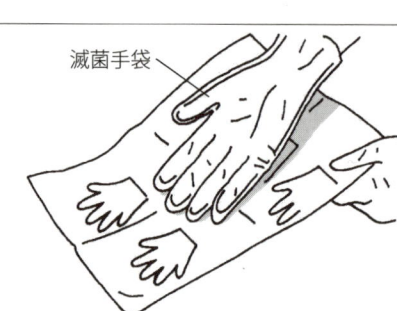滅菌手袋 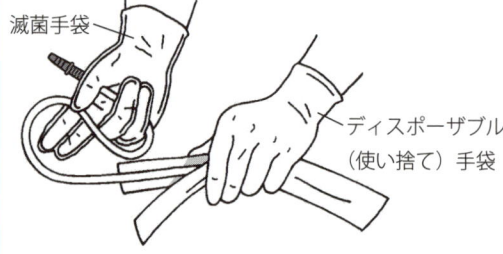滅菌手袋／ディスポーザブル(使い捨て)手袋

たんの吸引実施手順（気管カニューレ内）

手順	内容・留意点	
7	**吸引圧の設定** 吸引器のスイッチを入れる ・吸引器を見て、決められた吸引圧になっていることを確認する ☞ 137頁	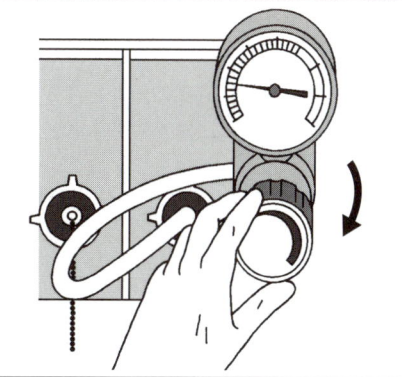
8	**吸引** ①「吸引しますね」と利用者に吸引開始の声かけをする ②人工呼吸器装着者の場合、人工呼吸器の接続をはずす ・呼気を確認して適切なタイミングではずす ・気管カニューレごとひっぱらないように、指先をコネクターのでっぱり部分に合わせて適切にはずす ・はずしたあとは回路の清潔を保つ ・吸引チューブの清潔を保つ ③圧をかけずに吸引チューブを挿入する ・指示にある深さを守る ④圧をかけ、たんなどの貯留物を吸引する ・指示にある吸引圧と吸引時間(10〜15秒以内)を守る ・吸引物や利用者の状態を確認しながら行う ⑤吸引チューブを静かに抜く ・粘膜を刺激しないようにする ⑥人工呼吸器装着者の場合、人工呼吸器の接続を元に戻す ☞ 137頁	人工呼吸器の接続をはずす（装着者の場合）  挿入 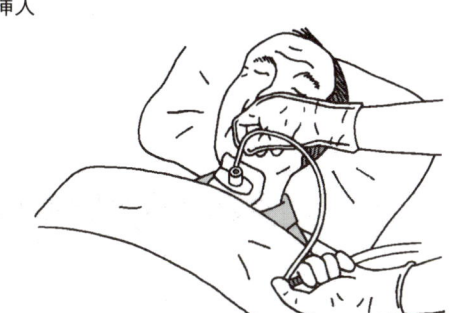 吸引 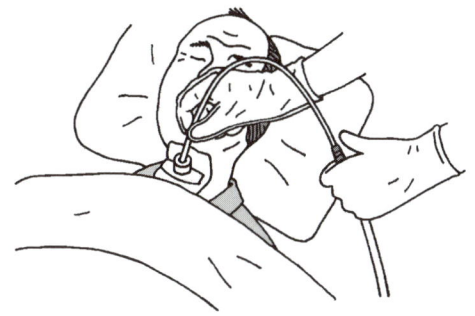

9

手順	内容・留意点	
9	吸引チューブの後始末 ①吸引チューブの外側をアルコール綿でふく ・チューブ外側の汚れを残さないように、連結部から先端に向かってふきとる ・アルコール綿は、1回ごとに廃棄する ②滅菌蒸留水を通水してチューブ内部を洗い流す ・内側の汚れがとれているかを確認する ③吸引器のスイッチを切る ④吸引チューブを廃棄する ⑤手袋をはずし、周囲に触れないように廃棄する ☞ 139頁	外側をふく 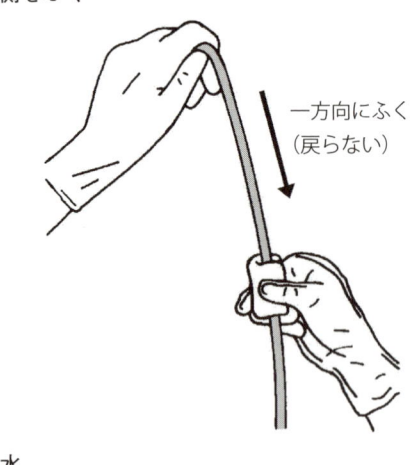 一方向にふく （戻らない） 通水 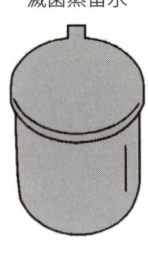 滅菌蒸留水

実施後の観察と報告

手順	内容・留意点	
10	吸引後の利用者の状態確認 ①利用者に吸引終了の声かけを行い、姿勢を整える ・たんがとれたか、利用者本人に確認する ・ねぎらいの言葉をかける ・姿勢が苦しくないか、利用者本人に確認する	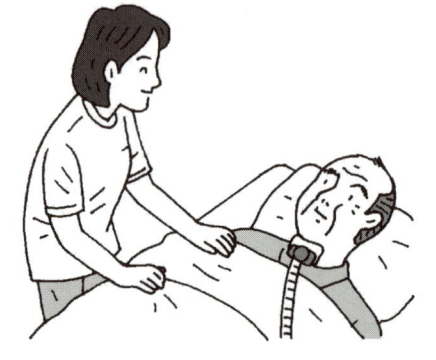

たんの吸引実施手順（気管カニューレ内）

手順	内容・留意点	
10	②吸引物・利用者の状態を観察する ・吸引物の量・性状、顔色、呼吸の状態、全身状態、吸引前からの変化　など ・気管カニューレの周囲や固定状態に異常はないか ・経鼻経管栄養を行っている場合、経鼻経管栄養チューブが口腔内に出ていないか ・人工呼吸器装着者の場合、機器が正常に作動しているか、胸の上がり具合、接続部等からの空気もれはないかなど異常の有無 ③手洗いを行う ☞ 139頁	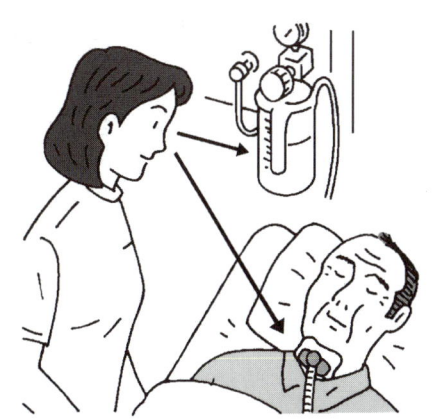
11	**観察結果の報告** ・10の観察結果を医師・看護職に報告する。異常がある場合はすみやかに報告する ・該当する場合は、ヒヤリ・ハットやアクシデントの報告も行う ☞ 139頁	

片づけ・記録　☞ 139頁

手順	内容・留意点	
12	**吸引びん内の排液量の確認・廃棄** ・所定の目盛りに達する前に（おおむね容量の70〜80％程度で）交換、廃棄する	 廃棄
13	**使用物品の片づけ、交換** ・物品ごとに決められた頻度で新しいものに交換する ・次回使用のために不足しているものは補充する	
14	**実施記録の記入** ・実施の証明とともに、今後の実施計画に活用できるように記録を残す	

「たんの吸引」・「経管栄養」の手順／書類の例

経管栄養の実施手順（液体注入物の場合）

※経鼻経管栄養を含む

☞ 分野3第2章

　ここでは液体注入物の場合の、経管栄養の基本的な実施手順を示す。詳しい留意点は分野3第2章に記してある。　※腸ろうは胃ろうに準ずる

実施前の準備

手順	内容・留意点	
1	医師の指示内容の確認 ・利用者氏名、注入物の種類、注入量、注入開始時刻、注入時間、利用者個別の留意点などを確認、照合する ・栄養剤等の有効期限や変色などにも注意する ☞ 178頁	 複数人によるチェック
2	手洗いと必要物品の用意 ①手洗いをする ・液体せっけんと流水、もしくは手指消毒薬（すりこみ式アルコール製剤）を使用 ・手洗い方法を守る ②必要物品の用意 ・必要物品はすべてそろっているか ・物品の劣化や汚染などがないか ・栄養剤等を適切な温度にする（体温程度） ☞ 178頁	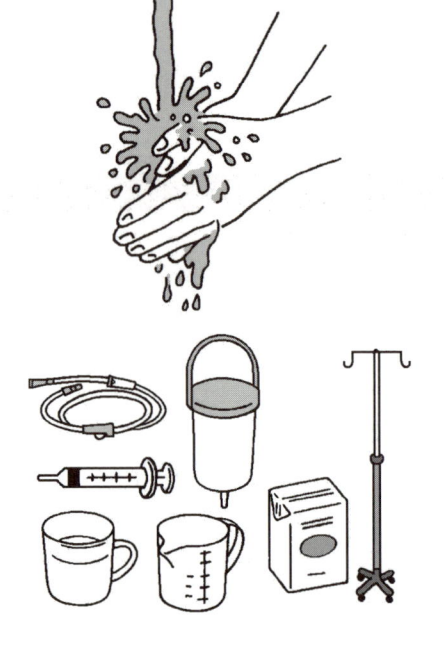

経管栄養の実施手順（液体注入物の場合）

経管栄養の実施

手順	内容・留意点	
3	**利用者への説明** ・本人確認をする ・利用者と家族に管で食事を始めることを説明し、方法や時間について理解と同意を得る ・意識レベルが低い利用者の場合も必ず声をかける ☞ 181頁	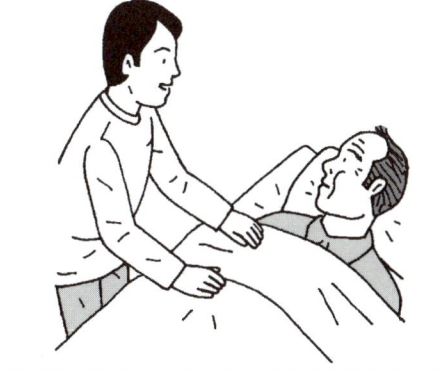
4	**利用者の準備** 利用者の姿勢や環境を整える ・逆流防止のため30〜45度上半身を挙上する ・いすなどへ移動してもよい ・利用者のプライバシーに配慮し、施設などでは注入中の観察ができる形でカーテンなども使用する ☞ 181頁	 30〜45度
5	**栄養剤等の準備と再確認** ①手洗いを再度行う ②指示内容の再確認と観察を行う ・本人確認、および栄養剤等物品が指示のとおりそろっているかなど ・チューブ類に異常はないか ・経鼻経管栄養の場合、胃管が正常に胃に留置されているかを毎回必ず看護職が確認する ③イルリガートル（栄養ボトル）に栄養剤等を入れ設置する ・注入物の容器もしくはパッケージを、スタンド等の高いところにかける ・栄養点滴チューブのクレンメは閉じておく ・注入物の容器と栄養点滴チューブを接続する ・イルリガートルに用意した注入物を入れる。パッケージに接続口がある栄養剤の場合は、直接栄養点滴チューブと接続する ☞ 181頁	実施直前の単独のチェック  イルリガートルのふたは確実に閉める　栄養剤等

13

手順	内容・留意点
6	**栄養剤等のチューブ内充填** ドリップチェンバーを圧迫し、3分の1〜2分の1程度たまったら、クレンメを開いて栄養点滴チューブの先端まで注入物を満たす ・チューブ内に空気が残らないよう完全に満たしたら、クレンメは閉じておく ☞ 183頁 なお、場合によっては、必要物品の用意をする際にチューブ内充填までを行っておいてもよい 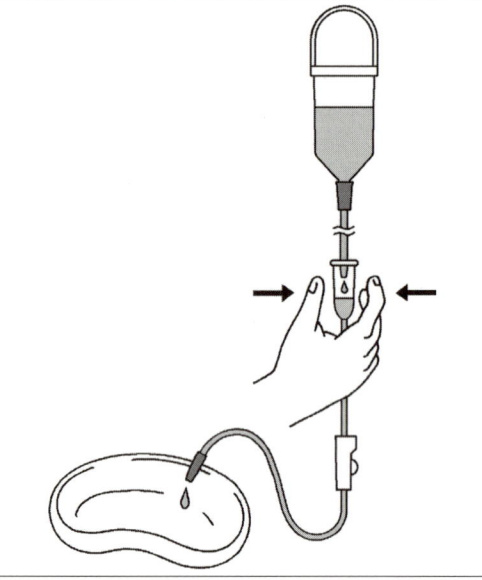
7	**利用者との接続** ・チューブの、栄養剤等の注入口以外のふたはしっかり閉めておく ・接続後、チューブのねじれや折れがないか、接続が十分固定されているかを確認する 〈ボタン型胃ろうの場合〉 ・接続チューブのクレンメを閉じておく ・胃ろうボタンのふたを開けて、まず接続チューブを接続する ・接続チューブと栄養点滴チューブを接続する 〈チューブ型胃ろうの場合〉 ・胃ろうチューブと、栄養点滴チューブを接続する 〈経鼻経管栄養の場合〉 ・経鼻経管の胃管と、栄養点滴チューブを接続する ☞ 186頁	〈ボタン型胃ろう〉 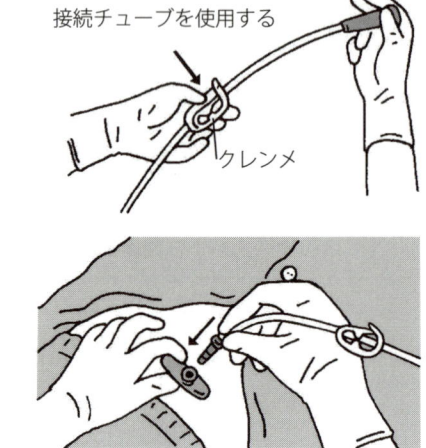 栄養点滴チューブの接続 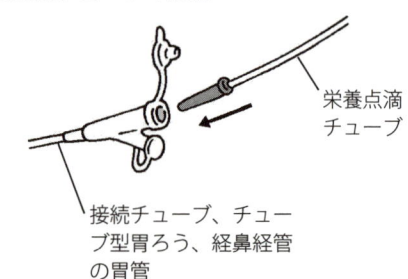

経管栄養の実施手順（液体注入物の場合）

手順	内容・留意点	
8	注入の開始 ①利用者と家族に注入開始の声かけをする ②クレンメをゆっくり開き、注入を開始する ・複数の注入物がある場合は、個別の取り決めにしたがい切りかえる ③注入開始直後の様子を観察する ・利用者に異常はないかなど ・指示どおりの注入速度に設定する ☞ 186頁	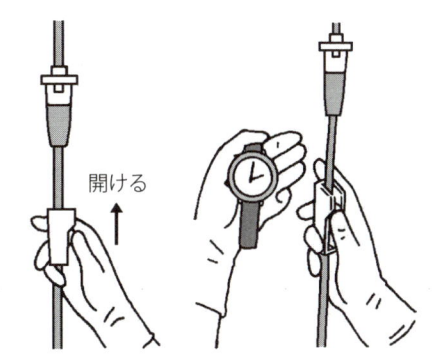 開ける
9	注入中の観察 ・定期的に行う ・利用者の全身状態、表情の変化 ・不快感や嘔気・嘔吐の訴えがないか ・挿入部や接続部の異常（もれていないか）、チューブの抜去はないか ・利用者の姿勢や注入物の滴下の状態も観察する ・異常を発見した場合は、すみやかに注入を中止して医師や看護職に連絡する ☞ 189頁	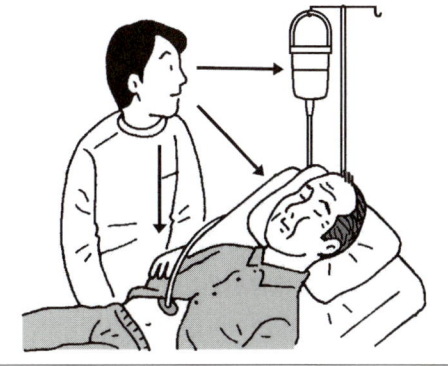
10	注入の終了 ①注入が終わったら栄養点滴チューブと接続チューブのクレンメを閉める	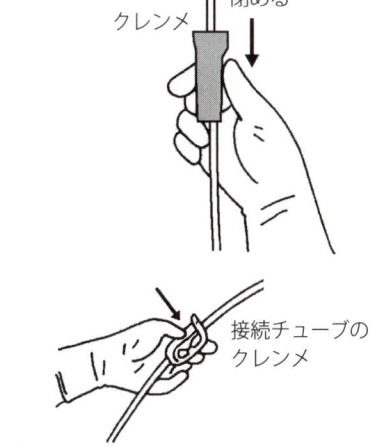 クレンメ　閉める 接続チューブのクレンメ

15

手順	内容・留意点	
10	②白湯を注入する ・注入ボトルに白湯を入れ滴下するか、またはカテーテルチップ型シリンジに白湯を吸い胃ろうチューブまたは接続チューブに接続して注入する ・栄養点滴チューブをはずすときは胃ろうチューブや胃管が抜去しないよう注意する ③チューブ型胃ろうで必要な場合は、胃ろうチューブに食用酢の希釈液を充填する ④チューブ類やカテーテルチップ型シリンジをはずす 〈ボタン型胃ろうの場合〉 ・接続チューブをボタンからはずし、ボタンのふたをしっかり閉める 〈チューブ型胃ろう、経鼻経管栄養の場合〉 ・ふたをしっかり閉めたあと、胃ろうチューブまたは胃管をまとめ、じゃまにならないようにしておく ⑤注入が終了したことを利用者と家族に伝え、利用者の姿勢を30度以上挙上したままにする ・逆流性の誤嚥を防ぐため、30分〜1時間は安静にする ・姿勢保持時間などについて利用者に説明をする ☞189頁	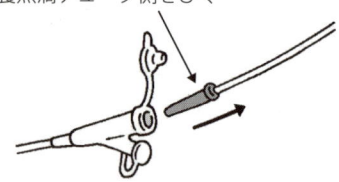栄養点滴チューブ側をひく 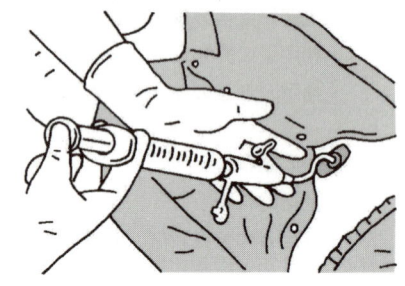白湯の注入（カテーテルチップ型シリンジ） 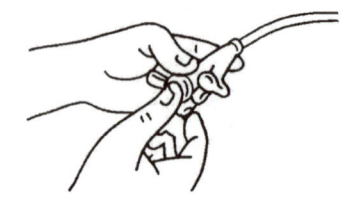ふたを閉める チューブはまとめておく  ガーゼでくるむ、胸ポケットにしまうなど

経管栄養の実施手順（液体注入物の場合）

実施後の観察と報告
☞ 190頁

手順	内容・留意点
11	**利用者の状態を観察・報告** ①注入終了後の利用者の状態を観察する ・不快感や嘔気・嘔吐、腹痛、呼吸困難の有無、表情の変化など ②医師・看護職に観察結果を報告する ・該当する場合は、ヒヤリ・ハットやアクシデントの報告も行う

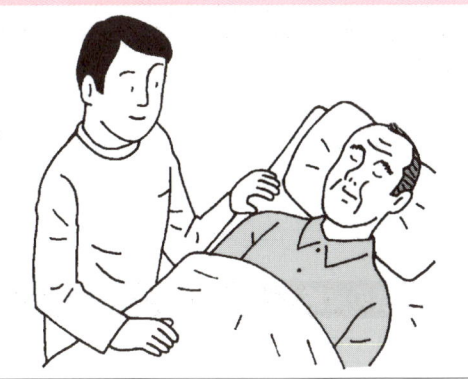

片づけ・記録

手順	内容・留意点
12	**使用物品の片づけ** ・物品の劣化や破損、不足を確認し、必要なら新しいものに交換する ・決められた方法で洗浄・消毒を行い、乾燥させてから所定の場所に戻す ☞ 190頁
13	**実施記録の記載** ・実施時刻、栄養剤等の種類、量など ・実施の証明とともに、今後の実施計画に活用する ☞ 191頁

消毒液に浸す

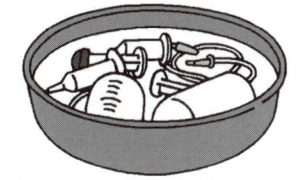

17

「たんの吸引」・「経管栄養」の手順／書類の例

経管栄養の実施手順（半固形化栄養剤の場合）

☞ 分野3第2章

　ここでは半固形化栄養剤の場合の、経管栄養の基本的な実施手順を示す。詳しい留意点は分野3第2章に記してある。　　※腸ろうは胃ろうの手順に準ずる

実施前の準備

手順	内容・留意点
1	医師の指示内容の確認
2	手洗いと必要物品の用意

・1〜2は液体注入物の場合と同様に行う（12頁参照）。

経管栄養の実施

手順	内容・留意点	
3	利用者への説明 ・本人確認をする ・利用者と家族に食事を始めることを説明し、方法や時間について理解と同意を得る ・意識レベルが低い利用者の場合も必ず声をかける ☞ 181頁	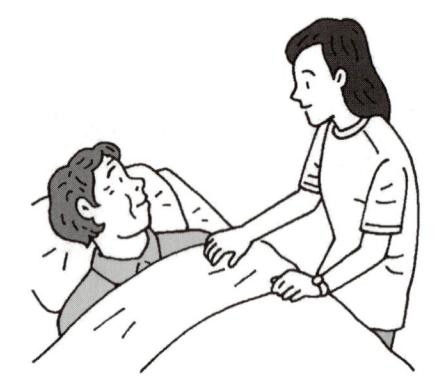
4	利用者の準備 利用者の姿勢や環境を整える ・逆流防止のため30〜45度上半身を挙上する ・いすなどへ移動してもよい ・利用者のプライバシーに配慮し、施設などでは注入中の観察ができる形でカーテンなども使用する ☞ 181頁	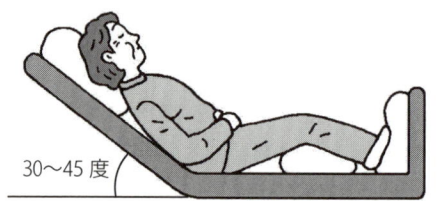 30〜45度

経管栄養の実施手順（半固形化栄養剤の場合）

手順		内容・留意点	
5	**栄養剤等の準備と再確認** ①手洗いを再度行う ②指示内容の再確認と観察を行う ・本人確認、および栄養剤等物品が指示のとおりそろっているかなど ・チューブ類に異常はないか ③ボタン型胃ろうの場合、接続チューブに半固形化栄養剤を接続する ・栄養剤等の量や包装によっては、カテーテルチップ型シリンジに移しかえる ☞ 181頁	実施直前の単独チェック 	
6	**栄養剤等のチューブ内充填** ボタン型胃ろうの場合、パックを圧迫して、またはカテーテルチップ型シリンジの内筒を押して、チューブ内の充填を行う ・チューブ内に空気が残らないよう完全に満たしたら、クレンメは閉じておく ☞ 183頁 なお、場合によっては、必要物品の用意をする際にチューブ内充填までを行っておいてもよい	ボタン型胃ろうの場合はチューブ内充填を行う 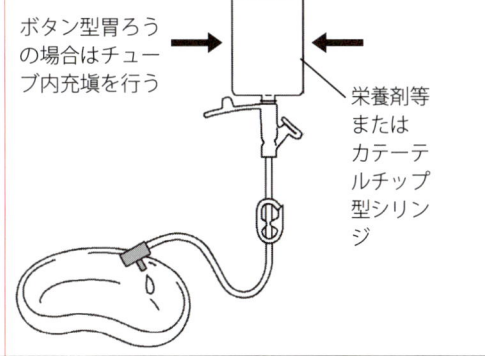 栄養剤等またはカテーテルチップ型シリンジ	
7	**利用者との接続** 〈ボタン型胃ろうの場合〉 ・胃ろうボタンのふたを開けて、接続チューブを接続する 〈チューブ型胃ろうの場合〉 ・胃ろうチューブに、栄養剤等を接続する ・栄養剤等の注入口以外のふたはしっかり閉めておき、はずれないよう十分固定されているかを確認する ☞ 186頁	〈ボタン型胃ろう〉 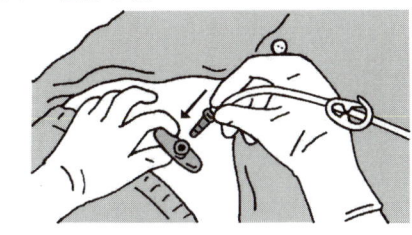 〈チューブ型胃ろう〉 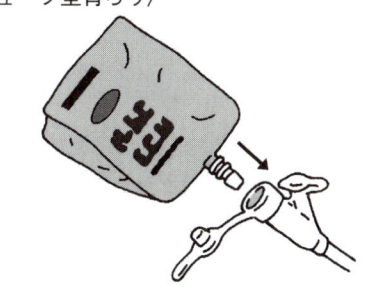	

手順	内容・留意点	
8	**注入の開始** ①利用者と家族に注入開始の声かけをする ②接続チューブのクレンメを開き、栄養剤のパックを圧迫、もしくはカテーテルチップ型シリンジの内筒を押して注入を開始する ・適切な圧を加え、決められた時間内で注入する ③注入開始直後の様子を観察する ・利用者に異常はないか ☞ 186頁	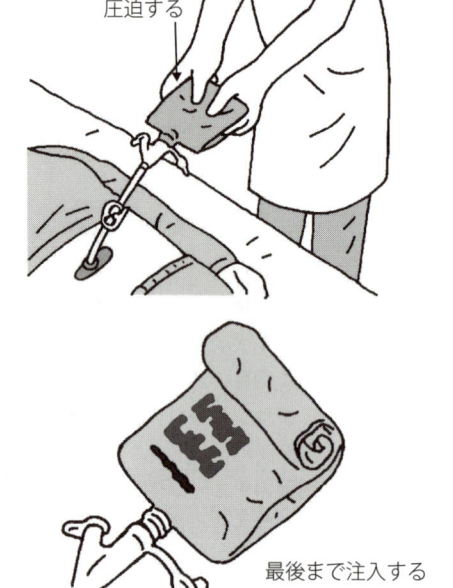 圧迫する 最後まで注入する
9	**注入中の観察** ・利用者の全身状態、表情の変化 ・不快感や嘔気・嘔吐の訴えがないか ・挿入部や接続部の異常（もれていないか）、チューブの抜けはないか ・異常を発見した場合は、すみやかに注入を中止して医師や看護職に連絡する ☞ 189頁	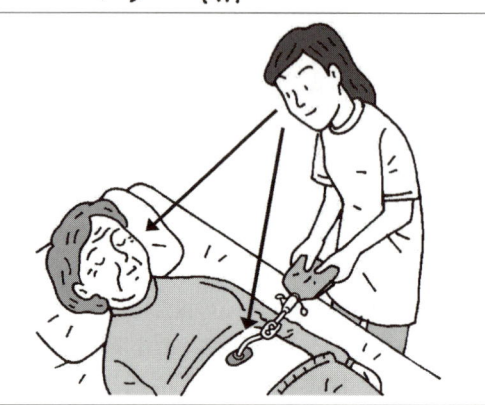
10	**注入の終了** ①注入後、接続チューブのクレンメを閉める ②白湯を注入する ・胃ろうチューブまたは接続チューブにカテーテルチップ型シリンジを接続して注入する ③チューブ型胃ろうで必要な場合は、胃ろうチューブに食用酢の希釈液を充填する	白湯の注入 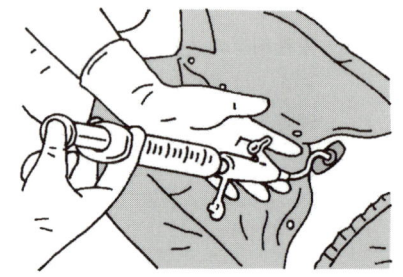

経管栄養の実施手順（半固形化栄養剤の場合）

手順	内容・留意点	
10	④チューブ類やカテーテルチップ型シリンジをはずす 〈ボタン型胃ろうの場合〉 ・接続チューブをボタンからはずし、ボタンのふたをしっかり閉める 〈チューブ型胃ろうの場合〉 ・カテーテルチップ型シリンジを胃ろうチューブからはずし、ふたをしっかり閉めて胃ろうチューブをしまう ⑤注入が終了したことを利用者や家族に伝え、利用者の姿勢を30度以上挙上したままにする ・逆流性の誤嚥を防ぐため、30分〜1時間は安静にする ・姿勢保持時間などについて利用者に説明をする	〈ボタン型胃ろう〉 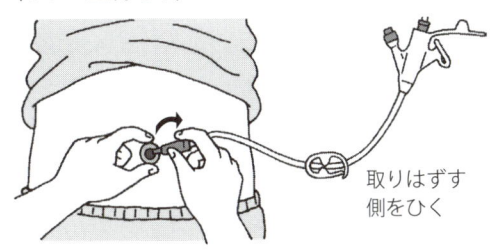取りはずす側をひく 〈チューブ型胃ろう〉 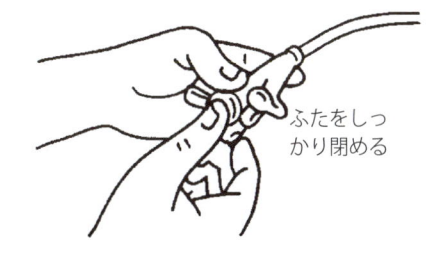ふたをしっかり閉める ☞ 189頁

実施後の観察と報告
☞ 190頁

手順	内容・留意点
11	**利用者の状態を観察・報告** ①注入終了後の利用者の状態を観察する ・不快感や嘔気・嘔吐、腹痛、呼吸困難の有無、表情の変化など ②医師・看護職に観察結果を報告する ・該当する場合は、ヒヤリ・ハットやアクシデントの報告も行う

片づけ・記録

手順	内容・留意点
12	**使用物品の片づけ** ・物品の劣化や破損、不足を確認し、必要なら新しいものに交換する ・決められた方法で洗浄・消毒を行い、乾燥させてから所定の場所に戻す ☞ 190頁
13	**実施記録の記載** ・実施時刻、栄養剤等の種類、量など ・実施の証明とともに、今後の実施計画に活用する ☞ 191頁

「たんの吸引」・「経管栄養」の手順／書類の例

医療的ケアの実施に関する書類の例

介護職員等喀たん吸引等指示書（例）

※文書による医師の指示がある場合にのみ介護職員等は医療的ケアを行うことができる。実際の文書は、これを参考に作成する

介護職員等喀痰吸引等指示書

標記の件について、下記の通り指示いたします。

指示期間（平成　年　月　日～　年　月　日）

事業者	事業者種別	
	事業者名称	

対象者	氏名		生年月日	明・大・昭・平　年　月　日（　　歳）
	住所		電話（　）－	
	要介護認定区分	要支援（ １ ２ ）　要介護（ １ ２ ３ ４ ５ ）		
	障害程度区分	区分1　区分2　区分3　区分4　区分5　区分6		
	主たる疾患(障害)名			
	実施行為種別	口腔内の喀痰吸引　・　鼻腔内の喀痰吸引　・　気管カニューレ内部の喀痰吸引 胃ろうによる経管栄養　・　腸ろうによる経管栄養　・　経鼻経管栄養		

指示内容	具体的な提供内容
	喀痰吸引（吸引圧、吸引時間、注意事項等を含む）
	経管栄養（栄養剤の内容、投与時間、投与量、注意事項等を含む）
	その他留意事項（介護職員等）
	その他留意事項（看護職員）

（参考）使用医療機器等	1. 経鼻胃管	サイズ：＿＿＿Fr、種類：
	2. 胃ろう・腸ろうカテーテル	種類：ボタン型・チューブ型、サイズ：＿＿＿Fr、＿＿＿cm
	3. 吸引器	
	4. 人工呼吸器	機種：
	5. 気管カニューレ	サイズ：外径＿＿＿mm、長さ＿＿＿mm
	6. その他	

緊急時の連絡先
不在時の対応法

※1.「事業者種別」欄には、介護保険法、障害者自立支援法等による事業の種別を記載すること。
　2.「要介護認定区分」または「障害程度区分」欄、「実施行為種別」欄、「使用医療機器等」欄については、該当項目に○を付し、空欄に必要事項を記入すること。

上記のとおり、指示いたします。

　　　　　　　　　　　　　　　　　　　　　　　　　　　平成　年　月　日
　　　　　　　　　　　　　　　　　　　　　　機関名
　　　　　　　　　　　　　　　　　　　　　　住所
　　　　　　　　　　　　　　　　　　　　　　電話
　　　　　　　　　　　　　　　　　　　　　　（FAX）
　　　　　　　　　　　　　　　　　　　　　　医師氏名　　　　　　　　　印

（登録喀痰吸引等（特定行為）事業者の長）　　殿

資料：厚生労働省「診療報酬の算定方法の一部改正に伴う実施上の留意事項について（平成24年3月5日保医発0305第1号）」別紙様式34

医療的ケア計画書（例）

※実際に使用する文書はこれを参考に各施設等で作成する

喀痰吸引等業務（特定行為業務）計画書

作成者氏名	㊞	作成日	
承認者氏名①	㊞	承認日	
承認者氏名②	㊞	承認日	

基本情報

対象者

氏　名		生年月日	
要介護認定状況	要支援（　１　２　）　　要介護（　１　２　３　４　５　）		
障害程度区分	区分1　　区分2　　区分3　　区分4　　区分5　　区分6		
障　害　名			
住　　所			

事業所

事業所名称	
担当者氏名	
管理責任者氏名	

担当看護職員氏名	
担当医師氏名	

業務実施計画

計画期間	年　月　日　～　年　月　日
目　標	
実施行為	実施頻度/留意点
口腔内の喀痰吸引	
鼻腔内の喀痰吸引	
気管カニューレ内部の喀痰吸引	
胃ろう又は腸ろうによる経管栄養	
経鼻経管栄養	
結果報告予定年月日	年　月　日

資料：厚生労働省「喀痰吸引等業務に関する参考様式の送付について」別添様式1

医療的ケアの提供の同意書（例）

※実際に使用する文書はこれを参考に各施設等で作成する。医療的ケアを行うには、必ず本人か家族の同意書が必要

喀痰吸引等業務（特定行為業務）の提供に係る同意書

下記の内容について十分な説明を受け内容を理解したので、喀痰吸引等業務（特定行為業務）の実施に同意いたします。

喀痰吸引等（特定行為）の種別	口腔内の喀痰吸引
	鼻腔内の喀痰吸引
	気管カニューレ内部の喀痰吸引
	胃ろうによる経管栄養
	腸ろうによる経管栄養
	経鼻経管栄養
提供を受ける期間	年　月　日　〜　年　月　日
提供を受ける頻度	
提供体制　事業所名称	
事業所責任者氏名	
事業所担当者氏名	
担当看護職員氏名	
担当医師氏名	

同意日　平成　年　月　日

　　　　住　所　..
　　　　氏　名　..　印

　　　　　　署名代行者
　　　　　　私は、本人の意思を確認し署名代行いたしました。
　　　　　　代行者住所　..
　　　　　　代行者氏名　..　印
　　　　　　本人との関係　..

　　　　　　事業所名
　　　　　　事業所住所
　　　　　　代表者名　　　　　　　　　　　　　　　　　　　印

資料：厚生労働省「喀痰吸引等業務に関する参考様式の送付について」別添様式2

医療的ケア実施の報告書（例）

※実際に使用する文書はこれを参考に各施設等で作成する

喀痰吸引等業務（特定行為業務）実施状況報告書

基本情報

対象者	氏　　　名		生年月日	
	要介護認定状況	要支援（　1　2　）　　要介護（　1　2　3　4　5　）		
	障害程度区分	区分1　　区分2　　区分3　　区分4　　区分5　　区分6		
	住　　　所			
事業所	事業所名称			
	担当者氏名			
	管理責任者氏名			
	担当看護職員氏名			

業務実施結果

	実施期間	年　月　日　〜　年　月　日	
	実施日（実施日に○）	（喀痰吸引）平成　年　月 1　2　3　4　5　6　7 8　9　10　11　12　13　14 15　16　17　18　19　20　21 22　23　24　25　26　27　28 29　30　31	（経管栄養）平成　年　月 1　2　3　4　5　6　7 8　9　10　11　12　13　14 15　16　17　18　19　20　21 22　23　24　25　26　27　28 29　30　31

	実施行為	実施結果	特記すべき事項
喀痰吸引	口腔内の喀痰吸引		
	鼻腔内の喀痰吸引		
	気管カニューレ内部の喀痰吸引		
経管栄養	胃ろう又は腸ろうによる経管栄養		
	経鼻経管栄養		

上記のとおり、喀痰吸引等の業務実施結果について報告いたします。

平成　年　月　日
事業者名
責任者名　　　　　　　㊞

○○○○　殿

資料：厚生労働省「喀痰吸引等業務に関する参考様式の送付について」別添様式3

ヒヤリハット様式（例）

※実際に使用する文書はこれを参考に各施設等で作成する

喀痰吸引等業務（特定行為業務）ヒヤリハット・アクシデント報告書

報告者状況	事業所名称	
	介護職員氏名	
	管理責任者氏名	
被報告者状況	事業所名称	
	連携看護職員氏名	

発生日時	平成　年　月　日（　曜日）　午前・午後　時　分頃
発生場所	□ベッド上　□車椅子　□その他(具体的に　　　　　)
対象者	氏名：　　　　　　　　　　(男・女)　年齢： 当日の状況

出来事の情報（1連の行為につき1枚）

行為の種類	【喀痰吸引】 ①人工呼吸器の装着の有無　□なし　□あり ②部位　（　□口腔　　□鼻腔　　□気管カニューレ内　） 【経管栄養】（　□胃ろう　　□腸ろう　　□経鼻経管　）
第1発見者 （○は1つ）	□記入者自身　　　　　　□医師　　　　　　□家族や訪問者 □記入者以外の介護職員　□介護支援専門員　□その他 □連携看護職員　　　　　　　　　　　　　　（　　　　　　） □連携看護職員以外の看護職員
出来事の発生状況	※誰が、何を行っている際、何を、どのようにしたため、対象者はどうなったか。
医師への報告	□なし　□あり
連携看護職員への報告	□なし　□あり
出来事への対応	※出来事が起きてから、誰が、どのように対応したか。
救急救命処置の実施	□なし

1

出来事が発生した背景・要因	□あり（具体的な処置： ）	
	※なぜ、どのような背景や要因により、出来事が起きたか。	
（当てはまる要因を全て）	【人的要因】 □判断誤り　□知識誤り　□確認不十分　□観察不十分　□知識不足　□未熟な技術 □技術間違い　□寝不足　□体調不良　□慌てていた　□緊張していた □思いこみ　□忘れた　□その他（　　　　　　　　　　　　　　　　　　　） 【環境要因】 □不十分な照明　□業務の中断　□緊急時　□その他（　　　　　　　　　　　） 【管理・システム的要因】 □連携（コミュニケーション）の不備　□医療材料・医療機器の不具合　□多忙 □その他（	
出来事の影響度分類（レベル0～5のうち一つ）	□ 0	エラーや医薬品・医療用具の不具合が見られたが、対象者には実施されなかった
	□ 1	対象者への実害はなかった（何らかの影響を与えた可能性は否定できない）
	□ 2	処置や治療は行わなかった（対象者観察の強化、バイタルサインの軽度変化、安全確認のための検査などの必要性は生じた）
	□ 3a	簡単な処置や治療を要した（消毒、湿布、皮膚の縫合、鎮痛剤の投与など）
	□ 3b	濃厚な処置や治療を要した（バイタルサインの高度変化、人工呼吸器の装着、手術、入院日数の延長、外来患者の入院、骨折など）
	□ 4a	永続的な障害や後遺症が残ったが、有意な機能障害は伴わない
	□ 4b	永続的な障害や後遺症が残り、有意な機能障害の問題を伴う
	□ 5	レベル4bをこえる影響を与えた

<u>介護職員　報告書記入日</u>　平成　　年　　月　　日

医師・連携看護職員の助言等	①医師又は看護職員が出来事への対応として実施した医療処置等について
	②介護職員へ行った助言・指導内容等について
	③その他（今回実施した行為で介護職員の対応として評価できる点など）

<u>医師・連携看護職員　報告書記入日</u>　平成　　年　　月　　日

資料：厚生労働省「喀痰吸引等業務に関する参考様式の送付について」別添様式4

分野

1

医療的ケアを支える基礎知識

この分野で学ぶこと

● 医療的ケアに関連する法制度や倫理、関連職種の役割を理解する。

● 救急蘇生法、感染予防および健康状態の把握など、医療的ケアを安全・適切に実施するうえで基礎となる内容を学ぶ。

分野1　医療的ケアを支える基礎知識

第1章
人間と社会

❀

本章では、医療的ケアという人命に直接かかわる行為を実施する者がもつべき、基本的な理念と倫理観について学ぶ。また、医療的ケアを受ける利用者側の気持ちの理解の重要性についても考察を深める。

1 尊厳と自立

　介護職は対人援助を行う専門職である。職務を行ううえで、自ら守るべき理念や行動規範をもつ必要がある。その最も基本となることは、援助の対象となる**個人の尊厳**と**自立**を守るということである。

●個人の尊厳と自立を守る

　個人の尊厳を守るということは、人間が一個人として尊重されることである。すなわち介護を提供する者には、援助の対象となる人について理解を深めるうえで、その人の人間としての**存在そのもの**を、**ありのまま**に尊重することが求められる。
　「**日本国憲法**」の第13条には「**すべて国民は、個人として尊重される**」と明記されている。また、介護に関連する「社会福祉法」（第3条）や「障害者基本法」（第1条）、「医療法」（第1条の2）などの法令においても「個人の尊厳」や「個人としての尊重」が基本理念として位置づけられている。
　そして、その「個人の尊厳」を守るために、

「日本国憲法」第13条では、「生命、自由及び幸福追求に対する国民の権利」について最大の尊重を必要とすること、第25条では「すべて国民は、健康で文化的な最低限度の生活を営む権利を有する」旨が明記されている。すなわち、人は誰でも、家庭や地域社会においてすこやかに自立して生活することが保障されている。
　ちなみに、ここでいう自立とは、たとえどのような病気や障害があっても、自分のもっている機能を最大限に発揮して、**自分なりの生き方**を実現していこうとすることである。

●ICFの考え方

　2001（平成13）年、**WHO**（World Health Organization；**世界保健機関**）は、従来のICIDH（International Classification of Impairments Disabilities and Handicaps；国際障害分類）を改訂して、新たに**ICF**（International Classification of Functioning, Disability and Health；**国際生活機能分類**）を示した。これは、すべての人の**QOL**（Quality of Life；**生活の質**）の向上を目指すものであり、生活機能は健康状態と背景因子から大きな影響を受けているといえる（図1-1-1）。

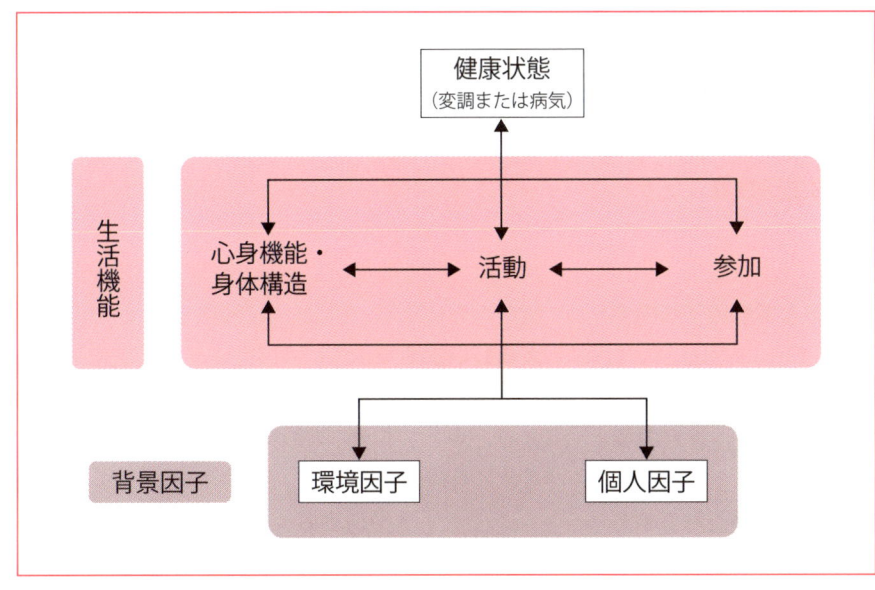

図1-1-1 ICFの構成要素間の相互作用
資料：厚生労働省「『国際生活機能分類——国際障害分類改訂版』（日本語版）の厚生労働省ホームページ掲載について」を一部改変

◆**ICFモデルの特徴**

このICFモデルには、次のような特徴がある。

- **健康状態**は、病気や障害だけでなく、妊娠やストレスを受けている状態なども含む大きな概念としている
- **生活機能**は、人が「生きる」ことの3つのレベルである**心身機能・身体構造**[1]、**活動**[2]、**参加**[3]を含んだ包括的な概念であり、活動と参加には、個人的視点および社会的観点からみた側面が含まれている
- **障害**は、機能障害（構造障害を含む）[4]、活動制限[5]、参加制約[6]のすべてを含む包括的な概念として用いられている
- 生活機能に影響するのは、健康状態だけでなく、その人の周囲の物的・社会的環境などの**環境因子**や、性別や年齢といった**個人因子**も

[1] 心身機能・身体構造
ICFの構成要素のひとつ。心身機能とは、身体系の生理的機能（心理的機能を含む）のことであり、身体構造とは、器官・肢体とその構成部分などの、身体の解剖学的部分のこと。

[2] 活動
ICFの構成要素のひとつ。課題や行為の個人による遂行のこと。

[3] 参加
ICF構成要素のひとつ。生活・人生場面へのかかわりのこと。

[4] 機能障害（構造障害を含む）
いちじるしい変異や喪失などといった、心身機能または身体構造上の問題のこと。

[5] 活動制限
個人が活動を行うときに生じる難しさのこと。

[6] 参加制約
個人がなんらかの生活・人生場面にかかわるときに経験する難しさのこと。

影響している
・それぞれの要素は、一方向ではなく双方向に作用している
・障害やできないこと（マイナス面）に注目するというよりは、**潜在的生活機能**（せんざい）（プラス面）をひきだす考え方をしている

◆ICFにおける障害のとらえ方と背景因子へのアプローチ

ICFモデルは、生活機能の心身機能・身体構造、活動、参加の3つのレベルにおいて、肯定的側面と否定的側面の両面を表している。

否定的側面では、構造障害を含む機能障害のある人がなんらかの活動をしようとしたときに制限を受けることを、障害としてとらえる。つまり、個人的な日常生活に**活動制限**が発生し、ほかの人々との交流のある社会的な場への**参加制約**が起こることが障害なのである。

このような場合、背景因子である環境因子や個人因子を工夫することによって、制限や制約がとりはらわれ、活動や参加が可能になり、生活機能を向上させることができる。

具体例でいえば、脳卒中（stroke）による左片麻痺（まひ）という後遺症があっても、健常肢である右手で手すりを使い車いすに移乗すれば、トイレや台所に移動することができる。このように、適切な場所に適切な手すりを設置し、車いすからトイレへの移乗動作をその人のニーズに合わせたものに工夫することが環境因子へのかかわりである。また、自分の力で移動したいという強い意思や性格（個人因子）が強みとなって、リハビリに前向きに取り組むことができて生活機能がさらに向上する可能性もある。

高齢者の場合は慢性的な疾患をかかえていることが多く、治療による回復が望めないことも多い。そのような状態にある人を介護の対象としたとき、これまでの問題解決を中心にすえたアプローチでは、障害やできないことをどう解決するかに取り組むことになり、解決には程遠い。しかし、**その人らしい生活**にするために環境をどのように変えたらよいか、さまざまな資源を利用し工夫することで、少しでもその人の望む日常生活へと近づけられる可能性がある。

これが「障害によるマイナス面（できないこと）にではなく、障害のある人がもつプラス面（できること）に焦点をあてよう」とするICFの新しい考え方であり、最大の特徴である。

●まとめ

たとえどのような病気や障害があっても、本人のもっている強みをいかしながら、環境因子や個人因子を整え、本人も気づいていないような潜在的な機能（潜在生活機能）をひきだしていき、その人なりの自立した生活を目指すことはできる。できないことや足りない部分を単に補うだけの支援では、本人ができることを見逃してしまう可能性がある。本人のもてる力やできることに注目し、その人らしい生活ができるように、**個別性のある生活支援**を考えることが基本となる。

また、「自分でする」「自分で決める」など主体的にかかわることが喜びとなり、自信が生まれ、

以後の生活への前向きな取り組みにもつながる。

医療や介護にかかわる者は、「社会福祉法」「障害者基本法」「障害者総合支援法」（40頁参照）「医療法」などに基づいて、それぞれが専門のサービスを提供する。その際、個人の尊厳を守りその人なりの自立した生活を目標とすることは、医療と介護にたずさわる者全員に共通する基本理念といえる。

2 医療における倫理

医療では「医療法」に基づいて、生命と健康を守るためにさまざまな行為が行われる。医師や看護師等は国家資格をもち、その専門性のなかで利用者との信頼関係を築き、利用者のニーズを見極めて医療を提供している。

介護職は、病気や障害があり日常生活に支障をきたしている人に介護サービスを提供して、その人なりの自立した生活が維持できるように個別性のある支援をしていく。近年は、医療費の削減から入院期間が短縮され、医療器具を装着したまま退院することが多くなり、まさにそのような人の生活支援を行うことが増えている。

そのようななか、「社会福祉士及び介護福祉士法」の改正により、2012（平成24）年4月1日から介護職も一定の範囲内でたんの吸引や経管栄養等の医療的ケアを行うことが可能となった（45頁参照）。ときに生命の危険をともなうこれらの行為は、介護職も医療における**倫理の問題**を十分理解し、利用者や家族との確かな**信頼関係**を築いたうえで実施すべきであることを心にとめておく必要がある。

● 医療倫理の原則

倫理という言葉には、「人として守り行うべき道」「善悪・正邪（せいじゃ）の判断において普遍的な基準となるもの」「道徳」「モラル」などの意味がある。

医療倫理の原則とは、医行為を行ううえで判断の基礎となる、道徳的基準および行動の基準であり、たとえ細かい点で違う考え方があったとしても共有したり応用したりできるものである。たとえば表1-1-1は、米国型と欧州型の医療倫理の四原則である。表1-1-2でそれらを簡単に解説している。どちらも独自の原則となっているが、両者を併せて認識し、活用していくことが望ましい。

● 倫理的ジレンマ

何かを決定しなければならないとき、相反する複数の倫理的な要素があって、どちらか一方に簡単には決定できない状況があることを、**倫理的ジレンマ**という。特に、終末期の延命治療について、倫理的ジレンマが起きやすい。

少子高齢社会となり、過剰な医療が医療費を高騰させるだけでなく、利用者自身にも苦痛をもたらすことはよく知られている。しかし、高齢であ

米国型	欧州型
・自律尊重 ・無危害 ・恩恵 ・正義	・自律性 ・尊厳 ・不可侵性 ・弱さ

表1-1-1 医療倫理の四原則（米国型と欧州型）
資料：宮坂道夫『医療倫理学の方法　原則・手順・ナラティブ』医学書院、2005年、50頁

原則	概要
自律尊重原則（自己決定権の尊重）・自律性原則	患者が自分で考えて判断する自律性を尊重しなければならない 欧州型では、自立を自己決定に限定しないで、いくつかの能力*の総体であるとしてとらえている *人生の目標を設定できる、プライバシーを守ることができる、自由に思考や行為を行える、インフォームド・コンセントを行える
無危害原則	患者にとって危害となるようなことはすべきでない
恩恵原則	患者にとって利益（健康の増進）となることをすること
正義原則	公平と公正の2つの側面がある 公平面は、利益や負担を公平に配分すること 公正面は、おもに決め方のルールに関して、必ずしも均等に分配できない医療資源をどのようなルールで配分するかを、あらかじめ公正に決めることが重要となる
尊厳原則	人間やそれ以外の存在そのものを、ありのままに受け入れること（患者はもちろん、最近では細胞や臓器、そのほかの生物などもその対象であるという考え方がある）
不可侵原則	人間が介入・改変すべきでない生命の核心部分については保護すべきである
弱さ	有限性・壊れやすさという意味を含めて、生命をもった存在の弱さをいう

表1-1-2　医療倫理原則の概要
資料：宮坂道夫『医療倫理学の方法　原則・手順・ナラティブ』医学書院、2005年、48-55頁

るからといって治る可能性がある場合に治療を差し控えることは、**年齢差別**（エイジズム）になりかねない。たとえば、終末期となり口から食べることができなくなったとき、利用者本人が治療を拒否する場合がある。胃ろうによる延命治療を行うかどうか、生きていてほしい家族やたずさわる関係者は倫理的ジレンマに悩むことになる。

国の政策として在宅医療への転換が積極的に行われており、介護職においては、終末期や意思表示できない利用者へ医療提供される場にかかわる機会が今後ますます増えるだろう。介護職も倫理的ジレンマに直面することは十分考えられる。そのようなときは、先に示した**医療倫理原則**を遵守する行動が求められる。

倫理的ジレンマは、どちらが絶対的に正しいとはいえないものである。まずは利用者、家族、各専門職間における立場や考え方、価値観の違いから生じるさまざまな問題に「気づく」ことが大切となる。そして、何が起こっているのかをよく見極めて、双方の価値観を尊重しながらも、お互いが納得できる解決策をひきだしていく、その過程を経ることが重要である。

◆ **終末期における延命医療**

医療の現場では、**終末期の延命治療**をどう考えるかについて長い間、議論されてきた。最近では、2012（平成24）年1月に、日本老年医学会が、高齢者の終末期の医療およびケアに関する「立場表明2012」を発表した。

これは、あくまでも本人の満足を物差しに、苦痛の緩和とQOLの維持・向上への配慮を求め、終末期の治療の差し控えや中止を考慮する必要性があることを、表明したものである。かつては議論すらタブー視されていた死や終末期について、最近ではむやみな延命よりは尊厳のある終末期の方がよいのではないかという考え方が注目されるようになってきている。

終末期医療をどう行うかについて、家族の間でもタブー視しないで話し合っておくことが今後は大事となる。治療の拒否や尊厳死の選択、臓器移植の希望など、本人の意識状態が清明なときの意思表示があれば、実際そのときを迎えることになっても、周囲の人間がつらい決断を下さなくてはならない悩みや苦しみから救われることになる。

◆ **事前指示書と尊厳死の宣言書**

利用者が自分で意思を伝えることができなくなった場合、「尊厳死の宣言書」や「事前指示書」による本人の意思表示があると、家族や関係者は倫理的ジレンマに陥らずにすむ。これらは、現在わが国では法的な強制力はないが、本人の希望として尊重されるべきものである。早い時期から作成しておくとよいが、元気なときは延命治療を拒否していたとしても、病が進行するにつれてもっと生きたいと意思が変わることもありうるので、随時、意思の再確認が必要となる。

尊厳死の宣言書は、自分で自分の終末期医療を決定できなくなったときのために、自分の望む延命治療についての意思表明となる文書のことである。たとえば、日本尊厳死協会の用意している書式では、むやみな延命治療は拒否する、延命よりも苦痛をやわらげる処置を望むなどといった趣旨

になっている。

事前指示書は、終末期になったときに希望する処置などをより具体的に指示する内容のものである。苦痛をやわらげる処置や終末期を迎える場所、終末期に受ける医療の選択（人工呼吸器、心肺蘇生、胃ろうの造設など）を指定しておく。例としては、国立長寿医療研究センターが任意で行っている「私の医療に対する希望調査（終末期になったとき）」や全日本病院協会が発表している「終末期医療における希望事項」などがある。

●自己決定の権利

本当に自立した生活というのは、自分にかかわるいっさいのことがらについて、**自分で意思決定**し、その決定したことについて自ら責任をもつことである。

日常生活の支援を行ううえでは、利用者の主体性を尊重すること、すなわち一人ひとりが大切にしている生き方やくらし方を尊重し、意思を確認し、自分で決定してもらうという過程が大切である。

しかし自分で決定をするためには、事前に十分でわかりやすい説明がなければ難しい。また、自らの決定によりどのような結果となるのかを理解できる本人の判断力も必要となる。認知症高齢者の場合など、適切な判断能力が十分でない人については、**成年後見制度**の利用や家族による意思決定がなされることになる。

終末期医療などの大きな問題ばかりでなく、日々の生活の衣食住から清潔、排泄に至る行為の一つひとつに、**意思決定**は必要である。介護職には、利用者のそうした意思決定を尊重し、また折にふれ**意思確認**をしていく姿勢が求められる。

●個人情報の保護

私たちは多くの個人情報のなかで生活しているが、介護職に限らず対人援助の仕事をする者には、職務上知り得た個人的な情報について**守秘義務**がある。

個人情報とは、氏名、年齢、生年月日、診断名、既往歴、現病歴、検査結果、家族構成、経済状態、住所、健康保険証の番号など、個人が特定できてしまう情報のことである。利用者の情報は「**個人情報の保護に関する法律（個人情報保護法）**[7]」の下に守られており、個人情報を扱う外部業者に対しては、利用目的を明確にして、本人の同意のある場合しか提供してはならない。

医療の現場では、治療のためにチームで連携する目的で、これらの情報の一部をほかの専門職等に提供することもある。しかし、これらの業務上知り得た情報は、決して関係のない人に見せたり、勝手に持ち出したりすることはできない。支援の必要上、ノートにメモしたりしても、置き忘れたり落としたりすることがないよう記録類の自己管理を徹底する必要がある。

ましてや通勤電車やバスなど公の場で、その日知り得た利用者の情報について、不用意に話題にするなどはもってのほかである。支援者にとっては取るに足らない情報であっても、本人にとっては人に知られたくない情報であることもあり、思

いやりの心をもって慎重に取り扱う必要がある。

●インフォームド・コンセント（説明と同意）

インフォームド・コンセント[8]は、「説明と同意」と訳される。医師の提案する治療方針や検査などについて、利用者や家族が同意するかしないかを判断するためには、必要な情報が十分に与えられ、その内容が理解されたうえで、本人の自由な意思で決定できなければならない。

そのため、医師が利用者や家族に説明するときには、利用者や家族の理解度に応じ、かみくだいて説明する必要がある。利用者や家族が決定のために知らなければならないことについて、難しい専門用語を使わずに、ときには図を書いてわかりやすく説明する必要がある。内容にもよるが、長くなる場合は、途中でどのように受け止めているのかなど、理解度、心の動き、疲労度を観察しながら説明をする。このとき、意図的に都合のいいことだけ伝えることは医療の倫理に反する行為である。偏った情報にならないように、その治療・検査を行うにあたってのメリットとリスクが過不足なく伝わるよう、注意をはらう必要がある。

子どもの場合は、必ず親権者に同席してもらって説明し、治療・検査の内容を理解したうえで同意してもらう。また、認知症高齢者や、精神疾患があるなど判断力が不十分な人の場合は、家族とも十分な話し合いをもち、理解したことを確認したうえで同意を得る必要がある。

医療的ケアのうち、特にたんの吸引については

[7] **個人情報保護法**
個人の権利や利益を保護するために、個人情報を取り扱う事業者などが遵守すべき義務などを定めた法律。個人情報は個人の人格と密接な関連があり、人格尊重のために慎重に取り扱われるべきこと、また、個人情報を取り扱う者は、このような個人情報の性格と重要性を十分認識し、適正な取り扱いを図らなくてはならないことが示されている。2005（平成17）年4月1日に全面施行された。

[8] **インフォームド・コンセント**
十分に知らされたうえでの同意。医療では、「医師が病気やけがについて正しい情報を提供したうえで、患者に治療内容についての同意を得る」という考え方を表している。

苦痛をともなう場合もあり、子どもや認知症高齢者などは不安が先に立ちさまざまな反応をみせることがある。不安や恐怖をいだかせないように、苦痛を軽減できるようにすることが重要である。そのためには、たんの吸引や経管栄養を、利用者にとって最善の状態で実施できるよう、まずは同意を得て、事前の準備をしっかりし、手際よく安全に実施することが求められる。

3 利用者とその家族の気持ち

　病状の進展や予後（病気の経過）が不確かであること、医学的な知識不足などから、利用者の健康や将来に対する不安は予想以上に強いものである。

　たんの吸引をするとき、なんの断りもなく黙って実施してはいけない。たとえ事前に、たんの吸引の必要性について利用者・家族には十分説明をし、吸引をする意味を理解してもらったうえで同意を得ていても、実施前には毎回「これから、たんの吸引をします。呼吸が楽になりますよ」などと声をかけ、利用者の同意を得ることが信頼関係を継続させる意味でも大切である。

　利用者や家族からすれば、苦痛をともなうことをいきなりされてしまうことで、「また次になんらかのケアが行われるときも、何の説明もないのでは」と、疑心暗鬼になることもあるだろう。

　たんの吸引時は、大きなモーターの音がするとともに、吸引中の利用者自身の苦しそうにむせる声や、たんを吸引する音が、家族の心に伝わり、「大変なことになっている」「苦しそうで見ていられない」「やめてほしい」などと申し出られることもある。このようなときは、吸引したあとの楽な呼吸音を聴いてもらい、効果を示して安心してもらう方法をとるとよい。

　経管栄養についても同様で、利用者にはもう口から何も食べさせてはいけないとか、死が近いのではないかと思い悩んでいる家族もいる。事情があり、たまにしか面会できないような家族が、医師の説明を詳しく聞いていないことで、口から食べられないなんてもうだめだと思っていることも少なくない。また、利用者本人が、自分を情けなく思い、生きていたくないとの思いから手を合わせて拝むようにしながら、もう入れないでほしいと拒否することもある。

　このような場合は、口からの食べ物の摂取について、医師や看護職と話し合い、利用者の状態と経管栄養の必要性や誤嚥を予防する手立てを考えたうえで、できることについて、誰が、何を、どのように説明するかを決めていく。利用者本人への気持ちのフォローについても、利用者の存在そのものが家族の心の糧になっていることなどを、家族を含むチームで連携をとって利用者に伝えていく必要がある。

　利用者や家族の気持ちをしっかりとらえ、医師や看護職、家族を含むチームで、利用者の療養生活がよりよいものとなるよう対応していくことが大切である。

> **POINT 要点確認**
> 1. 「個人の尊厳と自立」を尊重するという基本理念について、法的根拠やICFの考え方をもとに理解を深める。
> 2. 医療的ケアを行う者として、医療倫理の原則について理解する。また、延命医療にかかわる倫理的ジレンマ、自己決定の権利、個人情報の保護についてその意義を理解する。
> 3. インフォームド・コンセントについて理解する。

　また、はじめにインフォームド・コンセントがうまくいっていても、経過によっては新しい課題が生じる可能性がある。常に利用者や家族の気持ちを傾聴する謙虚さをもち、深い信頼関係のなかで理解し支援を継続させられるような努力が求められる。

分野1　医療的ケアを支える基礎知識

第2章
保健医療制度とチーム医療

本章では、保健医療に関する制度や医行為の定義、介護職の医療的ケアを可能とする法的根拠などを理解する。また、医療を提供するチームの一員として、多職種が連携するチーム医療の考え方を理解する。

1 保健医療に関連する諸制度

わが国では、全国民が医療を受けられるように**国民皆保険制度**[1]が確立されている。保険制度を利用して国民が医療を受けると、医療費の自己負担は**1〜3割**となる。

●保健医療に関するおもな法律のあらまし

保健医療に関するおもな法律として、「**健康保険法**」「**国民健康保険法**」「**高齢者の医療の確保に関する法律（高齢者医療確保法）**」「**介護保険法**」「**障害者の日常生活及び社会生活を総合的に支援するための法律（障害者総合支援法）**」が挙げられる。

国民皆保険制度の根幹である「**健康保険法**」は、労働者やその被扶養者の労働業務外における疾病・負傷・死亡・出産に対する給付を行うことにより、国民生活の安定と福祉の向上を図ることを目的として、1922（大正11）年に制定された。

その後、わが国の**疾病構造**[2]は、医療技術の進歩や生活水準の向上とともに変化し、おもな疾病は、戦前戦後当時の結核（tuberculosis）を代表する感染症から、生活習慣病（life-style related diseases）へと移った。さらに、**少産少死傾向**および**高齢化**が進んだこともあり、入院・介護の長期化、先端医療・医薬品による医療費の増大によって医療保険にかかる予算が徐々に財政を圧迫していく。加えて高齢化や核家族化などの社会問題への対応も必要となり、介護が必要な高齢者を社会全体で支える新たなしくみとして、「**介護保険法**」による制度が2000（平成12）年からスタートした。

しかし、少子高齢化はますます進み、財政圧迫は改善されず、1人あたりの保険料負担も増大した。このような課題を解決するため、2006（平成18）年、「**老人保健法**」[3]が大幅に改正され、名称も「**高齢者の医療の確保に関する法律（高齢者医療確保法）**」と変更された（2008〈平成20〉年施行）。

「**高齢者医療確保法**」は、医療費の適正化によって国民保健の向上および高齢者の福祉の増進を図ることを目的としている。改正により、**後期高齢者医療制度**として、**後期高齢者**（75歳以上）への給付・医療事務・特別会計について新たに定められた。しかし、年齢区分などが差別にあたるのではないかといった問題点が指摘され、廃止へ向けた議論が続けられている。

「**障害者総合支援法**」は、2005（平成17）年に「障害者自立支援法」として制定され、①障害

者や障害児の福祉サービスの一元化、②費用・役割負担の明確化、③意欲や能力のある障害者が自立した日常生活をおくるための支援、④措置ではないサービス選択を可能にする制度として、2006（平成18）年から段階的に施行された。2010（平成22）年に一部改正され、障害児支援の強化と障害者の地域における自立した生活のための支援の充実を推進するための法整備が行われた。さらに、2013（平成25）年４月からは「**障害者総合支援法**」と名称が改められ、障害者に難病患者を加えるなどの制度改正が続いている。

●保健医療に関するおもな制度の概要

医療保険制度、介護保険制度、障害者自立支援制度の対象や財源等の概要は、表１-２-１にまとめた。それぞれのサービスの内容は次のとおりである。

◆医療保険制度
各種病院や診療所、薬局の利用のほかに、訪問看護ステーションによる訪問看護にも適用がある。

◆介護保険制度
①居宅サービス：訪問介護、訪問看護、通所介護、短期入所生活介護など
②地域密着型サービス：認知症対応型共同生活介護（グループホーム）など
③施設サービス：指定介護老人福祉施設（特別養護老人ホーム）、介護老人保健施設、指定介護療養型医療施設など

●1 **国民皆保険制度**
国民すべてがなんらかの公的な医療保険に加入している体制のこと。被保険者もしくはその被扶養者として加入することで、誰でも、いつでも、どこでも、保険による医療が受けられる。

●2 **疾病構造**
ある時点において、全国民のどれくらいの人がどのような疾病にかかっているのかという、国全体の疾病についての傾向のこと。

●3 **老人保健法**
1982（昭和57）年に制定。老後における健康の保持と適切な医療の確保を図るため、疾病予防、治療、機能訓練の実施などを定めた。70歳以上の老人医療と40歳以上の者への保健事業について規定していた。

●4 **障害児支援の強化**
障害児支援の強化のために、①施設の一元化、②通所サービスにおける実施主体を都道府県から市町村へ移行、③放課後デイサービス・保育所等支援創設、④18歳以上の入所者の在園期間の見直し、などが行われた。

●5 **地域における自立した生活のための支援の充実**
地域における自立した生活のための支援の充実を図るため、①成年後見制度利用支援事業の必須事業化、②児童デイサービスに係る利用年齢の特例の設立、③グループホーム・ケアホーム利用の助成創設、④重度の視覚障害者の移動支援の個別給付化、など関連法案も整備された。

	医療保険制度		介護保険制度	障害者自立支援制度
根拠となる法律	健康保険法 国民健康保険法	高齢者の医療の確保に関する法律	介護保険法	障害者総合支援法
実施主体・保険者	健康保険組合 全国健康保険協会 市町村、国民健康保険組合	後期高齢者医療広域連合（各都道府県）	市町村等（特別区含む）	市町村等（特別区含む）
財源	保険料、公費	保険料、公費、国保・被用者保険からの支援金	保険料、公費	公費
被保険者	大企業の被用者 中小企業の被用者（健康保険組合の組合員以外） 被用者保険加入者以外	75歳以上の者 65～74歳で障害認定を受けた者	第1号被保険者（65歳以上の者） 第2号被保険者（40～64歳で医療保険に加入している者）	──
給付の対象	保険加入者およびその被扶養者で受診・受療した者	75歳以上の者 65～74歳で障害認定を受けた者	第1号→要支援・要介護認定者 第2号→特定疾病の者	身体障害者 知的障害者 精神障害者 障害児など
利用者負担	3割負担 （義務教育就学前2割、70～74歳2割、現役並み所得者3割負担）	原則1割負担 （現役並み所得者は3割負担）	原則1割負担	原則応能負担

表1-2-1 保健医療に関するおもな制度の概要

◆障害者自立支援制度
①自立支援給付
・介護給付：居宅介護、重度訪問介護など●6
・訓練等給付：自立訓練など
・自立支援医療：自立支援医療費の支給
・補装具：義肢・車いす等の費用の支給

②地域生活支援事業
　相談支援事業、意思疎通支援事業、日常生活用具給付等事業など、各自治体で地域の実情によって行われる。

年齢	所得区分	1か月の負担上限額	外来（個人ごと）
70歳未満	年収約1,160万円以上	252,600円＋（医療費－842,000円）×1%	—
	約1,160万円～約770万円	167,400円＋（医療費－558,000円）×1%	—
	約770万円～約370万円	80,100円＋（医療費－267,000円）×1%	—
	約370万円以下	57,600円	—
	住民税非課税の低所得者	35,400円	—
70歳以上	現役並み所得者（窓口負担3割、月収28万円以上など）	80,100円＋（医療費－267,000円）×1%	44,400円
	一般	44,400円	12,000円
	住民税非課税の低所得者（下記以外）	24,600円	8,000円
	住民税非課税の低所得者で、年金受給額80万円以下など総所得額がゼロ	15,000円	

表1-2-2　高額療養費制度の負担上限額

◆その他の医療費の軽減がある制度

先述の制度以外にもいくつか、公費により医療費を負担する制度がある。

①低所得者に対する「**生活保護法**」による医療扶助制度
②**特定疾患治療研究事業**[7]の対象者への予防措置による公費負担医療の給付
③医療の自己負担額が一定の限度額を超えた場合の超過額について支給が受けられる**高額療養費制度**（表1-2-2）

[6] **重度訪問介護**
重度の肢体不自由者で、常に介護を必要とする障害者に、居宅において、入浴・排泄・食事等の介護や、調理・洗濯・掃除等の家事、外出時の移動中の介護など生活全般にわたる援助を行う。

[7] **特定疾患治療研究事業**
厚生労働省が行う難病患者の医療費の助成制度。難治度、重症度が高く、患者数が少ないため、原因の究明や治療技術の開発が困難な疾患について、受診促進を図る目的がある。なお、「難病の患者に対する医療等に関する法律」の制定により、難病患者の医療費助成は法定化され（施行は2015〈平成27〉年1月1日）、本事業の対象疾患のほとんどと新たな疾患が指定難病として助成対象となっている。

2 医行為の法的な扱い

●医行為と医業の業務独占

医行為（医療行為）とは、「当該行為を行うに当たり、**医師の医学的判断及び技術をもってするのでなければ人体に危害を及ぼし、又は危害を及ぼす恐れのある行為**」のことである。そして、**医業**は医行為を「反復継続する意思をもって行うこと」とされている（平成17年7月26日厚生労働省医政局長通知）。

「**医師法**」および「歯科医師法」では、第17条に、医師（歯科医師）でなければ、医業（歯科医業）をしてはならないと医師（歯科医師）の**業務独占**が定められており、医師（歯科医師）の免許がない限りは医行為を業務として行うことが禁止されている。

医行為のなかには、**診療、処方箋交付、療養方法の指導、診療録、医療・保健指導に関する指示**が含まれる。

また、看護師については、「**保健師助産師看護師法**」の第5条で「傷病者若しくはじょく婦に対する**療養上の世話又は診療の補助**を行うことを業とする者」とされ、業務独占（同第31条）が定められている。医行為については、同第37条で、主治医師・歯科医師の指示による場合と臨時応急の手当を除いて、診療機械の使用、医薬品の授与、医薬品についての指示、「医師又は歯科医師が行うのでなければ衛生上危害を生ずるおそれのある行為」は禁止とされている。この規定に違反した看護師には罰則がある。

●医行為の種類

このように、法律では診療補助業務についても医師や看護師などにしか行えないことになっている。しかし、少子高齢化、格差拡大、財政悪化などにより、医師や看護師だけでは適切で十分な医療を国民全体に提供することが難しくなった。

この問題に対応するため、2009（平成21）年、「経済財政改革の基本方針2009」が発表され、2010年代半ばに向けて「医師と看護師等のチーム医療・役割分担の推進」に取り組むことが決定した。また2010（平成22）年5月から、厚生労働省医政局「チーム医療の推進のための看護業務検討ワーキンググループ」により、看護業務の個々の医行為の分類について見直され始めている。

現在、医行為には、診療の補助とされず必ず医師が行わなくてはならない「**絶対的医行為**」と、法令や通知によって診療の補助とされ（明示されていない場合もある）、医療関係職（薬剤師、診療放射線技師、理学療法士・作業療法士、臨床工学技士、臨床検査技師、看護師など）が行うことができる「**診療補助に該当し得る行為**」がある。

●介護職と医行為

介護職の行う身のまわりの世話や、看護職が行う療養上の世話は、基本的に「**医行為には該当し**

ない」と分類されるものに限られる。医行為であるかどうかは、具体的な個々の状況によって判断されるものであるが、めやすとして、2005（平成17）年7月26日厚生労働省医政局長通知に、介護職の行為についての「**医師法・歯科医師法・保健師助産師看護師法の規制対象とならない行為**」が示されている（表1-2-3）。

しかし、この規制対象にならない行為に関しても、病状が不安定である等の理由により専門的な管理が必要になると、医行為の対象になる可能性がある。したがって、医師や看護職に専門的な管理が必要であるかを確認するとともに、病状の変化や検査値の異常などがあった場合はすみやかに報告・連絡・相談する必要がある。

もちろん、規制対象にならない行為であっても安全に行うことが前提であり、研修や訓練の方法、手技や実施方法については具体的な計画がつくられていなければならない。

●介護職の医療的ケア実施の背景

たんの吸引や経管栄養も、本来は医行為であり、原則として医師や看護職にのみ許された行為であった。しかし実際問題として、特に医療機関外で医療的ケアを必要とする人の数に対し、実施する医師や看護職の数が不足している現状がある。

医療機関外で医療的ケアを必要とする場には、居宅をはじめ各種介護サービスや障害者福祉サービスの施設等があるが、必ずしもそこに医師や看護職の常駐が義務づけられているわけではない。そのため、施設であっても医師や看護職が不在と

●8 **業務独占**
該当する国家資格をもつ者だけが、その業務につくことができ、有資格者以外がたずさわることは禁じられていることをいう。業務独占資格は、有資格者以外には資格名称を名乗ることも禁じられている（名称独占）。

	可能な行為	内容
1	体温測定	水銀・電子体温計による腋窩（脇の下）での体温測定 耳式電子体温計による外耳道での体温測定
2	血圧測定	自動血圧計による血圧の測定
3	酸素飽和度測定	新生児以外で入院治療の必要のない者に対してパルスオキシメーターを装着し、動脈血酸素飽和度を測定
4	創傷処置	軽微な切り傷、すり傷、やけどなどの、専門的な判断を必要としない処置（汚物で汚れたガーゼ交換を含む）
5	医薬品介助 （看護職の配置がある場合は、看護職の指導の下実施されるべきであり、看護職によって実施されることが望ましいことが厚生労働省から通知されている）	皮膚への軟膏塗布（褥瘡処置を除く） 皮膚への湿布の貼り付け 点眼薬の点眼 一包化された内服薬の内服（舌下錠の使用を含む） 肛門からの座薬挿入 鼻腔粘膜への薬剤噴霧 ※ただし、以下の①〜⑨の9要件を満たした場合に限る ①患者が入院・入所して治療する必要がなく、容態が安定している ②医師または看護職による連続的な経過観察（副作用の危険性や投薬量の調整など）が必要ではない ③内服薬誤嚥の可能性がなく、内服薬使用法に専門的な配慮が必要でない ④座薬を使用する場合に、肛門からの出血の可能性がなく、座薬使用法に専門的な配慮が必要でない ⑤上記①〜④の4要件をみたしていることを、医師（歯科医師）または看護職が確認する ⑥医師（歯科医師）または看護師の免許を有しない者が医薬品使用の介助をできることを、本人・家族に伝えている ⑦事前の本人または家族の具体的な依頼がある ⑧医師の処方を受け、あらかじめ薬袋等により患者ごとに区分し授与された医薬品である ⑨医師（歯科医師）の処方、薬剤師の服薬指導、看護職の保健指導・助言を遵守する

6	爪切り	爪そのものに異常がなく、爪の周囲の皮膚にも化膿や炎症がなく、かつ、糖尿病等の疾患にともなう専門的な管理が必要でない場合に、その爪を爪切りで切ること、および爪やすりでやすりをかけること
7	口腔内ケア	重度の歯周病がない場合の日常的な口腔内の清潔ケア（歯ブラシ・綿棒・巻き綿などを用いて、歯・口腔粘膜・舌に付着している汚れを取り除く）
8	耳腔ケア	耳垢の除去（耳垢塞栓の除去を除く）
9	ストマ排泄ケア	ストマ装具のパウチにたまった排泄物を捨てること（皮膚に接着するパウチのとりかえを除く）
10	自己導尿サポート	自己導尿を補助するため、チューブの準備、体位の保持などを行う
11	浣腸	市販のディスポーザブルグリセリン浣腸器*を用いて、浣腸を行う ＊挿入の深さ→5～6cm程度以内 　グリセリン濃度→50％ 　量→成人：40g程度以下、6歳～12歳未満：20g程度以下、1歳～6歳未満：10g程度以下

表1-2-3　医師法・歯科医師法・保健師助産師看護師法の規制対象とならない行為

いうこともまれではない。

そのようなことから、これまで、居宅・特別養護老人ホーム・特別支援学校などにおいては、本人の同意書や適切な医学管理といった一定の条件の下であれば「当面の間やむを得ず必要な措置」（**実質的違法性阻却論**）であるとして、介護職がたんの吸引や経管栄養を行うことを容認する形をとってきた（表1-2-4）。

しかし現在、医療機関では入院期間の短縮や在宅療養への移行が進められている。その分、たんの吸引や経管栄養のケアが必要な人が、居宅や施設に今後ますます増えてくることが予想される。

このような状況を背景に、「**社会福祉士及び介護福祉士法」の一部が改正**された。この改正により、介護職も都道府県の実施する研修を受ければ、

●9 **実質的違法性阻却論**
法律上処罰の対象となるある行為について、その行為が正当化されるだけの事情があるかどうかを、実質に基づいて判断し、もし正当化される場合には、その違法性が阻却される（処罰の対象とならない）という考え方。

			在宅 (療養患者、障害者)	特別支援学校 (学童)	特別養護老人ホーム (入所高齢者)
実質的違法性阻却となっている医行為	たんの吸引	口腔内(咽頭の手前まで)	○	○	○
		鼻腔内	○	○	×
		気管カニューレ内	○	×	×
	経管栄養 (状態確認は看護職)	胃ろう	×	○	○(チューブ接続・注入開始は看護職)
		腸ろう	×	○	×
		経鼻経管栄養	×	○	×

表1-2-4 介護職員等による実質的違法性阻却の取り扱い
※本人の文書による同意・適切な医学的管理等、それぞれの一定の条件下においてのみ容認されていた。

医師の指示と看護職との連携の下で、医療的なケアを行うことができることになった(「**介護サービスの基盤強化のための介護保険法等の一部を改正する法律**」第5条、2012〈平成24〉年4月1日施行)。対象となる医行為は、たんの吸引(**口腔内**、**鼻腔内**、**気管カニューレ内**)と経管栄養(**胃ろうまたは腸ろう**、**経鼻経管栄養**)である。

●医療的ケアが可能となるまで

介護職が、利用者の居宅や施設等でたんの吸引・経管栄養を業として行うためには、①事業所・個人の**事業者としての登録**と、②介護職が**認定を受ける**もしくは**2015(平成27)年度以降に介護福祉士**になることの両方が必要である。

介護職が医療的ケアを実施するまでに必要な流れは表1-2-5のとおり(介護福祉士と、すでに就業している介護職等とで要件が異なる)。

◆事業者登録

個人でも事業所でも、たんの吸引や経管栄養を業務として行うためには、登録基準をみたしたうえで、都道府県知事に登録をすませた登録事業者であることが必要となる。登録基準には、医療関係者との連携や安全確保に関する体制の整備、介護福祉士への実地研修実施などの要件がある。

◆介護福祉士(平成27年度以降の登録対象)

「社会福祉士及び介護福祉士法施行規則の一部を改正する省令(平成23年厚生労働省令第126号)」により「社会福祉士及び介護福祉士法施行規則」が改正され、2015(平成27)年4月1日以降に介護福祉士となる者については、**養成課程**において医療的ケアに関する知識・技術を習得し、一定の基準をみたした事業所において実地研修を終えることで、たんの吸引・経管栄養の実施が可能となった。これは、介護福祉士の**国家資格登録**

	介護福祉士（平成27年度以降登録）	介護職等
① 研修・養成課程	養成課程において医療的ケアに関する基本研修を修了し、実地研修＊を受ける ＊実地研修は、国家資格の登録後、従事する先の登録事業者において行ってもよい。	都道府県の研修（1号・2号・3号）を受け修了し、証明を受ける
② 認定登録	介護福祉士国家試験に合格し、介護福祉士の資格登録を行う	都道府県知事から認定特定行為業務従事者認定証の交付を受ける
③ 登録事業者に従事	都道府県の要件（医師、看護職等の医療関係者との連携確保等）を備えた登録事業者＊に従事 ・介護関係施設（特別養護老人ホーム、介護老人保健施設、グループホーム、有料老人ホーム、通所介護、短期入所生活介護等） ・障害者支援施設（通所施設、グループホーム等） ・在宅（訪問介護、重度訪問介護〈移動中や外出先を含む〉等） ・特別支援学校 ＊登録喀痰等事業者（従事者に介護福祉士を含む）、もしくは登録特定行為事業者（従事者が介護職等のみ）	
④ 医師の指示	「たんの吸引・経管栄養」の対象者による希望や心身状態をもとに医学的所見より作成された、医師（施設：配置または委託医、在宅：主治医）からの文書指示を受ける	
⑤ 計画	「たんの吸引・経管栄養」実施の計画書を作成する（当該従事者） ・対象者から同意を得るための説明手順、同意書、急変時の連絡手順、業務手順 ・実施報告書の作成（実施日、実施内容、実施結果）、情報提供（看護職へ）、報告（指示医師へ）の確認	
そのほかの体制整備	安全対策委員会の運用、実践的研修、急変時の対応、感染予防対策、ヒヤリ・ハット事例等の報告・分析 備品・衛生管理 情報管理、秘密保持 損害賠償保険への加入	

表1-2-5　介護職による「たんの吸引・経管栄養実施」に要する流れ

要件である。

◆**介護職等**

すでに就業している介護職や特別支援学校教員、2014（平成26）年度以前に介護福祉士になった者については、都道府県の研修を受け、修了証明書の交付を受ける必要がある。その修了証明書を添付して申請手続きを行い、**都道府県知事**から**認定特定行為業務従事者認定証**の交付を受けることで医療的ケアを行うことができる。

研修にはその実施可能な範囲の違いで次の3種があり、研修時間と内容が異なる。

①第1号研修：制度の対象となる行為すべて
②第2号研修：口腔内・鼻腔内のたんの吸引、胃ろうまたは腸ろうによる経管栄養
③第3号研修：特定の利用者のための、必要なケアのみ

◆**実質的違法性阻却の経過措置**

「当面の間やむを得ず必要な措置」として、これまでたんの吸引や経管栄養を行ってきた介護職等については、事業者登録に併せ、**必要な知識、技能をすでに習得している証明**手続きを行い、**都道府県知事**から**認定特定行為業務従事者認定証**の交付を受けることで、それまで行ってきたケアに限り、引き続き実施が可能となる（「社会福祉士及び介護福祉士法」附則第3条第1項～第2項）。この経過措置は、制度の普及・定着の状況をみながら、特段の事情がある場合を除き原則廃止される予定である。

◆**登録の取り消し**

実地研修を修了していない介護職に対して、たんの吸引や経管栄養の業務を行わせた事業者は、登録の取り消し・業務停止処分の対象となる。

また、実地研修を修了しないで「たんの吸引・経管栄養」業務を行った介護福祉士も、信用失墜行為とされ、登録の取り消し・名称使用停止処分になりうる。

3 チーム医療における連携

●チーム医療と介護職

近年わが国では、医療の質や安全が求められる一方で、医療の高度化・複雑化・業務の増大があり、医療職が疲弊しているという問題がある。このような問題の改善策として、**チーム医療**と介護職との**連携**が必要とされている。

チーム医療とは、高い専門性をもった多職種が、**目的と情報を共有**し、役割分担をしながら**連携**し合い、チームとして、**一人ひとりの利用者の状況**に対応した医療を提供することである。

医療における介護職の役割は、今後ますます大きくなるといえる。そのときに利用者の**人権・QOL**（Quality of Life；**生活の質**）・**安全**を守るため、チームの一員として、医師（歯科医師）をはじめ、次に挙げる一部の医行為が可能な専門職の

> **POINT 要点確認**
> 1. 医療保険制度、介護保険制度、障害者自立支援制度など保健医療に関する制度を知る。
> 2. 医行為の定義や、介護職が行うことができるケアについて、法律の扱いがどのようなものか理解する。
> 3. チーム医療の考え方を理解する。

ほか、薬剤師、管理栄養士、ソーシャルワーカー、事務職員、ケアマネジャーなどとの連携が欠かせない。

●一部の医行為が可能な専門職

「**診療補助に該当し得る行為**」にあたるとして、一部の医行為を行うことができるおもな専門職には、以下の職種が挙げられる。

- 看護師：診療の補助を業務独占
- 診療放射線技師：「診療放射線技師法」により、人体に対する放射線の照射を業務独占
- リハビリテーション関係職種（理学療法士、作業療法士、言語聴覚士など）：「医療スタッフの協働・連携によるチーム医療の推進について」（平成22年4月30日医政発0430第1号厚生労働省医政局長通知）により、一定の条件下による、たんの吸引等が可能
- 臨床工学技士：同通知により、人工呼吸器を装着した患者に対するたんの吸引、動脈留置チューブからの採血が可能
- 介護福祉士：一定の条件下による、たんの吸引・経管栄養が可能
- 薬剤師：同通知により、調剤、医師に対する処方の提案、患者の薬学的管理（副作用のチェック・服薬指導等）などが可能
- 臨床検査技師：各種の検査業務と、「臨床検査技師等に関する法律」により、診療の補助としての採血が可能

●たんの吸引・経管栄養における医療職と介護職の協働・連携

介護職がたんの吸引や経管栄養の業務を行うにあたり、「社会福祉士及び介護福祉士法施行規則の一部を改正する省令」に、事業者としての、医療関係者との連携に関する基準が示されている。

① 介護福祉士等がたんの吸引や経管栄養を実施する際には、**医師の文書による指示**を受ける
② たんの吸引や経管栄養を必要とする利用者の心身の状況を、医師・看護職が定期的に確認、介護福祉士等と情報共有し、医師・看護職との連携と適切な役割分担を図る
③ たんの吸引や経管栄養を必要とする利用者の個々の状況（心身の状態、利用者の希望など）をふまえて、医師・看護職と連携のうえケアの実施内容等を記載した**計画書を作成**する
④ たんの吸引や経管栄養の実施状況について**報告書を作成**し、**医師に提出**する
⑤ 利用者の状態急変にそなえるため、**緊急時の医師・看護職への連絡方法**を事前に定める
⑥ たんの吸引や経管栄養の実施における必要事項や**業務の手順を記載した書類（業務方法書）を作成**する

分野1　医療的ケアを支える基礎知識

第3章
安全な療養生活とリスクマネジメント・救急蘇生法

本章では、たんの吸引や経管栄養を安全に実施し、利用者に安心して受けてもらうために心得ておくべきリスクマネジメントの考え方と方法を理解する。加えて、救急蘇生の基礎を学ぶ。

1 医療的ケアの安全とリスク

●たんの吸引や経管栄養にともなうリスク

介護職による**たんの吸引**や**経管栄養**が可能になったことにより、介護関連施設でも医療事故防止対策が導入されてきており、具体的な技術等に関するマニュアルの整備なども行われている。

たんの吸引や経管栄養といった行為は、医行為であり、利用者の口腔や鼻腔に直接管を挿入したり、管から栄養を注入したりすることから、管による喉などの損傷や窒息、栄養剤等を誤って気管に入れてしまうことによる**誤嚥性肺炎**（aspiration pneumonia）などの危険性がこれまで指摘されてきた。そのため、これらの行為を安全に行うためには、正しい知識と確実な技術を習得するとともに、常に危険（**リスク**）と隣り合わせにある行為であることの自覚をもたなくてはならない。そして、もし誤って事故を起こした場合（**アクシデント**）や、事故に至らないまでも危ない状況（**ヒヤリ・ハット**）が起こった場合は、事実を隠したりせず、同じ過ちをくりかえさないための防止策を考えるといった誠実な態度が望まれる。

●リスクとは

リスクとは、危険や危険度のことで、ある行動をすることによって（もしくは行動しないことによって）、危険や損害を受ける可能性のことをさす。そこには、**危険が起こる頻度**とそれによって受ける**損害の重大性**の2つの要素が含まれている。しかし、そもそも私たちの生活のなかにはさまざまなリスクが潜んでおり、逆にいえばリスクのない生活はありえないとも考えられる。つまり、「安全」とはリスクが許容範囲内である状態といえる。介護サービスの利用者は、生活の安全性が低下した状態であるととらえられるので、常に身のまわりに潜んでいるリスクを軽減する配慮が重要である。

図1-3-1に示す3Hとは、普段に比べ、特にミスや失敗が発生しやすく、事故やけがといった災害につながることが多い状況を表している。3Hにあたる作業を行う際は、十分注意してとりかかる必要がある。

●リスクマネジメントとは

「エラー（間違い）を犯さない人間はいない、人は誰でも間違えるものである」という言葉に表されるように、そもそも人の集中力や注意力の持

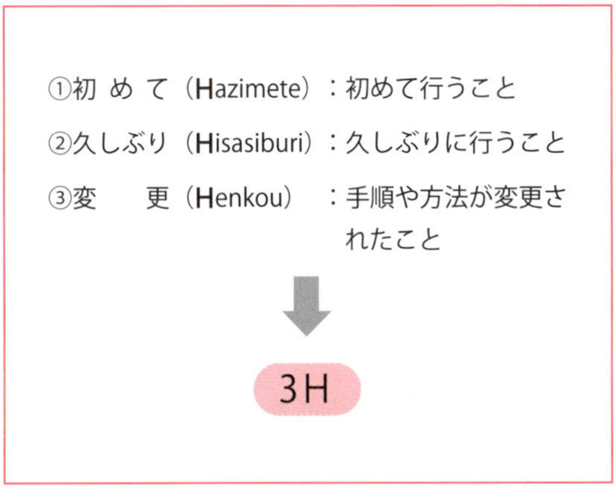

① 初 め て（Hazimete）：初めて行うこと
② 久しぶり（Hisasiburi）：久しぶりに行うこと
③ 変　　更（Henkou）：手順や方法が変更されたこと

↓

3H

図1-3-1　エラーや事故を起こしやすい状況

続時間はそれほど長くはないことはすでに知られていることである。また、エラーや事故は状況（3H）によっても影響されるものである。

このことから、**リスクマネジメント（危機管理**）という考え方が生まれた。リスクマネジメントは、事故を未然に防止することや、発生した事故をすみやかに処理し危機や損害を最小限に抑えることをねらいとする。医療の分野では1970年代に導入され、事故の補償だけではなく、利用者の安全確保に重点を置く取り組みとして定着してきた。介護の現場では、サービスを提供する側と受ける側の両方が、虚弱や要介護状態にともなう生活上のリスクを理解していくことが必要である。

●アクシデントとは

アクシデントとは、誤って起こってしまった事故（介護事故）のことである。実施した行為や観察が不十分であったり、報告が必要であるのにし

●1
誤嚥性肺炎（aspiration pneumonia）
細菌が唾液などとともに肺に流れ込んで生じる肺炎。高齢者に多くみられ、再発をくりかえす特徴がある。再発をくりかえすと耐性菌が発生して抗生物質による治療が効きにくくなるため、現在でも、多くの高齢者が死亡する原因になっている。脳卒中（stroke）や、筋萎縮性側索硬化症（Amyotrophic Lateral Sclerosis；ALS）といった神経筋疾患などにより、咳嗽反射や嚥下反射が低下することで起こる。嘔吐にともなって、胃液などの消化液が食べ物とともに食道を逆流して肺に流れ込み起こることもある。

なかったり、手順を間違ったりした場合に起こるものである。

● **ヒヤリ・ハットとは**

ヒヤリ・ハットとは、ヒヤリとしたり、ハッとしたりするようなニアミス（あわや事故を起こす寸前）の場面があったが、結果として事故に至らなかった事例のことである。見すごされてしまうことが多く、「ああ事故を起こさなくてよかった」とすぐに忘れてしまいがちだが、実はこのことが最大の問題であり、結果的に同様の事故を起こすことになりかねないのである。

重大な事故が発生した際には、その前に多くのヒヤリ・ハットが潜んでいる可能性が指摘されている。たとえば、労働災害の経験則のひとつである**ハインリッヒの法則**では、「1件の重大な事故・災害の陰に、29件の軽微な事故・災害と300件のヒヤリ・ハットが存在する」ということが示されている（図1-3-2）。そのため、ヒヤリ・ハットの事例をもらさず集め、それを防ぐことができれば重大な事故を予防することができると考えられる。そこで、現場ではあえて各個人が経験したヒヤリ・ハットの情報を公開し共有することによって、重大な事故の発生を未然に防止する活動が行われている。

● **介護事故が起きたときの対応**

重大事故が発生した場合は、冷静かつ誠実に、利用者および家族への対応をすみやかに行うことが重要である。介護事故が起こったときの対応は、次のとおりに行う。

①**緊急処置をする**

介護事故が発生した場合は、まず利用者に対してできる限り**迅速で最善の処置**を行う。

②**医師・看護職、責任者へ連絡をとる**

引き続き、看護職や所属長（施設長）、医師、

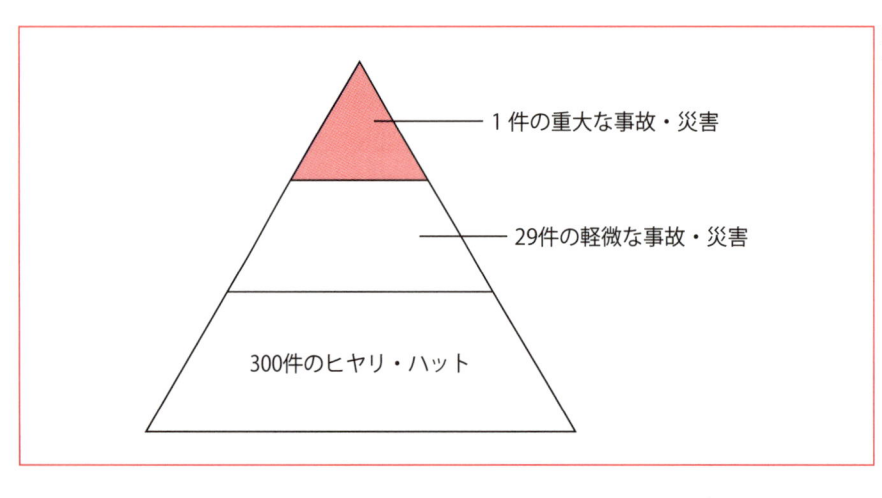

図1-3-2 事故や災害とヒヤリ・ハットの数の法則（ハインリッヒの法則）

- 1件の重大な事故・災害
- 29件の軽微な事故・災害
- 300件のヒヤリ・ハット

救急隊など関係者にすみやかに連絡をとり、最善の処置を行う。

いざというときの対応はあらかじめ確認しておく。特に医師との**連携**は重要であるため、その周知徹底を図る。これをリスク・コミュニケーションという。特に医師が常駐していない施設では、まずは、嘱託医や利用者のかかりつけ医と顔見知りの関係になっておくことが大切である。

③利用者および家族に説明する

緊急処置が一段落したらできる限りすみやかに利用者や家族等へ誠意をもって説明し、家族の申し出にも誠実に対応する。しかし、過誤の有無、利用者への影響などについての説明は、発生直後では不明確なことが多いので慎重かつ誠実に行う。

④利用者および家族への損害賠償を検討する

施設内のリスクマネジメント委員会の審査の結果、事業者側の過失が明らかな場合、リスクマネジャーが率直に謝罪する。介護事故で施設が賠償責任を負った場合は、加入している損害保険により利用者および家族に補償をするための手続きをする。

⑤事故記録を記載し報告をする

事態がひとまず落ち着いたら、できるだけ早く**事故報告書**を作成する。介護事故の当事者は、事故の概要、利用者の様子と介護の状況、今後の見通しおよび利用者・家族への説明内容などを、介護記録として必ず「**介護事故報告書**」に記載する。

介護記録の保管に関しては、サービスの利用が完結しておおむね**2年**が原則である（各施設・在宅サービスの運営基準にある記録の規定による）。また、介護記録の取り扱い方、管理責任などについては、必ず事業所内で取り決め、利用者情報の管理は慎重に行う。

2 救急蘇生の基礎

突発的な事故でけが人や急病人（以下傷病者）が発生した場合、重症であればあるほど、救急車を待つ間に何をするかが、予後（傷病の経過）に大きく影響する。心停止や呼吸停止の状態であっても、その場に居合わせた人が、この待ち時間に適切ですばやい処置を行ったことで、尊い生命が救われたということも多く見受けられる。しかし、救急の事態に遭遇したとき、適切な応急処置を実施するためには、日ごろから応急処置に関する知識や実際の方法を習得している必要がある。

図1-3-3は**救命曲線**といい、心臓と呼吸が止まってから何分くらい経つと、救命できる可能性がどれだけ減るかを曲線で示したものである。救急車が現場に到着するまでの時間は全国平均で約6分といわれている。心臓が止まっていたり、呼吸が止まっていたりするときに、救急車の到着まで何もしないでいたら、助かる確率は大きく下がることがわかる。

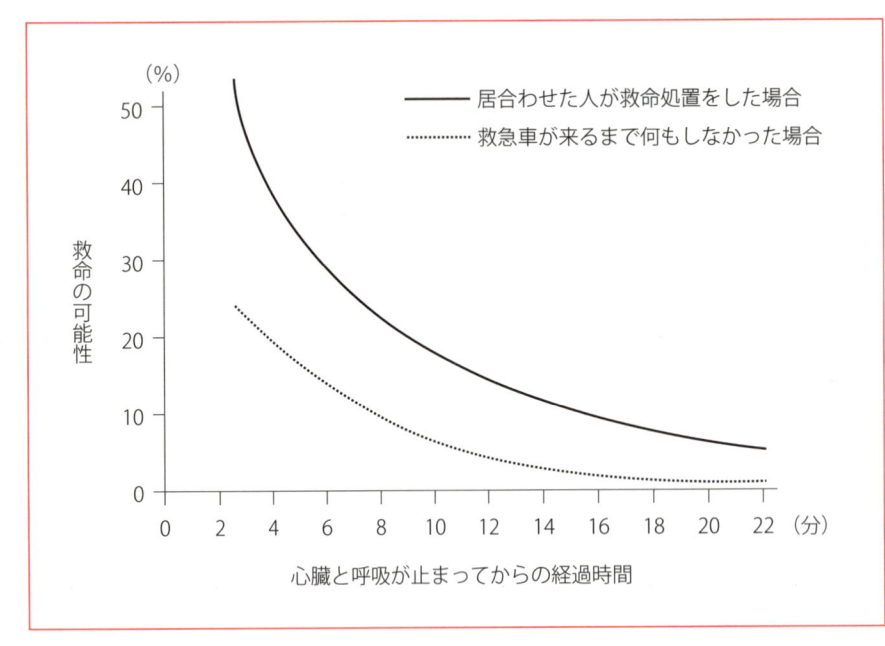

図1-3-3 緊急事態における時間の経過と死亡率の関係（救命曲線）
資料：東京消防庁ホームページ「身につけよう応急手当──応急手当の重要性」(http://www.tfd.metro.tokyo.jp/lfe/kyuu-adv/joukyu/oukyu-01.htm)

― 居合わせた人が救命処置をした場合
…… 救急車が来るまで何もしなかった場合

縦軸：救命の可能性（％）
横軸：心臓と呼吸が止まってからの経過時間（分）

●応急手当

◆応急手当の目的
応急手当には次の3つの目的がある。
① **救命**：傷病者の生命を救うことが第一の目的である。応急手当をする場合には、救命をまず最優先に考える
② **悪化防止**：第二の目的は、けがや病気を治すのではなく、今以上に悪化させないようにすることである。傷病者が訴える苦痛やあらわれている症状を十分確認したうえで、応急手当を行う
③ **精神的苦痛の軽減**：傷病者は突発的な現実の状況に心身ともにショックを受けている。応急手当を行うのと同時に励ましの言葉をかけ、精神的なケアを行うことも大切となる

◆正しい応急手当を行うための判断
応急手当は、けがや病気の原因に応じて行うのではなく、傷病者の状態に応じて行う。正しい手当をするためには、その人の状態をよく観察し、状態を把握する。また観察はすばやく、本人を動かさないように安静を保持した状態で行うようにする。

◆救命の連鎖
救命の連鎖（チェーン・オブ・サバイバル）とは、突然の心肺停止状態になった傷病者を救命するために重要となる一連の処置を鎖にたとえて表したものである。

救命の連鎖は4つの要素で構成されており、内容は次のとおりである。

①**心停止の予防**：心停止の可能性のある傷病を未然に防ぐこと。たとえば、成人では脳卒中（stroke）などの初期症状に気づいて心停止になる前に医療機関で治療を開始すること、子どもではけがや窒息など不慮の事故を防ぐことが重要となる

②**心停止の早期認識と通報**：倒れている人がいたら、心停止を疑う。少しでも早くAEDや救急隊が到着するように、心停止の可能性を感じたらただちに応援を呼び、119番通報を行う

③**一次救命処置**：迅速に心肺蘇生（60頁参照）を行い、呼吸と血液循環を補助する。またAEDを用いて心拍の再開を図る

④**二次救命処置と心拍再開後の集中治療**：一次救命処置のみでは心拍が再開しない傷病者に対し、救急救命士や医師が薬剤や医療機器を用いて心拍の再開を図る。心拍再開後は医療機関で集中治療を行い、社会復帰を目指していく

救命の連鎖の各処置がすばやく連続して行われること、特に①②③をその場に居合わせた人が担うことで、救命の可能性が高まる。救助者が心肺蘇生を行った場合、行わなかった場合にくらべて生存率が高いこと、救急隊の到着よりも早い段階で救助者がAEDによる除細動を実施すると生存率や社会復帰率が高くなることがわかっている。

●2 AED（Automated External Defibrillator）
自動体外式除細動器のこと。心室細動を起こした心臓（心室）に、電気的なショック（除細動）を与えることによって、心臓（心室）のすべての筋肉をいったん収縮（興奮）させ、リズムを合わせて、元の拍動を取り戻させる。突然の心停止は、心室細動によることが最も多く、その心室細動に対する最も効果的な治療は除細動である。除細動成功率は時間の経過とともに減少し、心室細動は数分間で心静止に移行し、やがて心停止に至るため、AEDによるすばやい救急処置が求められる。

分野1　医療的ケアを支える基礎知識

●気道異物除去

　異物を喉につまらせたという事故は、特に高齢者や子どもに起こる事故としてたびたび聞かれる。「気道異物による窒息」とは、たとえば食事中に食べ物が気道（呼吸時の空気の通り道）につまるなどで呼吸ができなくなった状態をいう。この状態が続けば死に至る危険な状況である。

　気道異物除去は救命処置のひとつでもあり、突然起こった状況を冷静に判断し、迅速に行うことで救命につなぐことができる。気道異物除去の判断については図1-3-4、方法については図1-3-5のとおりである。

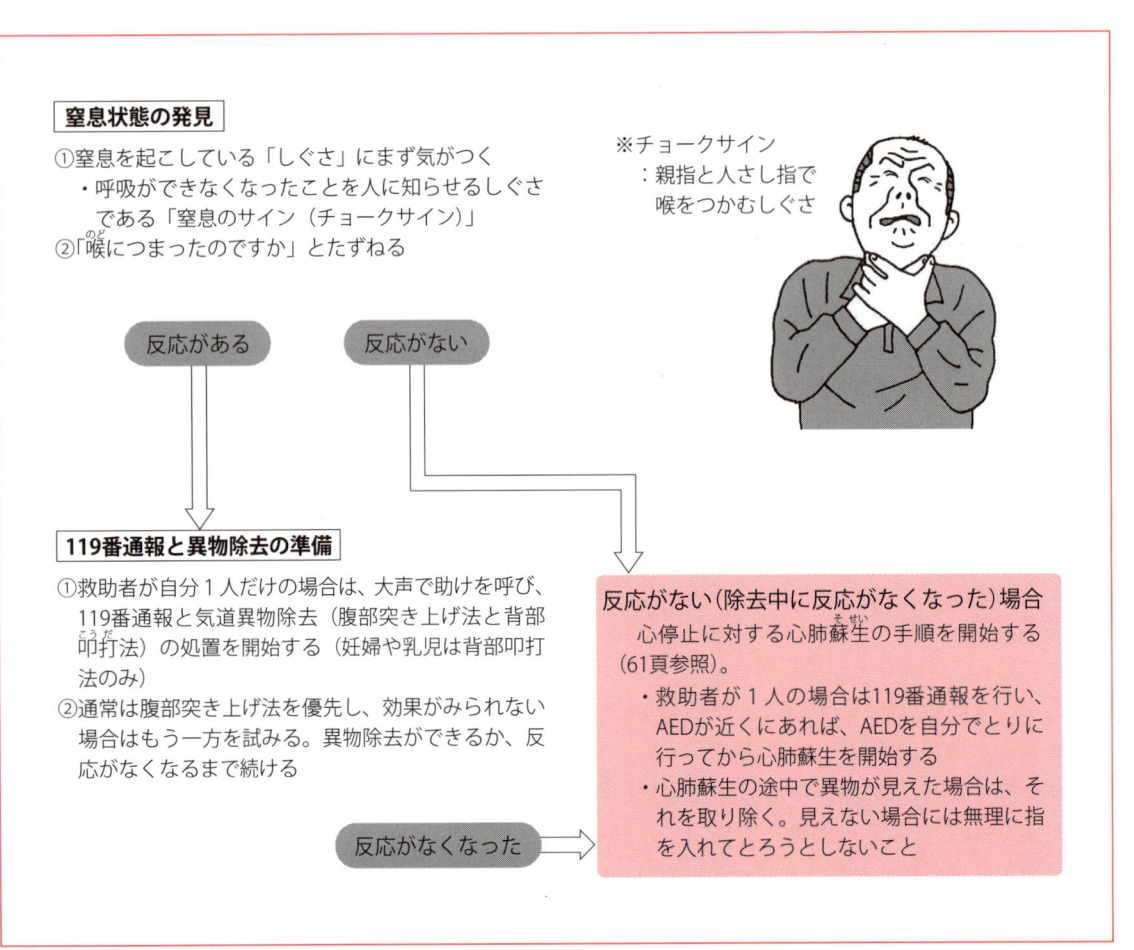

窒息状態の発見
①窒息を起こしている「しぐさ」にまず気がつく
　・呼吸ができなくなったことを人に知らせるしぐさである「窒息のサイン（チョークサイン）」
②「喉につまったのですか」とたずねる

※チョークサイン
：親指と人さし指で喉をつかむしぐさ

反応がある → **119番通報と異物除去の準備**
①救助者が自分1人だけの場合は、大声で助けを呼び、119番通報と気道異物除去（腹部突き上げ法と背部叩打法）の処置を開始する（妊婦や乳児は背部叩打法のみ）
②通常は腹部突き上げ法を優先し、効果がみられない場合はもう一方を試みる。異物除去ができるか、反応がなくなるまで続ける

反応がない／反応がなくなった →

反応がない（除去中に反応がなくなった）場合
心停止に対する心肺蘇生の手順を開始する（61頁参照）。
・救助者が1人の場合は119番通報を行い、AEDが近くにあれば、AEDを自分でとりに行ってから心肺蘇生を開始する
・心肺蘇生の途中で異物が見えた場合は、それを取り除く。見えない場合には無理に指を入れてとろうとしないこと

図1-3-4　気道異物除去の判断

腹部突き上げ法

①対象者の後ろにまわり、両方の手を脇から前へ通す
②片方の手で握りこぶしをつくり、もう一方の手でへそとみぞおちの中間部分の位置を確認する
③握りこぶしをつくった手の親指側を対象者のへそとみぞおちの中間部分にあて、すばやく手前上方に向かって圧迫するように突き上げる
※妊婦、乳児に腹部突き上げ法は行わず、背部叩打法とする

背部叩打法

①対象者の後ろから、手のひらの基部（手の付け根の部分）で、左右の肩甲骨の中間あたりを強く連続してたたく
②対象者が倒れている場合は、対象者を手前に引き起こして横向きにする。自分の足で対象者の胸を、片手で対象者の下あごを支えて肩甲骨の中間あたりを強く連続してたたく

子どもの気道異物除去

乳児では、内臓損傷の危険があるため、腹部突き上げ法は行わず、背部叩打法のみを行う。
①救助者の片腕に、乳児をうつぶせに乗せ、手のひらで乳児の顔を支えつつ、頭をからだよりも低く保つ
②もう一方の手のひらの基部で、背中の中央を数回強くたたく

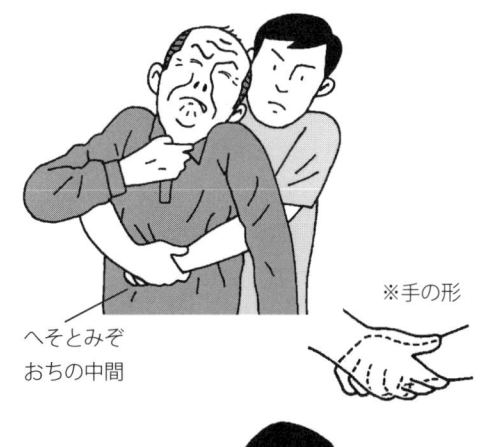

図1-3-5　気道異物除去の方法

●心肺蘇生

　心停止に陥った場合は、図1-3-6のフローチャートの順にしたがい**心肺蘇生法**をほどこす。心肺蘇生法の手順と留意点は図1-3-7（①②）のとおりである。心肺蘇生は、①救急隊に心肺蘇生をひきつぐか、②傷病者が意識を取り戻したり、普段どおりの息をし始めたりするまで、**継続する**ことが大切である。救助者が2人以上いる場合は、**胸骨圧迫を1～2分程度で交代**して行うとよい。

　反応や意識がある（意識を取り戻した）場合は、傷病者の訴えを聞いて、応急手当を行う。また、反応はなくても普段どおりの息をしている（心肺蘇生の途中で息をし始めた）場合は、人工呼吸時と同様に**気道の確保**（頭部後屈あご先挙上）を行い、そのまま救急隊が到着するのを待つ。

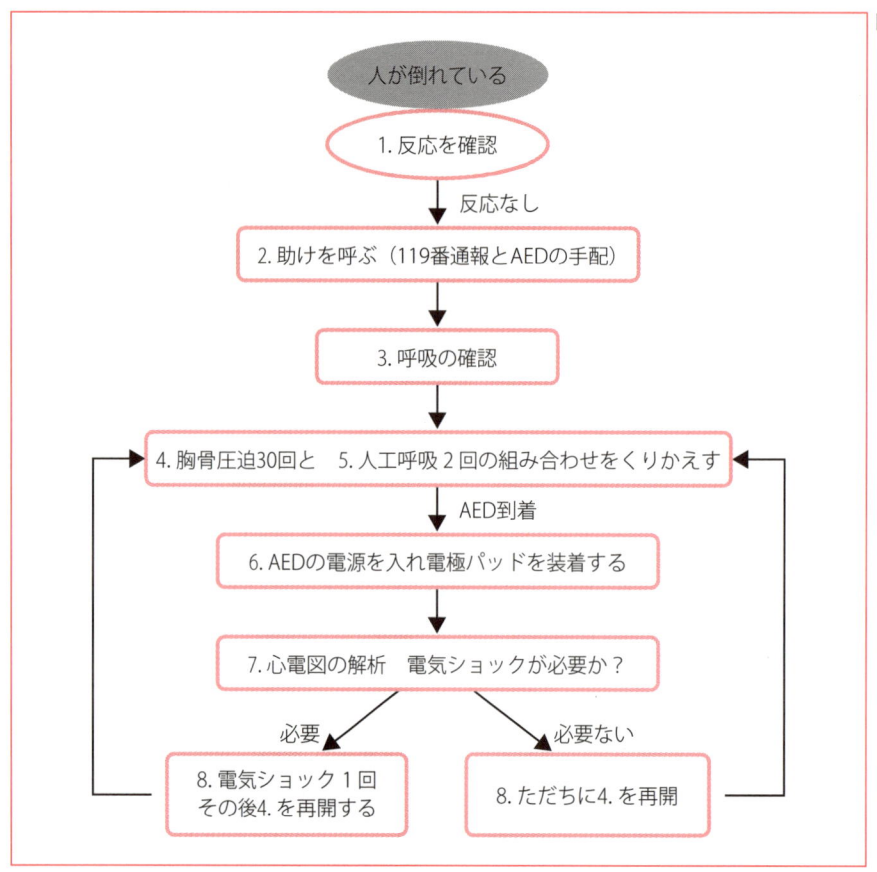

図1-3-6　救命処置の流れ（フローチャート）

```
          人が倒れている
               ↓
        1. 反応を確認
               ↓ 反応なし
    2. 助けを呼ぶ（119番通報とAEDの手配）
               ↓
        3. 呼吸の確認
               ↓
  →  4. 胸骨圧迫30回と　5. 人工呼吸2回の組み合わせをくりかえす  ←
               ↓ AED到着                                        │
  6. AEDの電源を入れ電極パッドを装着する                          │
               ↓                                                │
  7. 心電図の解析　電気ショックが必要か？                          │
          ↓必要        ↓必要ない                                │
  8. 電気ショック1回    8. ただちに4.を再開  ─────────────────→
     その後4.を再開する
```

第3章　安全な療養生活とリスクマネジメント・救急蘇生法

1. 反応を確認する

①肩を軽くたたきながら、傷病者の耳元で大声で呼びかけ、反応の有無をみる
　・呼びかけに対し目を覚ますか
　・なんらかの返答があるか
　・目的のあるしぐさをみせるか
反応（意識）があれば傷病者の訴えを聞き、必要な応急手当を行う

　　もしもし？
　　大丈夫ですか？

2. 助けを呼ぶ

①反応がなければ、大きな声で助けを求め、協力者を集める
②協力者が来たら、119番とAEDの指示をする
　「あなたは119番へ通報してください」
　「あなたはAEDを持ってきてください」
　・救助者が1人の場合は、自分で119番通報をする。また、AEDが近くにあればとりに行く

　　誰か来てください！
　　人が倒れています！

3. 呼吸の確認

　傷病者が正常な呼吸（普段どおりの息）をしているかどうかを確認する。
①傷病者のそばに座る
②胸や腹部の上がり下がりを見て、10秒以内で「正常な呼吸」であるか観察・判断する
　・「正常な呼吸なし」と判断した場合、ただちに胸骨圧迫に進む

「正常な呼吸なし」の判断
・胸や腹部の動きがみとめられない場合 ・約10秒間、呼吸の状態がよくわからない場合 ・死線期呼吸（あえぎ呼吸：しゃくりあげるような、とぎれとぎれに起きる呼吸）がみとめられる場合

心肺蘇生法の手順②へ

図1-3-7　心肺蘇生法の手順①

4. 胸骨圧迫（心臓マッサージ）

胸骨圧迫（心臓マッサージ）により、全身に血液を送り込む。
①胸の中央に、片方の手の付け根を置く
②もう一方の手をその手の上に重ねる（両手の指を互いに組むことで、力が集中する）
③肘をまっすぐに伸ばし、手の付け根の部分に体重をかけて「強く」「速く」「絶え間なく」圧迫する（30回）
・傷病者の胸が4〜5cmほど沈むように圧迫する。子どもは胸の厚さの約3分の1
・1分間に100回のテンポで、30回連続して圧迫
・圧迫と圧迫の間は、1回の圧迫ごとに胸がしっかり戻りきるよう十分に圧迫をゆるめる

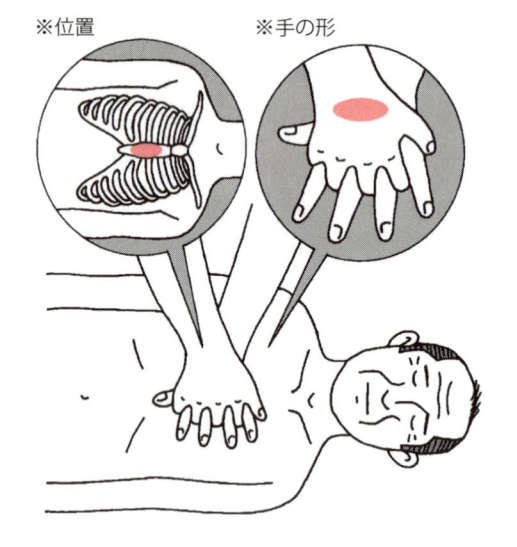

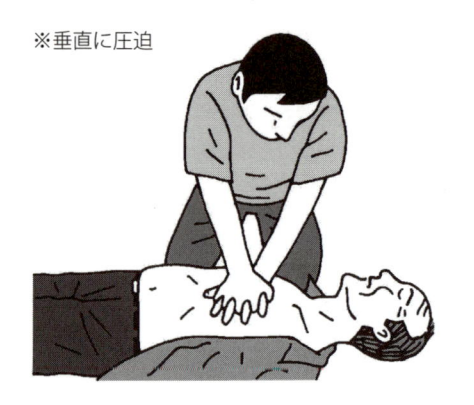

※位置　※手の形

※垂直に圧迫

第3章 安全な療養生活とリスクマネジメント・救急蘇生法

> **POINT 要点確認**
> 1. 医療的ケアの安全な実施のために、リスクマネジメントの考え方を理解する。
> 2. 救急の事態に遭遇した場合に、正しい判断と適切な対処が行えるように、救命に関する知識や救急蘇生や気道異物除去の手順を身につける。

5. 人工呼吸（マウスツーマウス）

①気道を確保する

空気が肺に通りやすくなるように喉の奥を広げる
- （頭部後屈あご先拳上法）片手は額に、もう一方の手は人差指と中指をあご先にあてて、頭を後ろにのけぞらせあご先を上げる
- 指で下あごの柔らかい部分を強く圧迫しない

②気道を確保したまま、額にあてていた手で傷病者の鼻をつまみ、口から息を吹き込む（2回）
- 口を大きく開けて傷病者の口をおおい、空気がもれないようにする
- 息は約1秒かけて吹き込む
- 傷病者の胸が持ち上がるか確認
- 2回目はいったん口を離してから、同様に吹き込む
- 胸骨圧迫に戻る

※簡易型の感染防護具（一方向弁付きの感染防止用シートや人工呼吸用マスク）があればなおよい

※1回目の吹き込みで胸が上がらないときには、もう一度気道確保をやり直す。胸が上がらなくても、吹き込みは2回まで

※口対口の人工呼吸がためらわれる場合（傷病者に出血がある、感染防護具を持っていないなど）には、人工呼吸は省略する

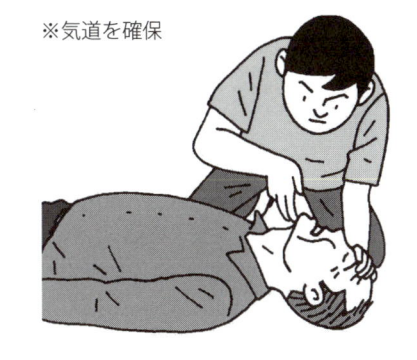

※気道を確保

※息を吹き込む

6. AED到着

機器の電源を入れる。その後流れる音声メッセージの手順にしたがい、パッドの装着、心電図の解析、電気ショック、胸骨圧迫を行う

図1-3-7　心肺蘇生法の手順②

分野1　医療的ケアを支える基礎知識

第4章
感染予防と清潔保持

私たちの生活環境には、目に見えない多くのウイルスや細菌などの病原微生物が存在している。本章では、介護現場で起こる危険性のある感染の基礎知識と感染予防対策、介護職が実施する清潔保持の方法について学ぶ。

1 感染予防の基礎

●感染症とは

目に見えない多くのウイルスや細菌などの病原微生物（図1-4-1）は、体内に侵入して増殖すると、発熱や・下痢・咳などの症状をひきおこす。このような病気を**感染症**という。

介護の現場は、感染症に対する抵抗力が弱い高齢者が多く、また集団で生活する場でもあるため、感染が広がりやすい状態にある。感染症の危険から利用者を守るためには、現場で働くすべての職員がそのことを認識し、感染予防の立場にたって行動することが必要である。特に介護職は、利用者と直接接する機会が多いため、感染予防にかかわる知識を学び、細心の注意をはらっていくことが重要である。以降の説明をしていくにあたり、

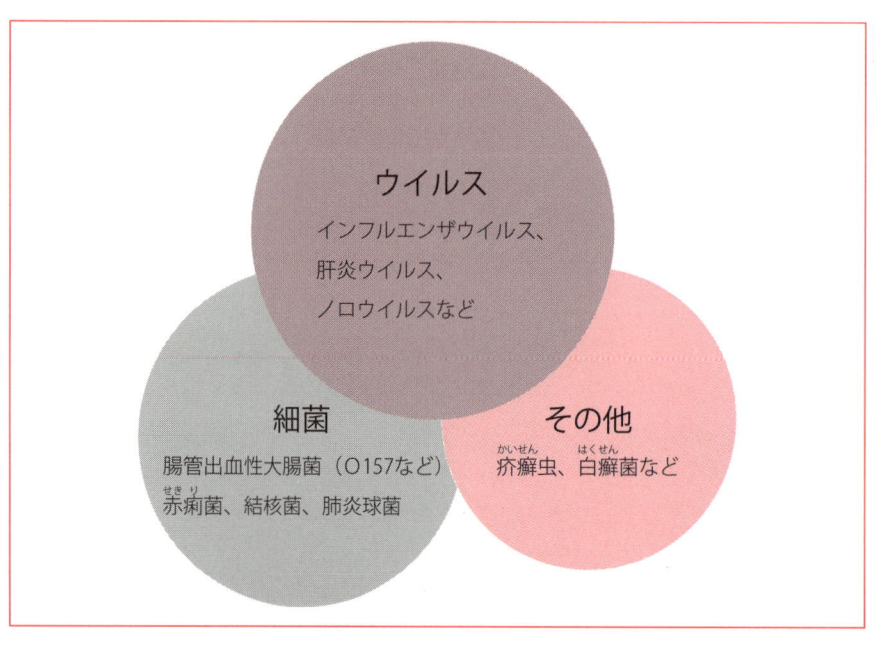

図1-4-1　おもな感染源（病原微生物の例）

ウイルス
インフルエンザウイルス、
肝炎ウイルス、
ノロウイルスなど

細菌
腸管出血性大腸菌（O157など）
赤痢菌、結核菌、肺炎球菌

その他
疥癬虫、白癬菌など

感染予防でよく使われる用語を表1-4-1にまとめた。

●感染の成り立ちとその予防

感染症の予防には、感染の成り立ちとその予防策を知る必要がある。**感染源・感染経路・抵抗力の低下**の3つの要素がそろったとき、感染が成り立つ。体内に侵入する感染源の量やからだの抵抗力（免疫力）によって左右され、感染源の量が多いほど、また、抵抗力が弱いほど、感染をひきおこしやすくなる。そのため、感染防止を図るには原因となる3つの要素を取り除くことが有効である。

◆感染予防の考え方

感染の原因となる3つの要素を取り除くとは、以下の3つを実行することである。
①**感染源を除去する**
②**感染経路を絶つ**
③**抵抗力を増強する**

以前はそれぞれの原因菌やウイルスに合わせた対策がとられていたが、今日では治療薬の開発によってさらに耐性の強い新たな病原菌が出現し、感染がより起こりやすくなってきている。特に医行為を行う治療・処置の現場では、「**すべての行為において病原体が存在する危険性がある**」という考えを念頭に置く必要がある。

①感染源を除去する

感染症の原因となる病原微生物（以下病原体）を含むものを感染源という。感染源は対象者のさまざまな排泄物や排泄物が付着した衣類やリネン類、備品、飲食物など幅広い範囲に存在する（表1-4-2）。

感染源を除去するとは、病原体に汚染されたものに、種類に応じた消毒法を行い、害をもたらす病原体を死滅させる、もしくはその感染力をなくすことをいう。

消毒	人体に害のある病原微生物を死滅させるか、感染力をなくすこと 具体例：消毒薬・紫外線照射による消毒・熱湯消毒など
汚染	物体の表面に病原微生物が付着している状態
無菌操作	病原微生物がまったく付着していない物品を無菌の状態で取り扱う操作
隔離	感染状態にある対象者を、ほかの人と接触させないようにしておくこと
施設内感染	施設内で起こる感染のこと（施設に入る前から感染していた場合は除く）

表1-4-1　感染予防に使われる用語

表1-4-2 感染源となりうるもの

感染源	具体例
①排泄物	嘔吐物、便、尿 など
②血液・体液・分泌物	唾液、胸水、腹水、たん、膿 など
③器具・器材	体内に挿入、刺したもの
④①〜③に触れたもの	手指、シーツなどのリネン類、食器、食品、家具など

②感染経路を絶つ

感染症のおもな感染経路には、表1-4-3で示すようなものがある。感染経路を絶つとは、
・感染源（病原体）を持ち込まない
・感染源（病原体）を拡大しない
・感染源（病原体）を持ち出さない

ことにつきる。具体的には、手洗いやうがいを励行する、血液・体液・分泌物・排泄物を取り扱う場合は手袋やマスク・ガウンの着用を徹底するといったことが基本となる。つまり、介護職自身が感染しないことにつながってくる。また、居住環境を常に清潔に保つことも重要である。

③抵抗力を増強する

人体は、感染源の侵入に対してある程度抵抗力をもっているが、個人差や年齢差があり、病気の状態によっても違いがある。抵抗力や免疫力を向上させるためには、十分な栄養と睡眠および休養をとること、適切な時期に予防接種を受けるようにすることが望ましい。介護職は、利用者が自らの健康を保つよい生活習慣を身につけているかどうかをしっかり見守っていくことが大切である。

◆スタンダード・プリコーション

今日では、感染対策のひとつとして**スタンダード・プリコーション**（**標準予防策**）が広く用いられている（表1-4-4）。

スタンダード・プリコーションとは、特定の感染症に限らず、「すべての利用者の**血液・体液**（唾液・胸水・腹水など）**・分泌液・排泄物・傷のある皮膚・粘膜**を感染の可能性のあるものとして扱う」という考え方に基づき、予防対策を行うものである。利用者と全職員の間での施設内感染の危険性を減少させることを目的としている。

2 介護職の感染予防対策

●感染者となりやすい介護職

一般的に、介護職は利用者のいる施設や居宅と、外部とを出入りする機会が多い。そのため、特に

感染経路	感染方法	代表的な病気
空気感染	空気中の飛沫核（5μm以下）を吸い込むことで感染	結核・麻疹（はしか）　など
飛沫感染	咳、くしゃみ、会話などによる飛沫（5μm以上）で感染	かぜ・インフルエンザ・レジオネラ　など
接触感染	皮膚や粘膜にいる感染源が手指や衣服を介して感染	MRSA感染症・疥癬・白癬　など
経口感染	感染源に汚染された水や食物、手指などを介して、口から体内に入ることで感染	腸管出血性大腸菌感染症（O157など）・ノロウイルス感染症・A型肝炎・赤痢・コレラ　など
血液感染	血液内の感染源が注射や傷口への接触などにより、体内に入ることで感染	B型肝炎・C型肝炎・エイズ（後天性免疫不全症候群）　など

表1-4-3　おもな感染経路

状況	予防の方法
血液・体液・分泌物（たん）・嘔吐物・排泄物（便・尿）などに接触する場合	手袋を着用する 手袋をはずしたあとはせっけんと流水で手洗いをする
血液・体液・分泌物（たん）・嘔吐物・排泄物（便・尿）などを誤って素手で触った場合	流水とせっけんで十分手洗いをして、手指消毒を行う
血液・体液・分泌物（たん）・嘔吐物・排泄物（便・尿）などが飛び散る恐れがある場合	マスク、ガウン、必要に応じてゴーグルやフェイスマスクを着用する
血液・体液・分泌物（たん）・嘔吐物・排泄物（便・尿）などで衣服、リネン類、器具が汚れる恐れがある場合	ガウンを着用する 衣類・リネン類は決められた適切な方法で消毒する

表1-4-4　スタンダード・プリコーション（標準予防策）

施設の場合に感染源を持ち込む可能性が最も高い存在と考えられる。さらに、日々の介護行為において、対象者に密接に接触する機会が多いので、利用者間の病原体の媒介者となる可能性も高い。そのため、介護職は常日ごろからの健康管理が重要となる。施設は抵抗力の弱い高齢者が多く生活しているため、健康管理には細心の注意をはらう必要がある。

介護職に感染症の症状があらわれた場合には、症状が改善するまで自宅待機が求められる。職員が病原体を施設内に持ち込む危険性は極めて高いため、完治するまで休業することは、感染管理を行ううえで「感染経路を絶つ」有効な方法である。

● 感染予防の方法

◆ うがい

病原体の体内への侵入経路で最も感染の例が多いのは口腔である。呼吸器系や消化器系の感染症をひきおこす病原体の多くが、口や鼻を介して体内に侵入する。感染を少しでも予防するには、外出から戻った直後に**うがい**をすることが重要である。また、病原体は空中に浮遊しているものが多いので、うがいはこまめに行うことが望ましい。

うがいは、市販のうがい薬や塩水のほか、水、お茶で行うのでもよい。ただし、くしゃみや咳のある利用者を介護したあとは、うがい薬などの薬剤を使ってうがいをする。

〈うがいの方法〉
①食べ残しを取り除いてうがい薬（約20mL）を口に含み、唇を閉じて強くブクブクうがいをする（口の中の洗浄）
②できるだけ上を向いて、左右にも首を動かし、ガラガラと声を出して喉の奥までうがい薬が届くようにする
③①〜②を数回くりかえす。うがい薬なら2回ぐらい、そのほかなら7〜8回ぐらい行う

◆ 手洗い

感染予防の基本は「**手洗い**に始まり、手洗いで終わる」といわれるほど、手を洗うことは、すべての行為において感染予防の基本的な行為である。

手洗いの方法には、それから行う行為の目的や行為後の結果に応じて、①**せっけんと流水**による手洗い、②**消毒薬**で一定時間こすり洗う**手指消毒**、③ブラシを使用して徹底的にこすり洗いする方法などがある。

ここでは、最も基本的な①せっけんと流水による手洗いの方法、および医療的ケアを行うときに必要な②消毒薬を用いた手指消毒について述べていく。

①せっけんと流水による手洗い

せっけんと流水による手洗いは、**1ケア1手洗い**、**ケア前後の手洗い**が原則となる。清潔な手でケアを行い、ケアの実施後、汚れた手を洗うことで、利用者のみならず自分自身の感染も防ぐことができる。

せっけんを用い、流水で洗うことによって、手指に付着した細菌を取り除くことができる（図1−4−2）。このとき、固形せっけんは感染源になりやすいので、**液体せっけん**を用いる。手袋を

第4章　感染予防と清潔保持

①手を水でぬらす　②せっけんをつける　③よく泡立てる

液体せっけん

④各部分を洗う

・手のひらと甲（5回ずつ）　・指の間（5回ずつ）　・親指（5回ずつ）　・爪、指先（5回ずつ）

※爪ブラシがあれば使用する

⑤手首を洗う　⑥流水ですすぐ　⑦乾いた清潔なタオルやペーパータオルでふく

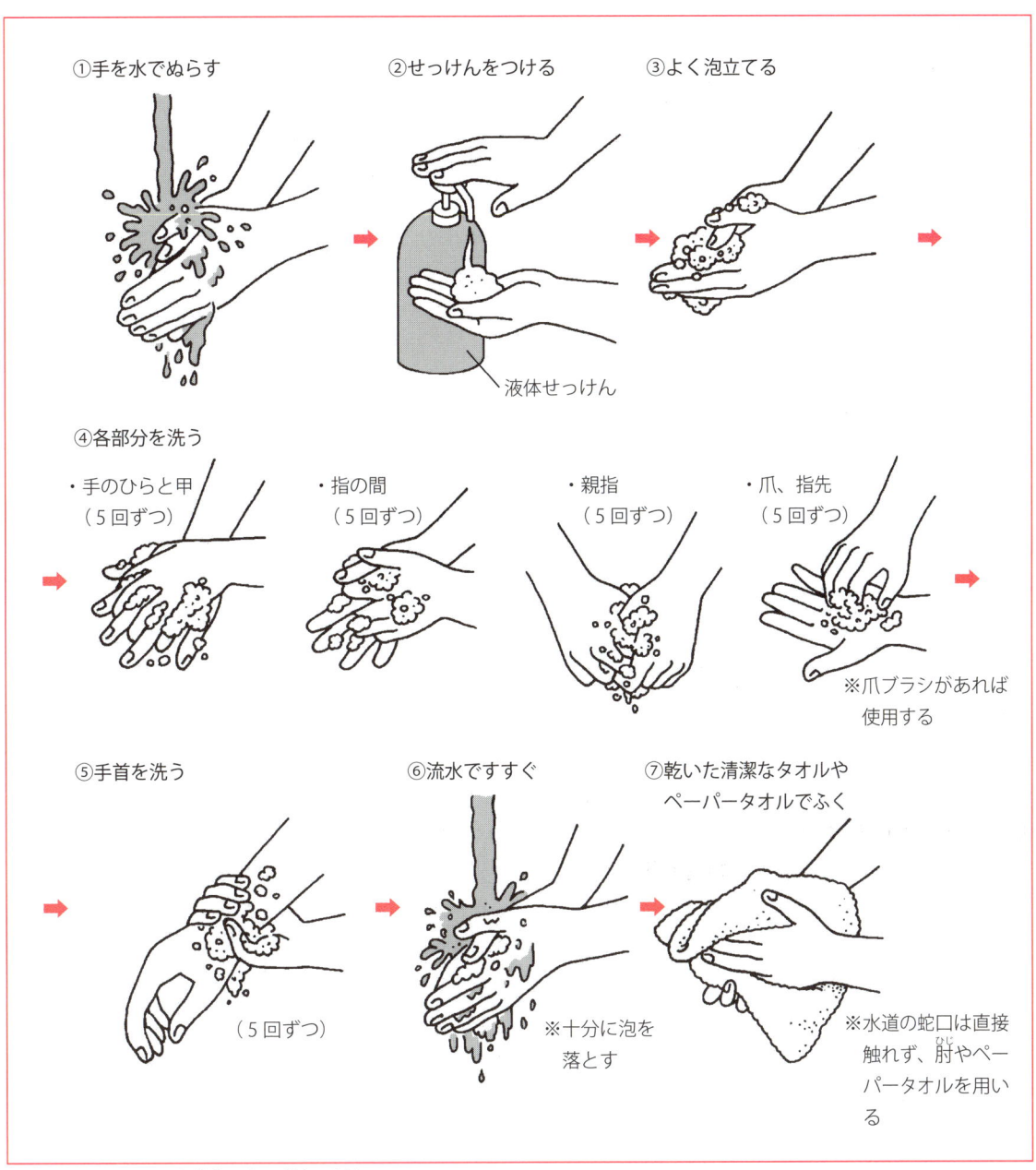

（5回ずつ）

※十分に泡を落とす

※水道の蛇口は直接触れず、肘やペーパータオルを用いる

図1-4-2　せっけんと流水による手洗い方法

69

着用していた場合でも、ケア後にはすぐせっけんと流水で手洗いをすることが望ましい。

せっけんと流水による手洗いは**15秒以上**時間をかけてていねいに行い、指の付け根や手首も忘れずに、よく洗うようにする。手洗いをしそこないやすい部位（図1-4-3）は、特にていねいに洗うよう心がける。

また、手指はあらかじめ爪を短く切り、マニキュアや指輪は取り除いておく。爪が伸びていたり、マニキュアがはげていたりすると、そこに細菌が付きやすくなり、手洗いをしても細菌を取り除きにくくなる。爪は手のひら側から見て爪の先が見えないくらいの長さにする。指輪は手洗い後の水分を除きにくくなるだけでなく、指輪と接している皮膚の細菌が残る危険性があるため、はずした方が望ましい。

手洗い後は清潔な乾燥したタオルやペーパータオルでよくふく。ぬれたタオルは、細菌の温床になりやすいので用いない。

②**消毒薬による手指消毒**

消毒薬による手指消毒は、介護職の手指が**感染源となることを防ぐため**に行われる。アルコール（エタノール）製剤の**速乾性手指消毒薬**を、指先や指の間、手首まですりこむ（図1-4-4）。消毒薬はすりこんでいるうちに乾燥してくるが、乾燥することで消毒効果が出るため、薬液をふきとったりしない。

また、たんぱく質や血液などの汚染がある場合は、せっけんと流水による手洗いをして汚れを除去してから、手指消毒を行う必要がある。

●**介護職の健康管理**

利用者やほかの職員への感染源とならないためにも、介護職は定期的な健康診断は必ず受けることを心がける。ワクチンで予防可能な病気については、できるだけ予防接種を受け、感染症への罹患を予防し、施設内での感染症の媒介者にならないようにすることが重要である。また、当然、自分自身の健康管理には普段から注意することが必要である。

◆**健康管理の心得**
・規則正しい生活を心がける
・帰宅時のうがい、手洗いを習慣づける
・十分な睡眠、休息をとり、栄養をバランスよくとる
・感染症が流行したときには人ごみをできるだけ避ける

◆**ワクチン接種**

予防のためのワクチン接種はすすんで受けておく（表1-4-5）。感染症に対する抗体の有無を確認し、抗体のない感染症についてはワクチンを接種する。

第4章 感染予防と清潔保持

手のひら　　　　手の甲

■：最も手洗いをしそこないやすい

□：やや手洗いをしそこないやすい

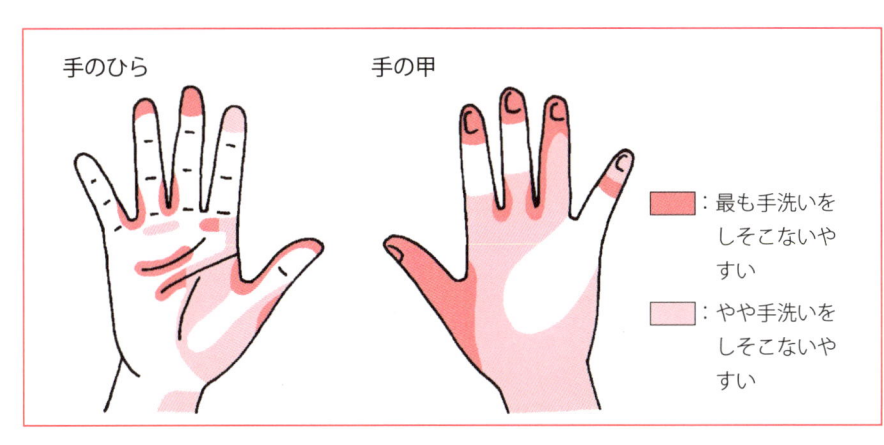

図1-4-3 手洗いをしそこないやすい部位
資料：厚生労働科学特別研究事業「高齢者介護施設における感染対策マニュアル」2005年、一部改変

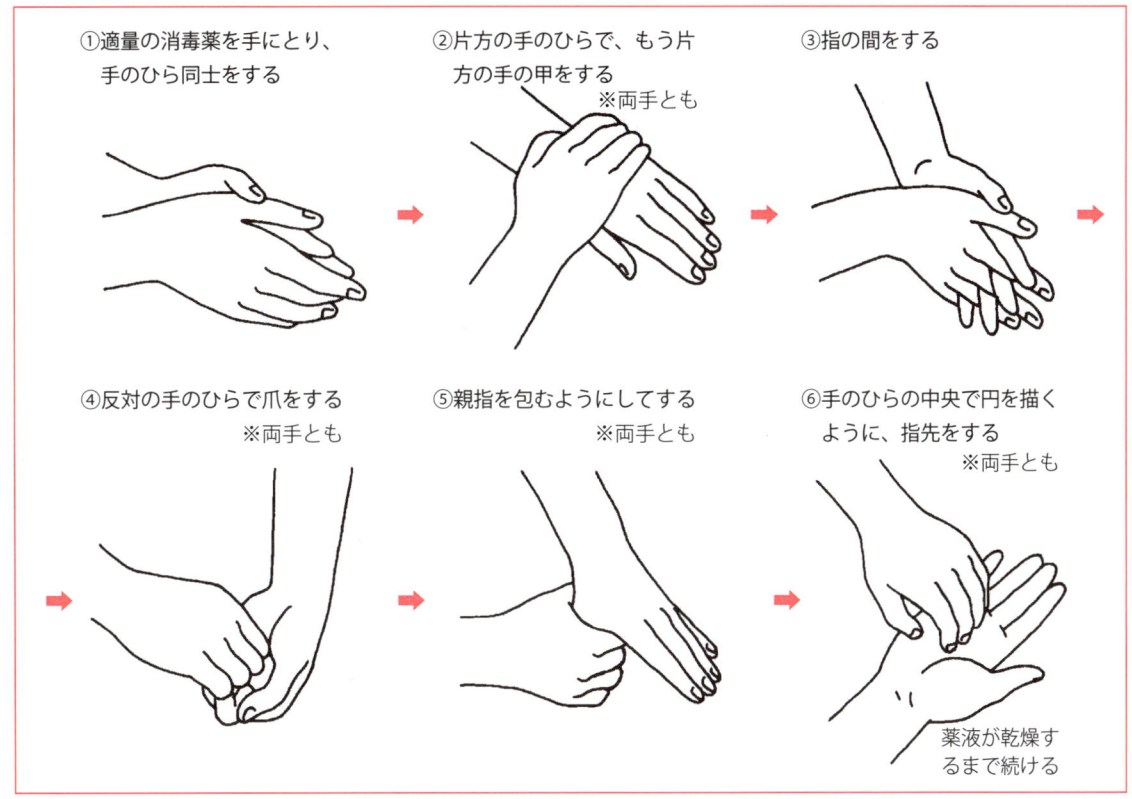

①適量の消毒薬を手にとり、手のひら同士をする

②片方の手のひらで、もう片方の手の甲をする
※両手とも

③指の間をする

④反対の手のひらで爪をする
※両手とも

⑤親指を包むようにしてする
※両手とも

⑥手のひらの中央で円を描くように、指先をする
※両手とも

薬液が乾燥するまで続ける

図1-4-4 消毒薬を用いた手指消毒の方法

71

表1-4-5 ワクチンの接種時期と種類

接種時期	種類
毎年接種	インフルエンザワクチン
採用時に接種	B型肝炎ワクチン
採用時に接種 (これまで罹患したことがなく、予防接種も受けていない場合)	麻疹ワクチン、風疹ワクチン、水痘(水ぼうそう)ワクチン、流行性耳下腺炎(おたふくかぜ)ワクチン

3 居住環境の清潔保持と消毒法

●居宅や施設内の環境整備・衛生管理

利用者の生活の場である居宅や施設において、衛生を保つことが細菌やウイルスなどの増殖を抑えるためには重要となってくる。そのため、特に複数の利用者がいる施設では、表1-4-6に示すような環境整備を、時間を決めて定期的に行うことが必要となる。

●食事介助および食器類の消毒

食事介助の際は、必ず手洗いを行い、清潔な器具、清潔な食器で提供する。特に、排泄介助を行ったあとの食事介助に関しては、介護職が病原体の媒介者とならないためにも十分な手洗いが必要である。

食器、吸い飲みやコップ等の食器類で消毒可能なものは、食器洗浄乾燥機で洗浄し、**加熱殺菌**を行う。食器洗浄乾燥機にかけない食器類は、食器用洗剤で洗浄し、乾燥機にて加熱乾燥させる。乾燥機がない場合は、**塩素系消毒液**(キッチンハイター®やミルトン®等)で消毒し乾燥させる。

施設では、職員や入所者がおしぼりを準備することがあるが、おしぼりを保温器に入れておくと細菌が増殖・拡大するおそれがあるため、保温器を利用する場合は常に清潔にしておく。また使用済みのおしぼりは洗剤でよく洗い乾燥させる。必要に応じ、次亜塩素酸ナトリウムでの消毒も行う。

口腔ケアを行う場合は手袋を着用し、使用後の歯ブラシ等については洗浄後よく乾燥させる。

●排泄物の処理

利用者の排泄物・嘔吐物を処理する際は、必ず**ディスポーザブル(使い捨て)手袋**をし、決して素手では触らない。汚染場所およびその周囲は、**0.5%**(5000ppm)の**次亜塩素酸ナトリウム**で清拭し、消毒する。処理後は十分な手洗いや手指消毒を行う。特に便には多くの細菌が存在しているため、介護職が病原体の媒介者となるのを避けるためにも取り扱いには十分な注意が必要であ

対象	整備方法
施設全体	ちり、ごみ、ほこりがたまらず、清掃しやすいよう整理整頓を心がける 午前、午後に各1回換気を行う
床	一日1回、湿式清掃し乾燥させる 血液、分泌物、排泄物などが付着しているときは、ディスポーザブル手袋を着用して0.1％の次亜塩素酸ナトリウムで清拭後、湿式清掃し乾燥させる
日常頻繁に触れるもの（ドアノブ、手すり、ベッド柵、テーブルなど）	水で汚れをふきとる アルコール、もしくは0.02％次亜塩素酸ナトリウムによる消毒が有効
洗面所、脱衣所、汚物処理室	水回りの清掃では、湿気を抑え、ぬめりを除去する 人が直接接触する床や衣類を置く場所は、一日に1回以上消毒する 足マットは消毒等を行ったものに適宜とりかえ、衛生的に保つ
浴槽、浴室	浴室用洗剤で掃除をする 汚染された場合は消毒する

表1-4-6 施設内の環境整備

る。
　おむつ交換にあたっても、必ずディスポーザブル手袋を着用し、1ケアが終わるごとにとりかえることが不可欠である。手袋をはずしたあとも手洗いを実施する。手洗い場のない場合は、速乾性手指消毒薬を使用する。

●リネン類の洗濯・消毒

　排泄物等で汚染されたリネン類の洗濯・消毒は、まず**0.5％**（5000ppm）の**次亜塩素酸ナトリウム**で汚染箇所を清拭し、消毒する。その際、十分に換気をしながら作業する。汚染されたリネンを取り扱う場合は、必ず**ディスポーザブル手袋・マスク・エプロン**を着用する。また、汚染されたリネン類は専用のビニール袋に入れて、周囲への汚染を防ぐ。
　汚物を落としたあとは、**次亜塩素酸ナトリウム（0.05～0.1％〈500～1000ppm〉）** に浸すか、**熱水消毒**する（**80℃**以上の湯に**10分間**浸す）。消毒後、ほかのものと分けて、別々に洗濯する。

●血液・体液の処理

利用者の血液など体液の取り扱いには十分注意する。血液等の汚染物が付着している場合は、手袋を着用して、まず清拭除去したうえで、さらに適切な消毒薬を用いて清拭消毒する。清拭消毒前に、汚染病原体を極力減少させておくことが清拭消毒の効果を高めることになる。化膿した患部に使ったガーゼなどは、ほかのごみとは別のビニール袋に密封し、直接触れないように感染性廃棄物として、分別処理が必要である。手袋、帽子、ガウン、覆布（ドレープ）などは、可能な限り使い捨て製品を使用することが有効である。使用後は、汚物処理室で専用のビニール袋や感染性廃棄物用容器に密閉するとともに、可能であれば焼却処理を行う。

●医療廃棄物の処理

医療廃棄物とは、医療機関、施設、居宅における医行為に際して排出される廃棄物のことである。一般の廃棄物のように市町村のごみ収集にだすことは禁止されているため、その処理は専門業者に委託するなどして、責任をもって処理しなければならない。医療廃棄物といった場合、多くは使用済みの注射針、輸液セット、メスや血液・体液が付着したガーゼなど、触れると人体に感染の可能性のある**感染性廃棄物**をさすが、明らかに血液・体液が付着していない医療品なども医療廃棄物に含まれる。

感染性廃棄物の処理に関しては、2012（平成24）年に環境省によって発表された「廃棄物処理法に基づく感染性廃棄物処理マニュアル」において、客観性のある判断基準が示されている。ただし、通常処理の方法や費用等については、各自治体のルールにしたがい処理をするため、各自治体のホームページで調べるか、直接問い合わせをして確認する。

●集団感染発生時の消毒

◆MRSA感染症

MRSA（Methicillin-Resistant Staphylococcus Aureus；メチシリン耐性黄色ブドウ球菌）**感染症**が施設内で発生してしまった場合、介護職は手指消毒を行い、感染した利用者の居室を市販の洗浄液を用いてモップがけをすることで対応が可能である。使用後のモップは、**80℃**以上の湯に**10分間**浸して**熱水消毒**するか、もしくは**0.02%**（200ppm）の**次亜塩素酸ナトリウム**に30分間浸して消毒する。

◆疥癬

疥癬（scabies）の場合、居室は、床などのちりを舞い上げないように**湿式清掃**（ぬれモップ等を使用する清掃）を行う。必要に応じ、介護職は感染防止用品を着用してケアするとよい。衣服やリネン等は、**50℃**以上の湯に**10分間**浸して**熱水消毒**する。居室の消毒のために特別な消毒薬は不要であるが、カーテンなどには、市販のダニスプレーやダニ駆除剤も有効である。

> **POINT 要点確認**
> 1. 感染の成り立ちと基本的な予防策について理解する。
> 2. 介護職自身が感染症にならないための予防策・健康管理について知る。
> 3. 施設等の居住環境における清潔保持の方法を知る。

◆インフルエンザ

感染者が発生したときは、介護職は手指消毒、手洗いを徹底し、手の触れる場所を中心に**0.02%**（200ppm）の**次亜塩素酸ナトリウム**または、**70%**の**消毒用アルコール**で消毒する。

◆結核

結核（tuberculosis）は原則として入院治療の対象となるので、発生時の対応は入院までの期間となることが多い。

ベッドや床、使用した器具類は、たん等の汚染物を除去したうえで、**70%**の**消毒用アルコール**や**0.1%**（1000ppm）の**次亜塩素酸ナトリウム**で清拭消毒する。また、使用したリネン類は、**熱水消毒**（**80℃**以上の湯に**10分間**浸す）もしくは3時間程度の**天日干しによる殺菌**が有効である。

◆腸管出血性大腸菌感染症（O157等）

排泄物などで汚れた床面等は、汚染物を除去し、**0.02%**（200ppm）の**次亜塩素酸ナトリウム**で清拭消毒する。

◆ノロウイルス感染症

ノロウイルスは、アルコールや逆性せっけんなどでの消毒効果が期待できない。そのため、手指は流水とせっけんによりウイルスを洗い流す。調理器具等は**85℃**以上の湯で**1分間**の**加熱消毒**をする。リネン類は**80℃**以上の湯で**10分間**の**熱水消毒**、ベッドや床などは**0.02～0.1%**（200～1000ppm）の**次亜塩素酸ナトリウム**による清拭消毒が基本となる。感染者の排泄物などで汚れた場所については**0.5%**（5000ppm）以上の**次亜塩素酸ナトリウム**で消毒する。

分野1　医療的ケアを支える基礎知識

第5章 健康状態の把握

本章では、対象となる利用者の健康状態を把握するのに必要な事項を学ぶ。健康のとらえ方、実際にどのような観察をしたらよいかのポイントなどである。また、急変時の対応のしかたも併せて確認する。

1 健康とは

わが国は諸外国からみても有数の長寿国であり、平均寿命は世界でも常にトップレベルを維持している。しかしながら、本当に健康で長生きできているといえるのだろうか。寝たきり高齢者や認知症高齢者の増加や孤独死の問題、子ども世代・若年層の生活習慣病（life-style related diseases）の増加、若い女性にみられるダイエット、さらに環境汚染などの問題など、健康をおびやかす要因は必ずしも減ってはいない。

医療の進歩とともに死亡率が減少し、急速な平均寿命の伸びが達成できたのも確かである。しかし、これらは健康で長生きできる生活を保証するものではない。また、文明の発展とともに新たに生まれた病気（**現代病**）もある。

人は年齢を重ねるごとにおとろえ、病気にかかりやすくなる。健康の維持・増進は重要なことであるが、しかし、現状では健康の阻害要因をすべて取り除くことは事実上不可能であり、常日ごろからできる限り病気の予防、健康の維持・増進に取り組みながら、場合によっては病気との共生も認めるような健康観が必要となるだろう。

●身体・精神の健康

健康とはどのような状態をさすのであろうか。字句上の意味では、「健」は「すこやか」、「康」は「やすらか」、ということを表している。健康に関する定義で世界的に知られているものには、WHO（World Health Organization；世界保健機関）の「WHO憲章」前文のものが挙げられる。そこでは、「健康とは、単に身体に病気がないとか、からだが弱くないとかいうだけでなく、肉体的にも精神的にも社会的にも完全に調和のとれたよい状態（well-being）である」（筆者訳）と述べている。

WHOでは1998（平成10）年、この定義に2つの概念を加えることが提案された。ひとつは、健康と病気は別個のものではなく、その状態は連続していて動的（ダイナミック〈Dynamic〉）なものであるという考え方である。もうひとつは、**スピリチュアル**（Spiritual）という概念で、日本語に訳すと霊的・魂などと置きかえられる。人間の尊厳やQOL（Quality of Life；生活の質）のために本質的なものとされ、健康であるためには、生きている意味や生きがい感などの追求が必要であるとして提起された。

現在、この提案は、ほかの案件にくらべ早急に審議する必要性が低いということなどの理由から

WHO総会で審議入りしないままであるが、これらの概念は今後、人の健康を考えていくうえで重要となるだろう。

● 現代の健康観

現在は、複雑・多様化した社会であり、個人の健康観、ライフスタイルにはさまざまなものがある。そのようななか、健康については、目標とするものではなく、よりよい生活のための手段のひとつととらえられるようになってきている。そして、健康は、ほかから与えられるものではなく、一人ひとりが個人の状態（年齢や体力、生活様式、もっている病気など）に応じて、自分に適したものを、日常生活をとおして獲得し、現在の状態を守っていくもの、高めていくものであるという考え方に変化してきた。つまり、現代における健康とは**環境の変化に適応し、自分の能力を十分に発揮できる状態**であるといえる。

この考え方をもとにすれば、健康とは単に病気の有無をさすのではなく、健康と病気の間には健康ともいえないが病気ともいえない中間状態、「**未病**」または「**半健康**」的な状態があることになる（図1-5-1）。つまり、健康と病気とは、すっきりと区別できるものではなく、健康と病気とは互いに連続してつながっているものと考えられる。

未病や半健康に対しては、栄養指導を含めた**予防活動**が重要である。また、健康な人には健康増進活動、病気の人には治療が必要となる。

●1
現代病
現代の生活習慣や環境が原因で蔓延していると考えられる病気を、広く現代病とよぶ。代表的なものに糖尿病（Diabetes Mellitus；DM）などがある。近年、特に問題となっている現代病はストレスを原因とした病気で、うつ病（depression）や機能性胃腸症（functional dyspepsia）が挙げられる。また、アトピー性皮膚炎（atopic dermatitis）、喘息（asthma）、花粉症（pllinosis）などのアレルギー性疾患は近年になって急増し、日本人口の3分の1が罹患しているともいわれている。そのほか、IT化が進んだことによる眼精疲労、テクノストレスなど。

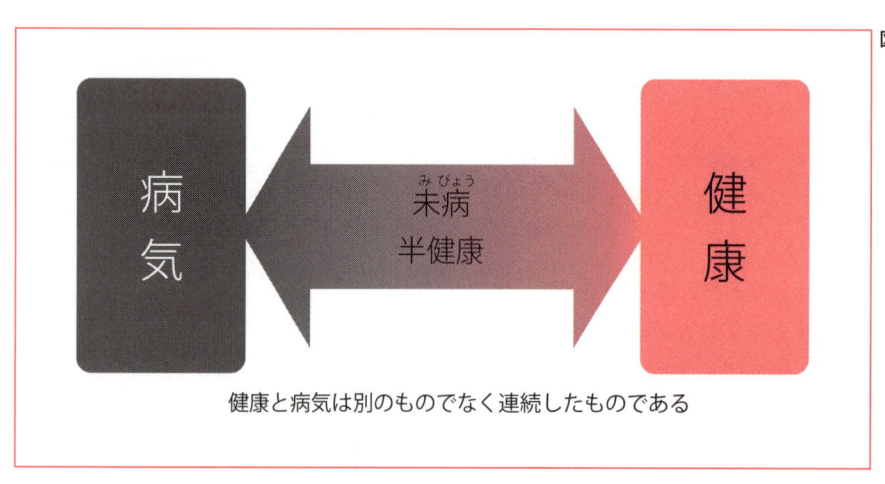

分野1 医療的ケアを支える基礎知識

図1-5-1　健康のとらえ方

病気　←　未病　半健康　→　健康

健康と病気は別のものでなく連続したものである

2 健康状態を把握する

●健康状態をはかる指標

　健康状態は身体的または精神的な情報、そして社会とのかかわりによって総合的に評価されるものである。

　普段の健康状態は、生活のなかで体験的にわかることであり、自分自身で気がつく（自覚する）ことが多い。たとえば、「今日はなんだか調子がよい。食事がおいしい」とか「いまひとつ調子がでない。からだがだるい」というようなものである。

　身体面の自覚症状を挙げていくと、からだがだるい、頭が重い、肩が凝る、発疹が出る、目が充血する、舌があれる、口臭がする、便秘・下痢をした、胃が痛む、いらいらする、憂鬱など、際限がない。

　また、身体的な健康の情報は、数値で表すことのできるものもある。そのおもなものは、身長・体重、血液の検査値などである。

　しかし、このような情報も、個人の認識次第で評価は変わる。たとえばダイエットをしている女性など、標準域の体重であるにもかかわらず、自分では肥満と評価していることが多いというような場合である。

　個人の健康を管理する最も適切な方法は、自己管理である。日々健康を意識した生活をおくることが大切である。

●バイタルサイン

　バイタルサインのバイタル（vital）とは「**生命の維持に必要な**」や「**命にかかわる**」という意味を表す。つまりバイタルサインとは、「**生命の維**

第5章 健康状態の把握

持に必要な徴候（サイン）」という意味で、人体の状態についてさまざまな数値で示される、生体情報のことである。これは、人間の生命にもかかわる最も重要な情報であり、**生きている証**だとされる。

　人間が「生きている」という状態とは、心臓が規則正しく動き、血圧がある一定値以上に保たれ、呼吸をし、体温を維持し、排泄し、意識状態に応じた反応をすることをいう。特に医療において、バイタルサインとは一般的に、**血圧、脈拍、呼吸、体温**の4つをさす。これに意識レベルを付け加えることもある。これらは、対象の状態を知るうえで重要な情報となるため、正確に測定し、それをもとに利用者が現在どのような状態か見極めることが大切である。

◆**血圧**

　血圧とは、心臓がポンプのはたらきをして全身に血液を送る際、血液が動脈血管の壁を押す圧力のことである。心臓が縮んで血液が送り出されるときに最も血圧は上がり（**収縮期血圧**または**最高血圧**）、血液が送られてきて心臓がふくらむときに最も血圧が下がる（**拡張期血圧**または**最低血圧**）（図1-5-2）。

　血圧に影響をおよぼすものとしては、直接要因と間接要因がある。直接要因としては、心臓のポンプ機能や全身の血液量、腎機能の内分泌変化などがある。そこに、間接要因である環境の変化、日常生活習慣などが関連してくる。

　また、年齢によっても血圧は変動する。発達段階別の血圧の正常値のめやすは表1-5-1のとおりである。そのほかに、**至適血圧**（臓器の血管

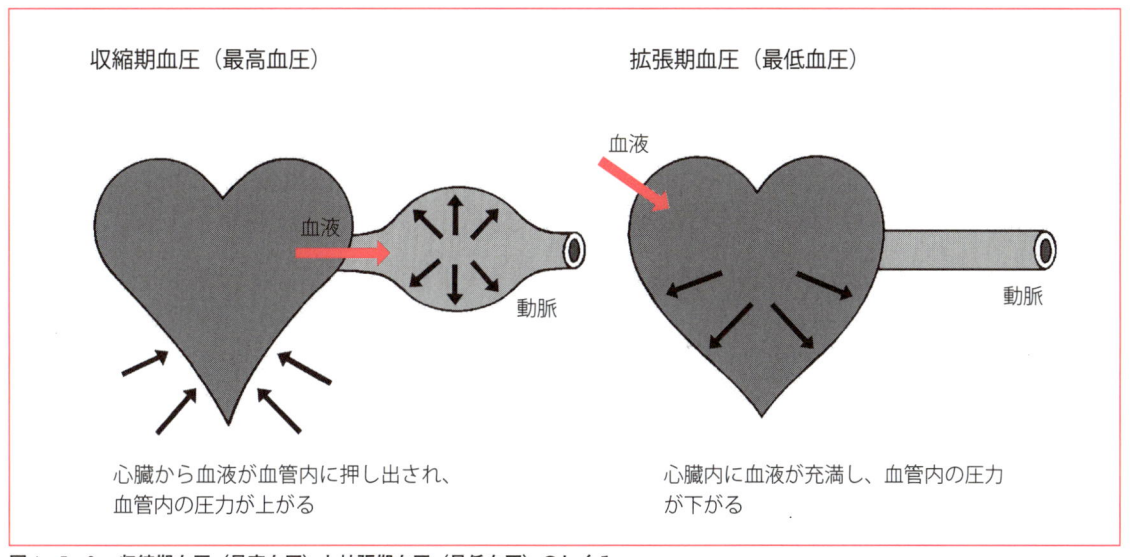

図1-5-2 収縮期血圧（最高血圧）と拡張期血圧（最低血圧）のしくみ

収縮期血圧（最高血圧）：心臓から血液が血管内に押し出され、血管内の圧力が上がる

拡張期血圧（最低血圧）：心臓内に血液が充満し、血管内の圧力が下がる

表1-5-1 血圧の発達段階別正常値のめやす

対象	収縮期血圧（最高血圧）	拡張期血圧（最低血圧）
新生児	80〜60mmHg	60mmHg
乳児	90〜80	60
幼児	100〜90	60〜65
学童	120〜100	60〜70
成人	130〜110	60〜90

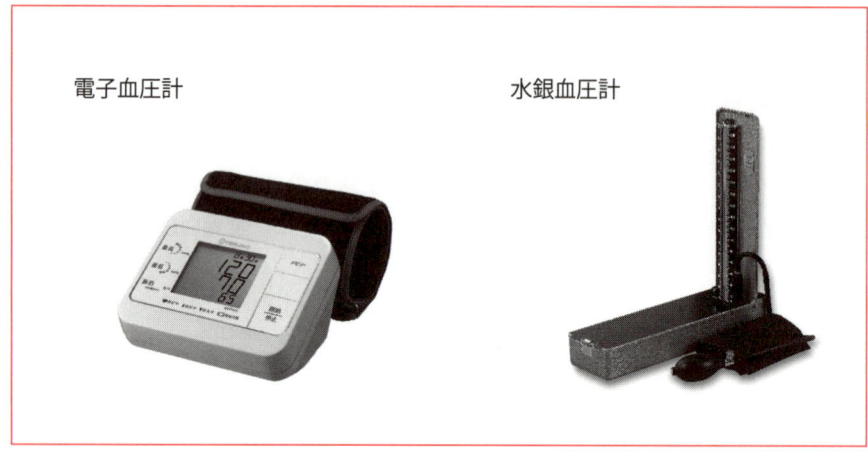

図1-5-3 血圧測定器具の例
画像提供：左；テルモ㈱／右；ケンツメディコ㈱

電子血圧計　　水銀血圧計

障害を起こしにくい理想的な血圧値）は収縮期血圧120mmHg未満かつ拡張期血圧80mmHg未満とされている。

高齢者は、一般的に収縮期血圧が上昇し、拡張期血圧が低下する傾向にあるが、罹患していることも多いため個人差が大きい。

①血圧の異常
(1)高血圧
　高血圧症（hypertension）とは正常値より血圧が高い状態のことである。日常的には、いつ測定しても、収縮期血圧が140mmHg以上、または拡張期血圧が90mmHg以上であれば高血圧症と判断する。

血圧が上昇する原因としては、まず運動後や驚いたときなどの心身状態が挙げられ、そのことにより心臓の拍動（脈拍）が高まることで、圧力が高くなることがある。

また、血流が妨げられることにより血管内の圧

力が高くなることもある。常に血管に負担がかかることで血管が厚くなったり硬くなったりし、また、もろくなって弾力性がなくなる（動脈硬化）。このような血管内に脂肪などが沈着し、通り道が細くなったり、ふさがったりすることにより血流が妨げられるため、圧力が上昇し高血圧となる。

(2) 低血圧

　低血圧症（hypotention）には明確な基準はないが、一般的に、常に収縮期血圧が100mmHg未満の場合に判断されることが多い。

　低血圧症の症状には、血行不良のための頭痛やめまい、また全身の筋肉や肝臓の血行不良のために起こる全身倦怠感などがある。

② 血圧の測定方法

　現在では、施設のみならず一般家庭においても電子血圧計が用いられている（図1-5-3）。ここでは**電子血圧計**の使い方について述べる。

① 血圧計の準備
- 水平な場所に置き、電源が入るかどうか確認する
- 血圧は寒い場所で高くなるため、暖かい部屋で測るようにする

② 利用者の準備
- 通常は座るかもしくは寝た姿勢で測定する
- 測定する側の腕が上腕部まで出ているのが望ましい。腕がしめつけられていないかを確認する。特に冬場は、長袖の下着やセーターなどで腕をしめつけることが多いので注意が必要である
- 測定前は安静にし、リラックスするよう、うながす（深呼吸を2～3回してもらうとよい）

③ 腕帯（マンシェット）を巻く（図1-5-4）
- 腕は心臓の高さになるようにする
- 腕帯は、腕を曲げたときにできる肘の内側のしわの上から1～2cmの位置に、指が1～2本入る程度に巻く

④ スタートボタンを押し、測定する
- 測定終了まで静かに待つ
- 測定した値はきちんと記録しておく

⑤ 測定時の注意点
- できるだけ毎日決まった時間に測定する。起床時や就寝時、安静時など、測定する時間帯を決めておくとよい
- 基本的には朝と夜に測定する

◆ 脈拍

　脈拍（動脈拍動）とは、心臓が収縮したときに大動脈中に急激に押し出された血液により生じた

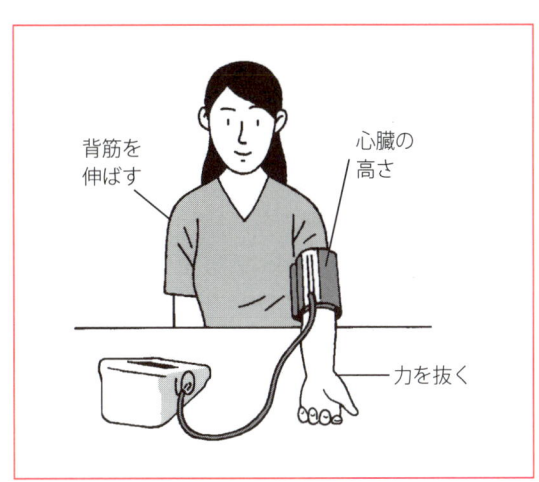

図1-5-4　血圧測定の姿勢

波動が、末梢の皮膚上に伝わることにより起こる動脈壁の拍動のことである。

脈拍を測定することで、心機能の状態を推測することができる。もし**不整脈**がみられる場合、心臓に重大な病気がある可能性もある。

特に高齢者では、自覚症状なく心臓疾患をもっていることがあるので、必ず1分間測定をすることが原則である。

①脈拍測定の注意

脈拍数は、**食事・入浴・運動・発熱**などによって増加するため、これらの状態を避けて測定する。また、発達段階によって標準値が異なるので留意する（表1-5-2）。通常は年齢が低いほど脈拍は速い。

②脈拍の測定方法

- **1分間**の脈拍を測定する
- 触診するときは、利き手の人差し指、中指、薬指をそろえ、指先の動脈上の測定部位に軽く置く（図1-5-5）。強く押すと触れないことがある。また、親指は測定者の拍動を感じてしまい、正確な脈拍が測定できないので避ける
- 脈拍が触れる部位は図1-5-6のとおりである。最も頻繁に触診される部位は、**橈骨動脈**であるが、脈が触れにくい場合は、上腕動脈や総頸動脈、足背動脈で触診する
- 脈拍は発熱や精神的な動揺によっても容易に増加するため、5分間ぐらい安静にして、脈が安定するのを待って測定する

③脈拍の異常

脈拍数が1分間に50回以下または90回以上で、脈の触れ方が弱くリズムが乱れる場合は異常の兆候とみなし、すみやかに報告する。

- **頻脈**（脈拍が速い）：1分間に100回以上。貧血、発熱、脱水、心不全（heart failure）、呼吸器疾患、甲状腺機能亢進症（hyperthyroidism）などに多くみられる
- **徐脈**（脈拍が遅い）：1分間に50回以下。脳卒中（stroke）などの脳障害による脳圧の高まり、甲状腺機能低下症（hypothyroidism）などに多くみられる。**スポーツ心臓**の場合も、徐脈を示すことがあるが、異常ではない
- **不整脈**：心臓の機能不全が推測されるため、血圧値や自覚的症状も含めて医師や看護職に

表1-5-2 脈拍数の標準値

対象	脈拍数
新生児・乳児	130～140回／分
幼児	110～120回
児童	80～90回
成人	60～90回
高齢者	50～70回

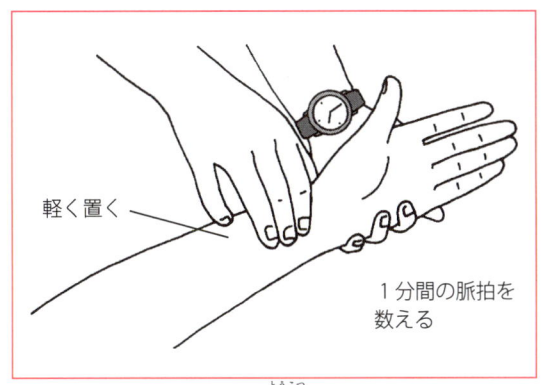

図1-5-5　脈拍の測定方法（橈骨動脈）

●2 **不整脈**
脈拍が一定でなくなること。頻脈や徐脈も含むが、多くの場合は脈がとんだり、不規則になったりしている状態をさす。心臓の入口付近でつくられた刺激が、刺激伝導路を通って心臓全体に伝わることで筋肉の収縮が起こり心臓が動くが、不整脈はこの刺激の生成や刺激伝導に異常が起きるとなる。

●3 **スポーツ心臓**
激しい運動を続ける人にみられる心臓の状態で、心臓が左右に肥大し、安静時の心拍数は低下する。一般の場合は心疾患とみなされる症状だが、強度のスポーツをする人には必ずしも病的なものではない。

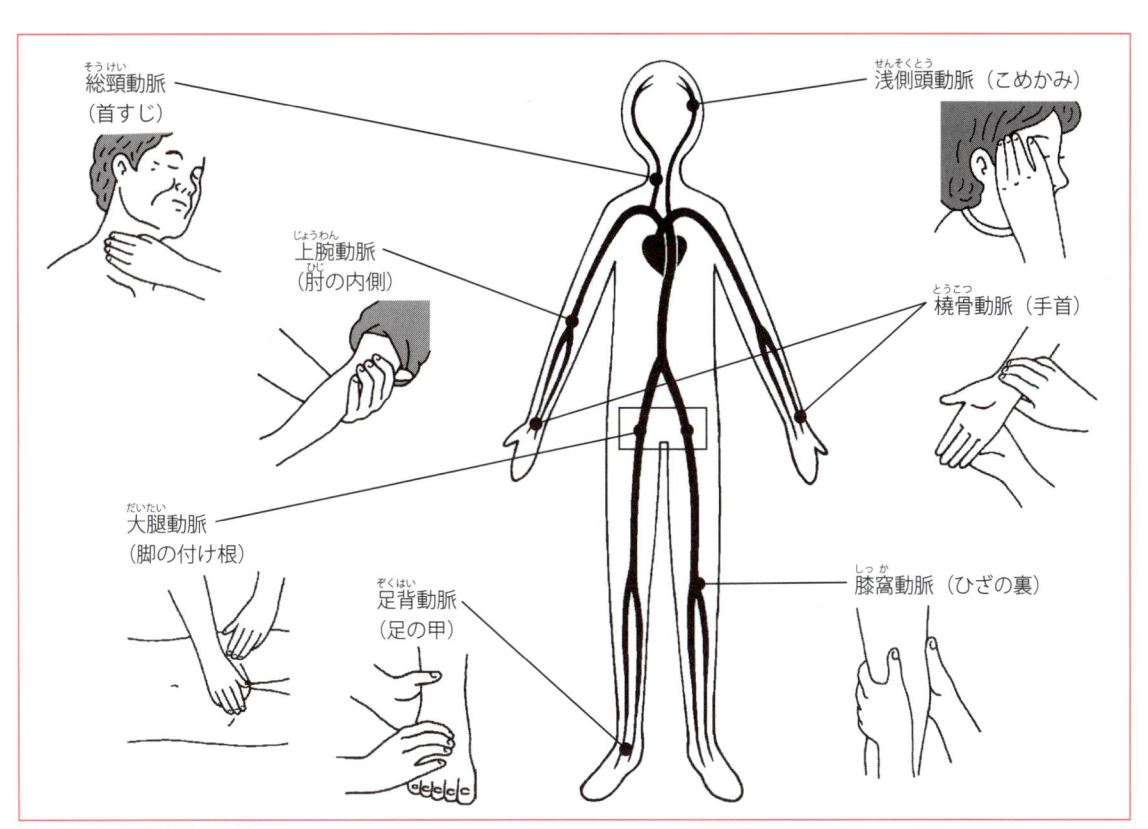

図1-5-6　脈拍測定の部位

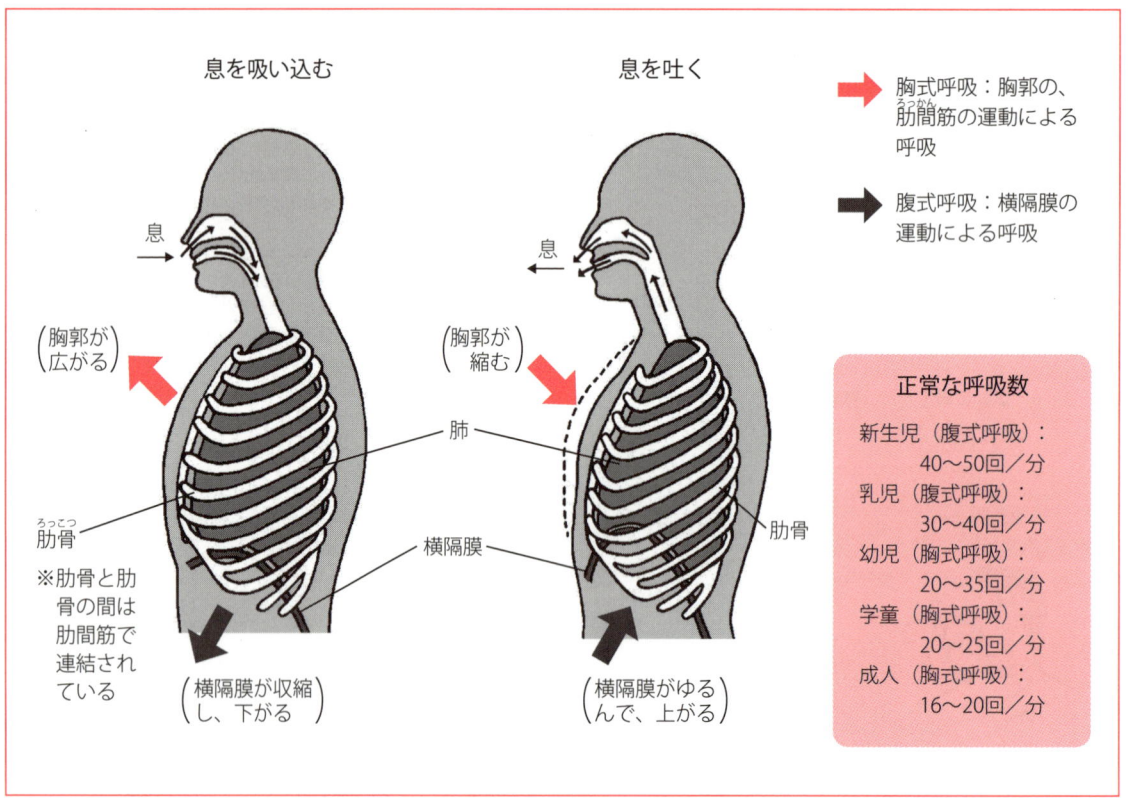

図1-5-7　呼吸のしくみと正常な呼吸数

報告をする

◆呼吸

呼吸とは、外界から酸素をとりこみ、体内の代謝で不要となった炭酸ガスを体外に排出するはたらきをいう。呼吸のしくみと正常な呼吸数については図1-5-7に示すとおりである。

①呼吸の異常

おもな呼吸状態の異常については、表1-5-3に示す。また、そのほかの呼吸に関するおもな疾患には次のようなものがある。

(1)過換気（過呼吸）症候群

過換気（過呼吸）症候群（hyperventilation syndrome）とは、呼吸数が1分間に30回以上と多くなる、精神的要因で起こる呼吸状態である。血液中の二酸化炭素が減り、血液がアルカリ性に傾く。手足のしびれなどの知覚異常や意識消失をきたすこともある。女性に多くみられるが、高齢者にはあまり多くない。

呼吸異常	症状
頻呼吸	成人で1分間に24回以上の呼吸数。恐怖時や興奮時にあらわれる
徐呼吸	成人で1分間に12回以下の呼吸数。睡眠剤の多量服用などであらわれる
過呼吸	呼吸運動が必要以上に行われ、特に呼吸が深くなる（1回の換気量が増加する）状態
浅促呼吸	呼吸数が増し、しかも浅い呼吸となる。重症な肺炎や肺水腫にみられる
鼻翼呼吸	呼吸困難がいちじるしくなり、鼻翼が動く状態
下顎呼吸	呼吸困難がいちじるしくなり、生命の危険な状態。呼吸筋を十分にはたらかせることができないで、下あごだけを動かして呼吸をしている状態である
チェーン・ストークス呼吸	無呼吸→徐々にかつ深い呼吸→再び弱まる→数十秒から数分の無呼吸、がくりかえされる。多発性脳血管障害などのときにみられることが多い。高齢者にもみられる
喘鳴	ゼーゼー、ヒューヒューという呼吸音

表1-5-3 呼吸状態の異常

(2)睡眠時無呼吸症候群

睡眠時無呼吸症候群（sleep apnea syndrome）とは、睡眠中に呼吸が止まった状態が断続的にくりかえされる状態のことをいい、いびきをともなうことが多い。医師による診断・治療が必要である。

◆体温

体温とは、心臓から出て動脈中を流れる血液の温度のことであり、体の内部の温度（**深部体温**）のことをさす。体温は脳の視床下部の体温調節中枢でコントロールされており、体内で産生された熱（**産生熱**）と、体外へ放出される熱（**放射熱**）のバランスによって一定の温度が保たれている。

人間の正常な体温は**36～37℃**の間とされているが、個人差もある。

①体温の変動要因

- **環境**の変化、**病気**によって、体温調節中枢に障害が起こると体温に異常が生じる
- **年齢**によって体温は異なる。通常、乳幼児は体温が高く、37℃以上のこともある。反対に、高齢になるほど体温が低くなる
- **一日の間**にも体温変化のリズムがあり、体温が最も高いのは夕方、最も低いのは明け方である。ただし、一日の変動幅は1℃以内である

②体温の異常
(1)発熱

体温調節中枢のはたらきがくずれて体熱の産生と放出のバランスがとれなくなり、体温が急激に高まる状態である。めやすは、微熱が37～37.5℃前後、高熱が39～41℃である。発熱の多くは

なんらかの細菌やウイルスが体内に侵入したことによる**感染**が原因と考えられる。

発熱時の特徴的な症状として、体温上昇時は**寒気**（悪寒）を感じ、全身の**ふるえ**（戦慄）がみられる。これを、悪寒戦慄と表現する。

また、発熱の程度は、対象者の平熱を基準にしてどれだけ高いか低いかが重要であるため、日ごろから体温を測ってそれぞれの利用者の平熱を知っておくことが大切である。

(2) うつ熱

体内に熱がこもって高体温になることを**うつ熱**という。うつ熱の原因は病気によるものではなく、**高温環境**における**放熱**（熱を体外に放つ）**機能のトラブル**、つまり外部環境の異常によって起こる。たとえば炎天下での長時間の外出時や、閉め切った部屋のような高温・多湿・無風の環境などでは、放熱機能がはたらかなくなり、うつ熱をまねくことになる（88頁「熱中症」も参照）。

(3) 低体温

健康なからだを維持するためには、体温が**36.5℃以上**であることが必要だといわれている。日本人の平熱は、36〜37℃といわれるが、ここ10年ほどで**35℃台**の**低体温**の人も増えてきている。

低体温は女性に多い傾向があったが、最近では子どもや男性にも増え、さまざまな不快な症状や病気をひきおこす原因にもなっている。

体温が低いと、体の**免疫力**が下がりさまざまな病気の原因になりやすい。また抵抗力も低下し、かぜなどの感染症にもかかりやすくなる。低体温の原因のひとつに、生活習慣の影響があると考えられており、特に、食生活の乱れが指摘されている。

③ **体温の測定方法**

体温は、通常**腋窩**（脇の下）で測るのが一般的で、図1−5−8のとおりである。場合によっては口腔、耳、直腸で測ることもある。腋窩での体温測定時の注意事項としては、以下のようなことが挙げられる。

・測定前はあらかじめ腋窩は閉じておく（一定の温度になるまで時間がかかる）
・汗をかいている場合は乾いたタオルでふく
・体温計は前下方から後上方に向かって差し込む
・体温計には2つの測定方式があり、**実測式**（測定部位の温度をそのまま測る）では腋窩で10分以上かかるが、**予測式**（演算により

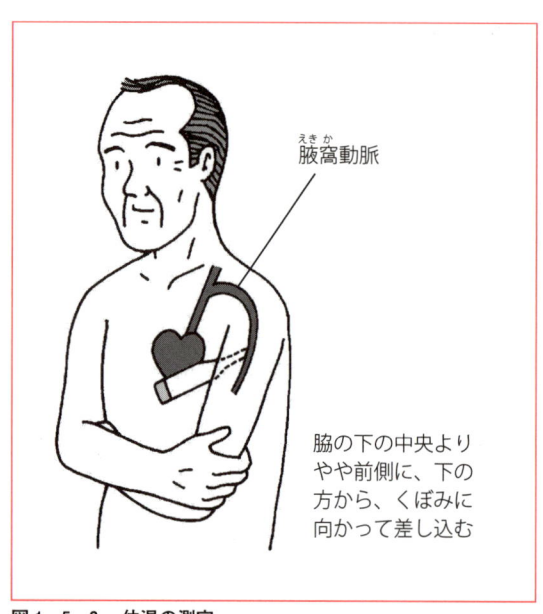

腋窩動脈

脇の下の中央よりやや前側に、下の方から、くぼみに向かって差し込む

図1−5−8　体温の測定

約10分後の体温を表示する）では約20秒間で正しい体温を測ることができる
・体温計は常に清潔を保つようにする

3 急変状態

急変状態とは、急激な意識状態の低下や、誤嚥による窒息、激しい苦痛の訴えや表情、転倒による骨折、顔面蒼白、呼吸の浅さ、バイタルサインの異常など、**通常の介護では対処できない状態**であり、救急車を要請したり、医師や看護職および家族にすぐ連絡をしたりしなければならない状態をいう。一方で介護職も、利用者の身体の急変時には状態と状況に応じた早急な対応ができることが大切である。

意識がない、呼吸をしていない、脈が触れないなどは、一刻も早く対処しないと**生命の危険に直結する危機的状態**だといえる。

●施設内で遭遇しやすい急変

◆意識障害

意識障害の程度と内容を把握しておくことは、病気の重症度、緊急性の判断をするうえで重要である。表1-5-4は、意識レベルの評価方法として日本でよく用いられているジャパン・コーマ・スケール（JCS）である。3-3-9度方式とよばれ、「JCS 3桁」「JCSⅢ-100」などと表現する。

また、全身の観察とバイタルサインは、意識レベルと並んで重症度や緊急性の指標となる。

◆胸痛

狭心症（angina pectoris）や急性心筋梗塞（myo-

表1-5-4 ジャパン・コーマ・スケールによる「意識レベル」の見方

Ⅰ（1桁）刺激がなくても目を覚ましている	1	いまひとつ意識がはっきりしない
	2	今日の日付や今いる場所がわからない
	3	自分の名前、生年月日がわからない
Ⅱ（2桁）刺激による「痛み」で目を覚ますが、刺激をやめると眠る	10	少し言葉も出るが、間違いが多い
	20	「手を握れ、離せ」に応じる
	30	呼びかけてやっと目を覚ます
Ⅲ（3桁）刺激による「痛み」でも目を覚まさない	100	はらいのける
	200	少し手足を動かしたり、顔をしかめたりする
	300	まったく動かない

cardial infarction)、大動脈解離（aortic dissection）が疑われるが、高齢者では痛みの程度は軽くても重症のことがある。

◆窒息

高齢者に多くみられ、もち、パン、肉などの誤嚥により、喉（気管）が閉塞されて生ずる。嘔吐時には嘔吐物による窒息の予防を行う。

◆転倒・骨折

特に高齢の女性は骨粗鬆症（osteoporosis）になりやすく、少しの外力でも骨折を起こす。骨粗鬆症の評価を行い、転倒による骨折から寝たきりにならないように日ごろから注意する。特に入浴時や履物には注意が必要である。

◆吐血・下血

吐血は、消化管の潰瘍やがん（cancer）、食道静脈瘤（esophageal varix）などにより起きやすい。また下血とは肛門からの出血をいい、痔や大腸がん（colon cancer）でみられることが多い。

◆持続的な嘔吐

胃炎（gastritis）などの消化器疾患の異常で生じる。脱水や電解質異常を起こさないように注意する。

◆熱中症

高齢者に多くみられ、**うつ熱**状態で発見される。高齢者は体内の水分が少ないうえ、水分を控える傾向にあり、真夏など高温多湿の場所に長時間いることによって生じる。

● 報告

急変状態がどの程度緊急性のあるものか、判断は難しいが、「いつもと違う」という経験上の直感と、バイタルサインなどの測定からみられた客観的測定値からすばやく判断し、躊躇することなく医師や看護職に連絡して、より詳しい情報を的確に伝えることが大切である。

緊急時には迅速な救急救命処置が必要となる。利用者にあらわれているサインをよく「**見る・聞く・感じる**」ことで確認できたことを、正確に伝える。

● 応急処置

処置や対応は状態によってまったく異なるものの、まずは急変時に遭遇しても冷静に落ち着いた態度で対応することが重要である。

容態の急な悪化や突発的な事故に際しては、単独で憶測の判断をせず、すみやかに医師または看護職、救急車を要請し、指示にしたがう。そして、止血や窒息予防のための体位、呼吸の確保など、医師や看護職が到着するまで、できることに最善の努力をする。

● 急変時の対応の流れ

急変時の対応は以下のような流れで行う。
①急変を発見したら、その場を離れず緊急コー

> **POINT 要点確認**
> 1. 健康状態を把握するための基礎知識として、健康の定義と、現代の健康観を理解する。
> 2. 健康状態をはかる指標としてのバイタルサインの見方、測定方法を身につける。
> 3. 急変状態とは何かを理解する。また、急変時の対応の流れを知る。

　ルを押す
②急変の程度を把握する
・意識の有無
　・バイタルサインの確認
　・心停止などそのほかの異常の有無
　・神経症状（意識障害・けいれんなど）の有無
　・大量出血の有無
③かけつけた看護職に状況説明をする。そして処置を行える場所の確保（個室・処置室）を依頼し、医師へ連絡するか、もしくは移動を手伝う

● **急変時の記録**

　①時間、②場所、③利用者の状況、④バイタルサイン、⑤対応と処置をまとめ、報告書に必ず記録して残しておく。

分野 **1**

重要事項チェック！

☐ 医療倫理の原則とは、医行為を行ううえで判断の基礎となる、道徳的基準および行動の基準であり、たとえ細かい点で違う考え方があったとしても共有したり応用したりできるものである。（☞第1章2）

☐ わが国では、全国民が医療を受けられるように国民皆保険制度が確立されている。保険制度を利用して国民が医療を受けると、医療費の自己負担は1～3割となる。
（☞第2章1）

☐ チーム医療とは、高い専門性をもった多職種が、目的と情報を共有し、役割分担をしながら連携し合い、チームとして一人ひとりの利用者の状況に対応した医療を提供することである。（☞第2章3）

☐ リスクマネジメント（危機管理）は、事故を未然に防止することや、発生した事故をすみやかに処理し危機や損害を最小限に抑えることをねらいとしている。（☞第3章1）

☐ ヒヤリ・ハットとは、ヒヤリとしたり、ハッとしたりするようなニアミス（あわや事故を起こす寸前）の場面があったが、結果として事故に至らなかった事例のことである。
（☞第3章1）

☐ 心肺蘇生は、①救急隊に心肺蘇生をひきつぐか、②傷病者が意識を取り戻したり、普段どおりの息をし始めたりしたときまで継続する。（☞第3章2）

☐ 感染源・感染経路・抵抗力の低下の3つの要素がそろったとき、感染が成り立つ。
（☞第4章1）

☐ 特に医療において、バイタルサインとは一般的に、血圧、脈拍、呼吸、体温の4つをさす。これに意識レベルを付け加えることもある。これらは、対象の状態を知るうえで重要な情報となるため、正確に測定し、それをもとに利用者が現在どのような状態であるか見極めることが大切である。（☞第5章2）

分野

2

たんの吸引

この分野で学ぶこと

- たんの吸引に必要な人体の構造と機能、子どもの吸引、急変状態への対応などの基礎的知識を身につける。
- たんの吸引の実施手順を習得する。

分野2　たんの吸引

第1章
高齢者および障害児・者の「たんの吸引」概論

本章では、たんの吸引を行うにあたり、知っておくべき呼吸器系のしくみやたんの吸引の必要性などの基礎的な知識を学ぶ。また、吸引を受ける利用者やその家族の気持ち、吸引を行ううえでのリスク管理についても学ぶ。

1 呼吸のしくみとはたらき

●呼吸器の構造

呼吸は、からだがエネルギーをつくるのに必要な酸素を空気中からとりこみ、それにともなってつくられる二酸化炭素を体外に排出することを目的に行われる。呼吸をすると、空気は**鼻腔**や**口腔**から入り、**咽頭**、**喉頭**を経て**気管**に入り、さらに左右の**気管支**へ、そしてその気管支が枝分かれし、**肺胞**にまで達する（図2-1-1）。

●呼吸運動のメカニズム

肺自体には筋肉がないため、肺が伸び縮みをして空気をとりこむのではなく、肺を囲む筋肉である**肋間筋**や**横隔膜**が伸び縮みすることで、肺は風船のようにふくらんだりしぼんだりする（図2-1-2、また84頁も参照）。この肺を囲む筋肉とそれを支える骨組みである脊椎と肋骨に囲まれた空間を**胸腔**という。
胸腔を囲む肋間筋や横隔膜が収縮すると**胸郭**が広がり、胸腔内が**陰圧**（内部の圧力が外部の圧力

より低い状態）になる。その結果、肺がふくらみ、肺の中の肺胞もふくらみ、空気が気管支を通って肺の中に入る。これが息を吸うメカニズム、つまり**吸息**である。

反対に、胸腔を囲む肋間筋や横隔膜が弛緩すると胸郭は元の大きさに戻り、肺もしぼんで元の大きさに戻り、肺胞内の空気は気管支を通って外に吐き出される。これが息を吐き出すメカニズム、つまり**呼息**である。

●呼吸のはたらきとその調節

肺胞では、呼吸の目的である酸素のとりこみと二酸化炭素の排出（**ガス交換**[1]）が行われる（図2-1-1）。肺胞壁（肺胞を包む壁）を境にして、呼吸によって送り込まれた肺胞内の空気と、その肺胞をおおうように存在する毛細血管内の血液が接する。そこで、肺胞内の空気に多く含まれる酸素は、酸素の少ない血液中に渡され、血液中の二酸化炭素は肺胞内へと送り出される。このことを、**拡散**[2]という。

私たちは息を止めたり、速めたりと意識的に呼吸を調整することができるが、睡眠時などの無意識下の呼吸は、脳の一部である**脳幹**[3]とよばれる部分に存在する**呼吸中枢**で調整される。動脈血中の酸素と二酸化炭素を感じるセンサーが、体内に

呼吸器の構造

咽頭
喉頭
気管
気管支
肺胞

肺胞
毛細血管
断面

肺胞におけるガス交換

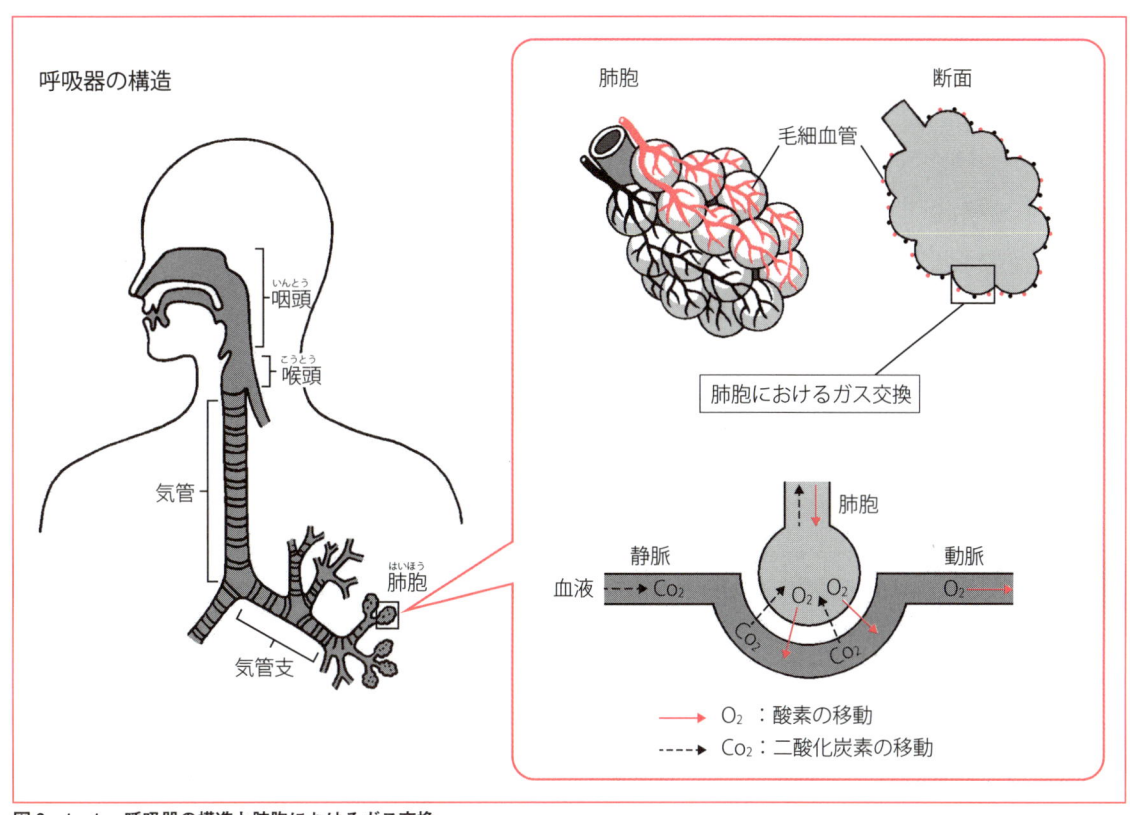

血液 静脈 肺胞 動脈
→ O₂：酸素の移動
╌→ CO₂：二酸化炭素の移動

図2-1-1　呼吸器の構造と肺胞におけるガス交換

は3か所存在し（脳幹、頸動脈、大動脈）、酸素と二酸化炭素がちょうどよいレベルになるように息の吸い込みと吐き出しを調整している。

● 気管・気管支のはたらき

　気管や気管支の壁には、粘液を分泌する**杯細胞**が無数に存在している。杯細胞からの分泌物によって気道は常に湿った状態にあり、気道の乾燥が防がれている。

●1 ガス交換
呼吸器官によって体内に酸素をとりこんで、体内から二酸化炭素を排出すること。

●2 拡散
物質がエネルギー等を均一にしようとする現象のこと。この場合、酸素は濃度が濃い肺胞から薄い血液に向かって移動し、反対に二酸化炭素は、濃度が濃い血液から肺胞へ向かって移動する。

●3 脳幹
脳の中央に位置し、中脳、橋、延髄の3つの部位からなる。呼吸だけでなく循環や体温調節など生命維持に重要な役割を果たす。

分野2　たんの吸引

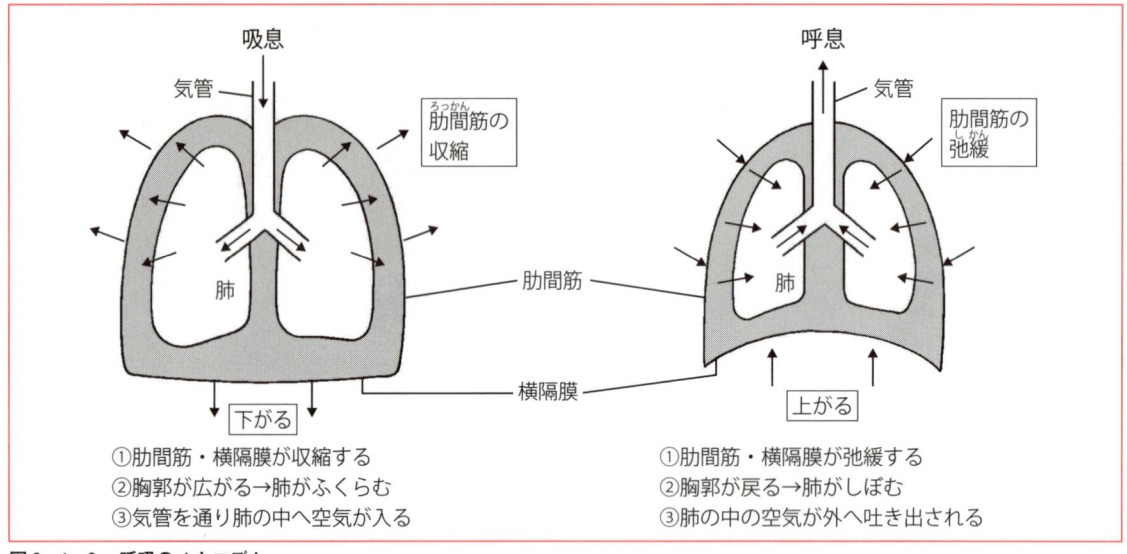

図2-1-2　呼吸のメカニズム

　また、杯細胞は、呼吸によって空気といっしょに吸い込むごみ（**異物**）を粘液で吸着する。このごみは、気管や気管支の壁にある細かい**線毛**のはたらきによって咽頭の方へと送り出され（**線毛運動**）、たんとして排出される（図2-1-3）。
　たんが、気管や咽頭・喉頭にたまったりつまったりして空気の通り道が細くなると、息を吸ったり吐いたりする際に、聴診により雑音や、呼吸音の異常がみとめられる。

2 異常な呼吸状態とは

　呼吸は、からだがエネルギーをつくるのに必要な酸素を空気中からとりこみ、それにともなってつくられる二酸化炭素を体外に排出することを目的に行われるが、これがうまく行えなくなった場合に、いつもと違う呼吸状態として観察される。以下に代表的な呼吸状態の異常を挙げる。

●呼吸数、呼吸の深さの異常

　1分間に24回以上に増加した呼吸を頻呼吸、12回以下に減少した呼吸を徐呼吸という（85頁

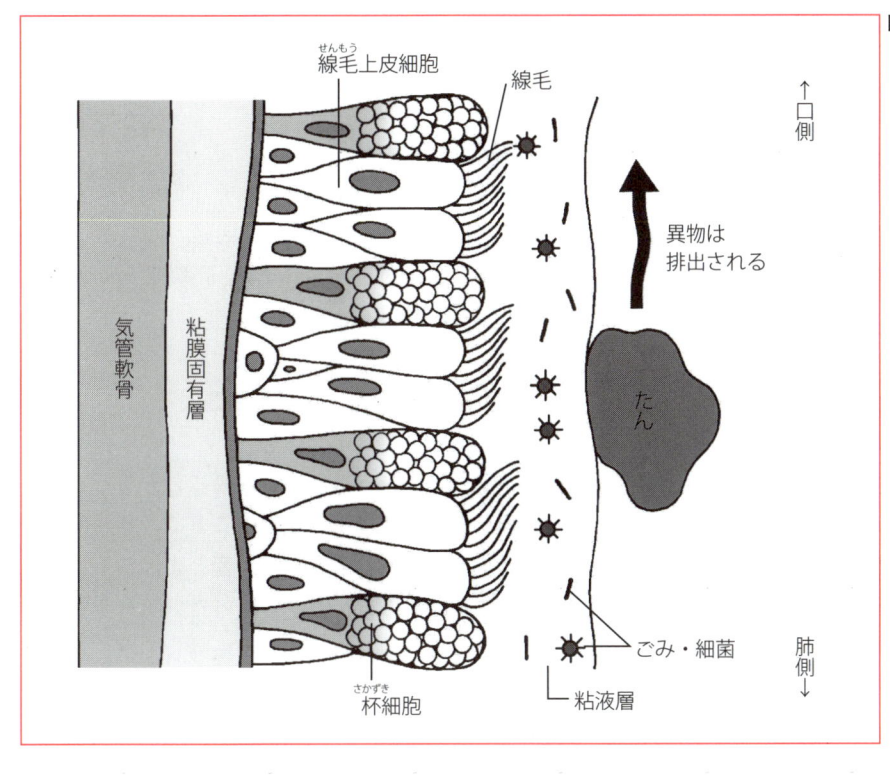

図2-1-3 気管支の構造

参照)。
　また呼吸の深さは肺の伸び縮みを反映し、息を吸っても肺がふくらみにくい状態(**拘束性換気障害**)の場合は浅い呼吸に、吸った息が一気に吐き出しづらい状態(**閉塞性換気障害**)の場合は深い呼吸になりやすい。

◆拘束性換気障害をきたす場合
　肺の弾力(伸び縮み)が低下した状態で、以下のような疾患や症状・状態などが挙げられる。

・肺線維症(pulmonary fibrosis)
・間質性肺炎(interstitial pneumonia)
・肺炎(pneumonia)
・無気肺(atelectasis)
・肺切除後
・胸水

◆閉塞性換気障害をきたす場合
　気道閉塞、狭窄をきたした状態で、以下のような疾患などが挙げられる。

・慢性閉塞性肺疾患(Chronic Obstructive Pulmonary Disease；COPD)
・気管支喘息(bronchial asthma)
・気管支内腫瘍(bronchial tumor)

●口すぼめ呼吸

口すぼめ呼吸とは、息を吐くときに、気道が閉じたり、せまくなったりしないように、口をすぼめてゆっくり吐き出す呼吸（呼気）のことである。気道がせまくなるような閉塞性肺疾患（obstructive pulmonary disease）の患者にみられる。

●努力性呼吸

努力性呼吸とは、通常の呼吸筋である横隔膜や肋間筋のみで換気が十分に行えないときにみられる。肩を上下したり、あごを突き出したりというふうに肩やあごの筋肉を補助的に使って、息の吸い込み（吸気）を増やそうと努力している呼吸状態のことである。体内の酸素が不十分な状態にもかかわらず、十分に息を吸い込んで換気ができないような患者にみられる。

●呼吸時の体位の異常

ある体位をとることで呼吸が楽になることから、以下のような呼吸時の体位の異常が生じる。

◆起坐呼吸
起坐呼吸は、半坐位または坐位でしか呼吸ができなくなる状態。気管支喘息発作やCOPD、心不全（heart failure）などでみられる。

◆側臥位呼吸
片方の肺に異常があるために、異常のある方の肺を下にして横になることで、呼吸が行いやすくなる状態。無気肺や胸水貯留などでみられる。

◆仰臥位呼吸
立位や坐位では呼吸が苦しく、仰向けに寝た状態で呼吸が行いやすくなる状態。心疾患（heart disease）、肝疾患（liver disease）、肺疾患（pulmonary disease）などでみられる。

●呼吸音の異常——聴診による

呼吸音とは、空気が呼吸運動にともなって肺に出入りするときに生じる音のことで、聴診により聴取する。呼吸音の異常は**ラ音**とよばれる。

ラ音の種類には、せまくなった気道を空気が無理やり通るときに気道の壁が振動して生じる**連続性ラ音**（細い気道で生じる場合はヒューヒュー、ビュービュー、太い気道で生じる場合はグーグー、ゴロゴロ）と、気道にたんなどの分泌物が貯留しこれが呼吸にともなう気流ではじけて生じる**断続性ラ音**（パチパチ、バリバリ）などがある。

●胸部、胸郭の振動——触診による

たんが貯留している部位では、胸や背中に触れると呼吸に連動した振動を感じる。

●動脈血酸素飽和度の低下

動脈血中のヘモグロビン（酸素を運搬する赤血球の成分）のうち、何％が酸素と結びついている

かを表したものを**動脈血酸素飽和度（サチュレーション**）といい、**SaO₂**と表す。つまり動脈血酸素飽和度とは体内の酸素濃度の指標となり、これが低下するのは異常である。

臨床では、指先や耳たぶに**パルスオキシメーター**という機器を装着することで、簡便に非観血的（出血をともなわない）かつ連続的に体内の酸素の濃度が測定可能である（104頁参照）。パルスオキシメーターを使用した場合は、**SpO₂**と表す（Sは「saturation〈飽和〉」、pは「pulse〈脈〉」、O₂は「oxgen〈酸素〉」）。

SpO₂の正常値はおおよそ**95～100%**であり、酸素交換が障害されるような状態、つまり肺炎やCOPDなどで低下がみられる。また一般的に加齢によって低下する。

●4 喀出
気管や肺などから咳などによって異物やたんなどを排出することをいう。たんを排出することは喀たんという。「たんを喀出する」＝「喀たん」。

3 たんの吸引とは

●たんはどのようにしてできるか

先述のとおり、吸い込んだ空気中の**ほこりや異物**のなかでも比較的大きいものは、杯細胞から分泌される粘液によってとらえられる。それから、線毛細胞の線毛運動によって口側に運ばれ、一般的に**たん**として**喀出**●4されるか、嚥下される。

たんの性状は無色透明だが、感染したりすることで薄黄色などの色がつく。生理的状態では一日

97

に100mL前後の分泌液が分泌され、大部分は自然に再吸収されるか蒸発する。残りのほとんども飲み込まれるが、分泌物の量が増加したり、**粘稠性**（粘りけの強さ）が高まったりすると気道にとどまる。このような余剰の分泌物がたんとして、喀出されるものである。

たんは水分を多く含んでおり、発熱したり水分が不足したりすると、粘稠性が高まり、ねばねばとなる。そのようなとき、「たんが固くなる」などの表現が使われる。

●たんの貯留した状態

たんの貯留した状態とは、たんの量が増えたり、粘稠性が高まったりして、気道や喉、口・鼻にたまっている状態をいう。自分で話ができる人は「喉にたんがたまっている」「たんがうまく出せない」とか「息が苦しい」などと訴える。また、気道にたんがたまって空気の通り道がせまくなると、呼吸に合わせて「ゴロゴロ」や「ズルズル」、または「ゼェーゼェー（喘鳴）」という音がする（ラ音）。たんの粘稠性が高く乾燥していると音がしない場合もあるので注意が必要である。

たんがたまると、人間のからだは異物を排出しようとして**咳**をする。しかし、体力や意識低下があり咳ができない場合や、たんが気管の奥にあるため咳をしても排出できない場合がある。また頻回の咳はエネルギー消費（咳1回につき2kcal）が大きく**体力消耗**につながる。そのため、たんの吸引が必要となる。

◆たんの量が多くなる場合
①喉頭、気管、気管支への異物侵入
②呼吸器系の感染症（肺炎・かぜなど）
③呼吸器系のがん
④呼吸器の慢性疾患
⑤心臓疾患など

●たんの吸引の種類と目的

気道内にたんや分泌物が貯留すると、気道が閉塞され酸素が供給できなくなり呼吸が苦しくなる。そのようなとき、咳をしても自力でたんを排出できない場合は、器具（吸引器）を用いて口や鼻からたんを吸引する必要がでてくる。口から吸引する場合を「**口腔内吸引**」、鼻から吸引する場合を「**鼻腔内吸引**」、気管切開または気管挿管している人の吸引をする場合を「**気管内吸引**」という。介護職が行う吸引は、口腔内、鼻腔内と、気管切開をしている人の用いる気管カニューレ内の吸引である。

たんの吸引の目的は、吸引により、口腔や気道にたまったたんなどの分泌物を除去し、気道が閉塞しないようにすることである。また、肺胞にたまった分泌物を気道に移動させることで肺炎などの呼吸器合併症を予防することになる。

●たんの吸引が必要な状態とは

◆たんが増加する病気や状態である場合

たんの増加する原因のひとつは、呼吸器官に**炎症**がある場合である。炎症があると、体内の防御

反応として分泌物（たん）でとりまいて排出しようとする。

また、虚弱な高齢者など**嚥下機能が低下**している場合、食物を誤って食道ではなく気管へ送り込んでしまったり、唾液（だえき）を飲み込んだものが徐々に気管に入ってしまったりすることで**誤嚥性肺炎**（ごえん）（aspiration pneumonia）を起こした場合にも、たんは多くなり、吸引が必要となる。

◆**たんの粘稠性が高く排出が困難な場合**

たんの**水分量が少なく**、かたまってねばねばしている場合は、気道にへばりつくため排出が難しくなる。たんが固くなるのは、先述のとおり発熱して体内の水分量が少なくなったときや、乾燥した外気を吸ったときなどである。このような場合、吸引してもたんが十分に取り除けない場合もあり、先にたんを**やわらかくする必要**がある。

◆**咳をするための反射や咳の力が弱り、排出しにくい場合**

咳は、気道内に侵入した異物や、気道内に蓄積した分泌物を体外に除去するために起こる突発的な生理的反射であり、①体外から気道内に**異物が入り込むのを防ぐ**、②気道で分泌されたものを喀出し**気道を清浄化**する、という点で生体に必要なものである。

咳には、異物が入って反射的に出す場合と、たんがからんで意識的に胸と腹の筋肉を使って出す場合があるが、咳を出すための神経反射（**咳嗽反射**）（がいそう）が低下したり、体力低下で咳を出すための筋力が弱まったりすると、たんが排出できずにたまりやすくなる。

ちなみに、たとえ自力でたんを出し切ることができなくても、吸引前に咳をすることで、たんを肺の奥の方から口腔内まで少しでも誘導することができる。そうすると、吸引の量や時間が少なくなり、利用者の苦痛が軽減できる。

◆**そのほか、自力で喀出ができない場合**

全身衰弱や意識レベルの低下、呼吸筋麻痺（まひ）などでも、自力でたんを喀出することは難しくなる。

●**吸引実施の判断**

吸引の前には実施の判断を行う（図2-1-4）。その判断は、医師の包括的指示の下、看護職が行う。施設なら毎朝、居宅なら定期的に利用者の口腔内、鼻腔内および全身状態を観察し、看護職と介護職とが協働して実施できるかを判断する。

実際に吸引を行う直前に下記のような状態である場合は、看護職による安全策が必要とされるので、介護職が実施してよいか、再度看護職に確認をとる必要がある。

・鼻腔内のはれや出血がある場合
・呼吸状態に異変がある、もしくは変化が激しい場合
・利用者が激しく抵抗し危険がある場合

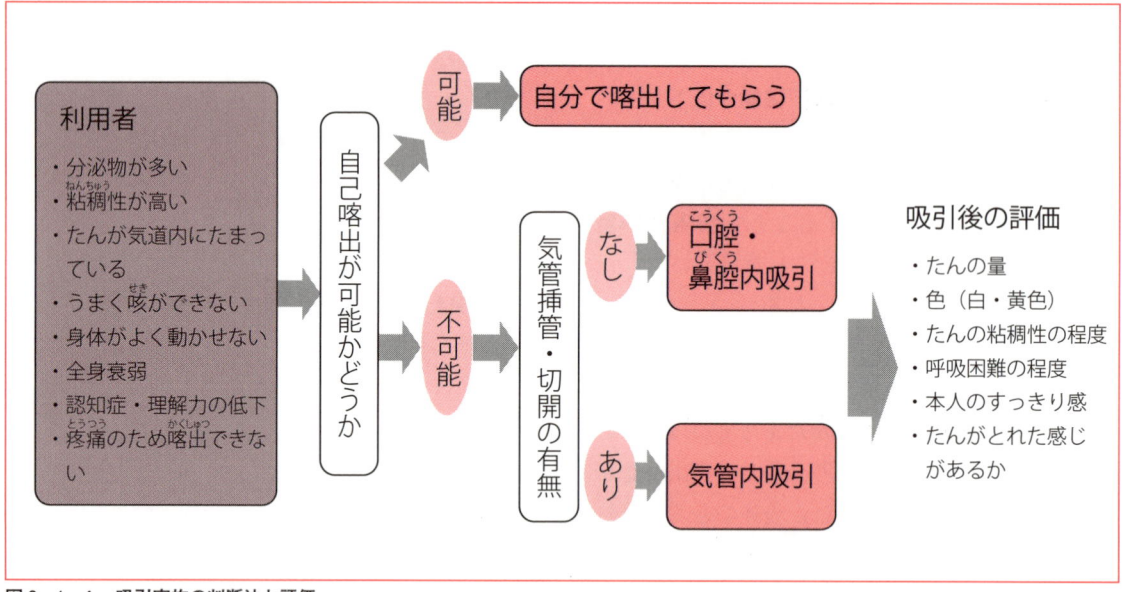

図2-1-4 吸引実施の判断法と評価

4 人工呼吸器装着者の吸引

● 人工呼吸器を必要とする状態

　呼吸不全や麻酔、筋弛緩薬で呼吸が停止した状態など、自力で呼吸をすることが難しく、何か補助がなくては呼吸停止になるような状態のときに、人工的な呼吸器（**人工呼吸器**）をつけて、呼吸の代わりや補助的に呼吸することを支えることが必要となる。呼吸とは、空気を鼻や口から体内にとりこみ吐き出す**換気**と、肺に入った空気が肺の毛細血管との間で酸素や二酸化炭素の受け渡しをする**ガス交換**をさすが、人工呼吸器はこの換気を補助するものである。

　人工呼吸器の使用のしかたは、利用者の状態によって違う。呼吸が弱いときに補助呼吸を行う場合と、全面的に呼吸機能を代替する場合があり、使用期間も、治療等で一時的な使用の場合もあれば、半永久的に必要とする場合もある。また、使用時間帯も、24時間常時必要であったり夜間のみの使用であったりとさまざまである。

◆ 人工呼吸器が一時的に必要となる場合
　①呼吸停止などの緊急事態
　②低酸素血症（呼吸に障害があって十分な酸素を吸えない状態）に対する治療
　③呼吸中枢（脳の障害）や呼吸の筋肉の麻痺

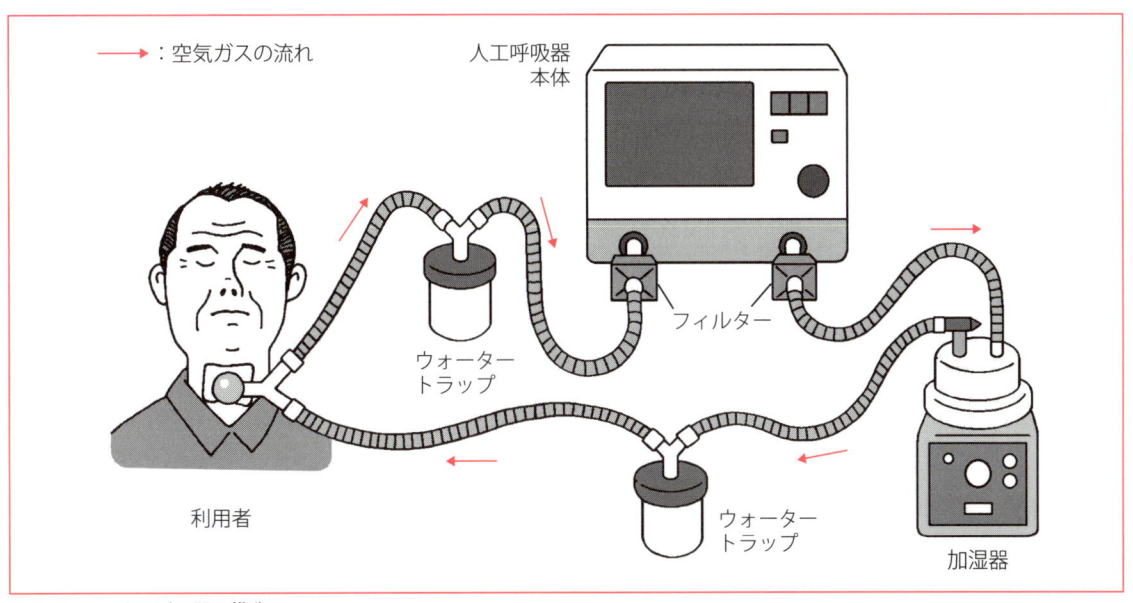

図2-1-5 人工呼吸器の構造

（重症筋無力症〈Myasthenia Gravis; MG〉）などの場合の換気確保
④術後患者の呼吸管理

◆一時的か半永久的か

呼吸の悪化には、急激で一時的な場合と慢性的な経過で徐々に悪化する場合とがある。長期間の使用が必要となった場合、喉に孔を開けて**気管切開**をし、**気管カニューレ**を挿入することになるが、一時的・半永久的のどちらにしても、利用者（本人が無理なら家族）への人工呼吸器装着の意思確認が必要となる。

● 人工呼吸器の構造としくみ

人工呼吸では、気道に**陽圧**（内部の圧力が外部の圧力より高い状態）を加えて肺に多くの酸素を送り込む。つまり、風船を一気にふくらませるときにフューと強く吹くのと同じように、空気に多くの圧をかけることで、多量の酸素を肺に送り込み、換気しやすくするということである。

人工呼吸器の役割は、この圧のかかった空気の流れをつくりだすことである。この空気流は加湿器のついたホースを通過して気道に送られる（図2-1-5）。

◆装着方法のタイプ

人工呼吸器の装着方法には、**侵襲型**と**非侵襲型**

カフ付き
気管カニューレ

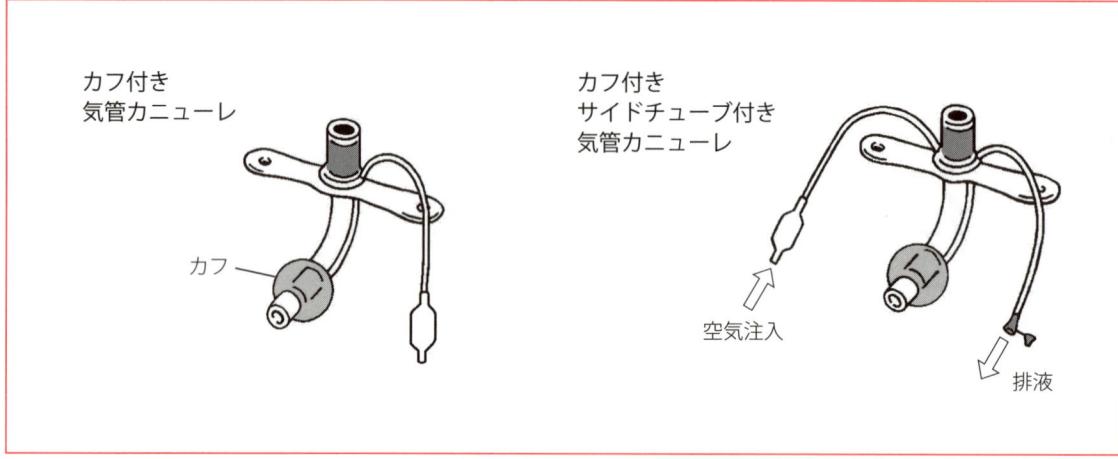

カフ

カフ付き
サイドチューブ付き
気管カニューレ

空気注入

排液

図2-1-6　気管カニューレの例

がある。

①侵襲型

気道確保のために**気管挿管**や**気管切開**を行った際、その気管チューブから空気を送り込むタイプを侵襲型という。気管切開では、孔を開けた喉に**気管カニューレ**が挿入される。

気管カニューレは、人工呼吸器の装着のほかに**たんを喀出**するためなどにも用いられる。通常、人工呼吸を行わない気管孔確保のための場合は単管性（管のみ）のものを使用し、人工呼吸を行う場合はカフ付きのものをつける（図2-1-6、図2-1-7）。気管カニューレのなかには、発声が可能なものもある。

②非侵襲型

気管挿管や気管切開をせずに、顔にマスクを装着する（**マスク法**）タイプを非侵襲型という。マスクの形には口や鼻をおおうタイプや、顔全体をおおうタイプ（図2-1-8）などがある。最近では、操作が簡便な非侵襲型の方が積極的に用いられている。

◆在宅用人工呼吸器

病院で使うものは機能が多く、取り扱いも複雑なものが多いが、在宅用のものは個人宅でも扱えるよう簡単になっており、コンセントから電気をとるだけで作動が可能である（図2-1-9）。**内蔵バッテリー**があるものは、停電時に対応できる。

①空気をとりこむ部分に、ほこり対策の**エアフィルター**がついており、**定期的に掃除**しておく必要がある

②人工呼吸器にトラブルがあると**アラーム**がなる。アラームがなったときは「何のアラームがなったのか」確認する必要がある。アラームのなる理由として以下のようなものがある

・**低圧アラーム**：どこか空気もれがあり、入る空気が少なくなっている

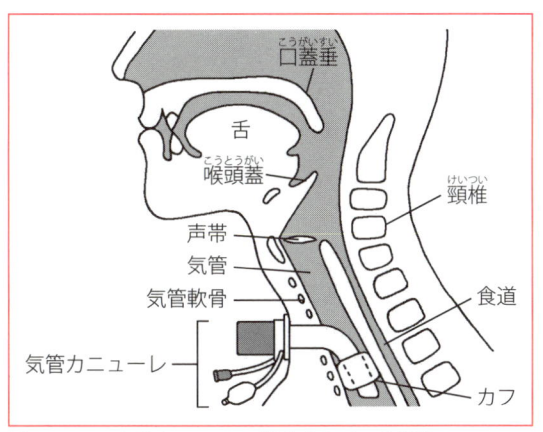

図2-1-7　気管カニューレが挿入されている状態

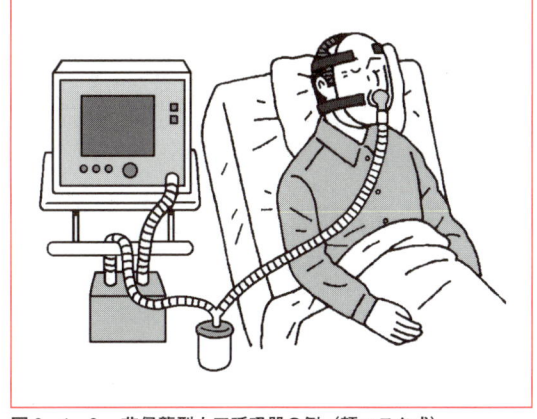

図2-1-8　非侵襲型人工呼吸器の例（顔マスク式）

- **高圧アラーム**：どこかに障害があり、空気が入りにくくなっている。たんがつまるとなりやすいので、吸引する必要がある
- **AC電源アラーム**：ACコンセントの使用法が正しくない。コンセントをはずしていないのにアラームがなった場合は、バッテリーの作動に問題がないかなどを確認する

●人工呼吸器の管理の留意点

　人工呼吸器は適切に作動しなければ、利用者の身体に影響をおよぼし、生命の危険さえある。医師・看護職・医療機器提供者と連絡を密にし、事前の定期的な点検整備を行い、事故を防ぐ必要がある。事前に整備していても予期しないトラブルや故障が起こることがあるので、予備の物品を準備しておく。

　人工呼吸器のトラブルは、呼吸と命の根幹にかかわるので、即時に対処しなければいけない。

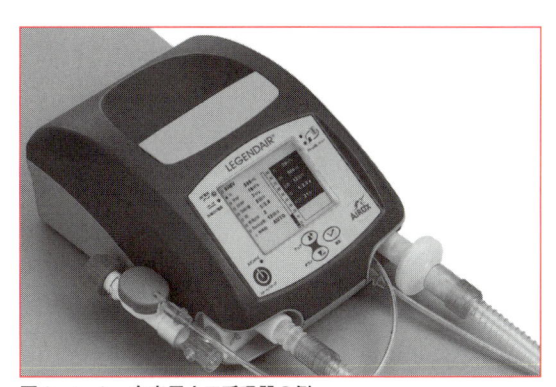

図2-1-9　在宅用人工呼吸器の例
画像提供：アイ・エム・アイ（株）

「待った」がきかないので、慎重に取り扱うべきものであり、事前の人工呼吸器の取り扱い方、トラブルの対処について十分に学習しておく必要がある。

　また、人工呼吸器は肺と直結しているので、外部の細菌が容易に入りやすい状態にあり、**細菌感染**をしやすい。定期的に付属品を交換して**清潔に保ち**、不具合や破損についても定期的に確認して

103

おく必要がある。機器の管理については医師や看護職との連携により確実になされるべきもので、介護職もどのように管理されているか知っておく必要がある。

●人工呼吸器装着者が吸引を必要とする理由

健康な人は、唾液を自然に飲み込み、かぜなどでたんが多く出た場合でも、咳をしたりからだを動かしたりして、自力で排出している。人工呼吸器をつけた人は気管支にたんが集まっても、喀出力の低下やたんの粘稠性が高いことでうまく排出することができない。さらに、気管についている器具が粘膜を刺激したり、自発呼吸ができなかったりすることなどから、一層たんが増加傾向にある。たんの貯留は気道を閉塞したり肺の炎症を悪化させたりする。人工呼吸器装着者に対しては、吸引器を使ってたんを排出し気道の清浄化（たんが少ない状態にする）を図っていかなくてはならない。

◆パルスオキシメーターの使用

パルスオキシメーター（図2-1-10）は、指先に洗濯ばさみのようにはさんで使用する測定機器で、指先に光をあててそこの皮膚を通して**動脈血酸素飽和度SpO$_2$**を測定することができるものである（97頁参照）。

光で測定するので、利用者に負担を与えず簡便に行え、比較的信頼のおける持続的なデータが把握できる。そのため、利用者の酸素化の程度（酸

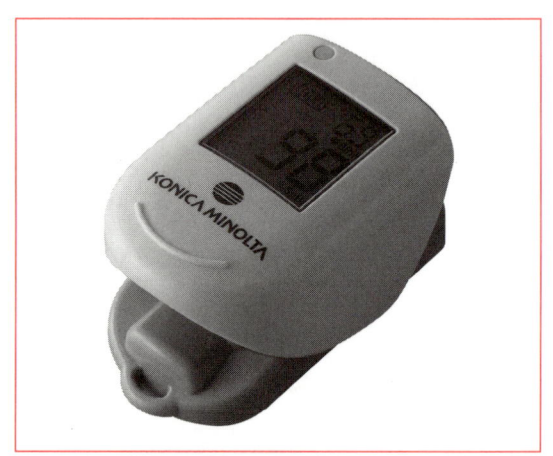

図2-1-10　パルスオキシメーター
画像提供：コニカミノルタ（株）

素が十分に体内に供給されているかどうか）がその場でわかり、早い対応ができる。

呼吸障害のある利用者の場合、パルスオキシメーターをつけながらケアするとよい。特に高濃度の酸素が投与されている利用者（酸素療法）の場合は、たんの吸引をすることによってSpO$_2$が急激に下がりやすい。パルスオキシメーターをつけながら吸引することで、吸引時間を短くしたり酸素の供給回復を待ってケアしたりと、酸素化の状態を安定させることができる。

気管内にたんがたまり障害が発生した場合も、SpO$_2$が低下するので、吸引実施のめやすにもなる。

◆SpO$_2$の値

SpO$_2$は**95～100%**が正常域であり、**安全境界は92%**である（図2-1-11）。SpO$_2$が92%を下まわるとチアノーゼ（皮膚や粘膜が青紫色になっ

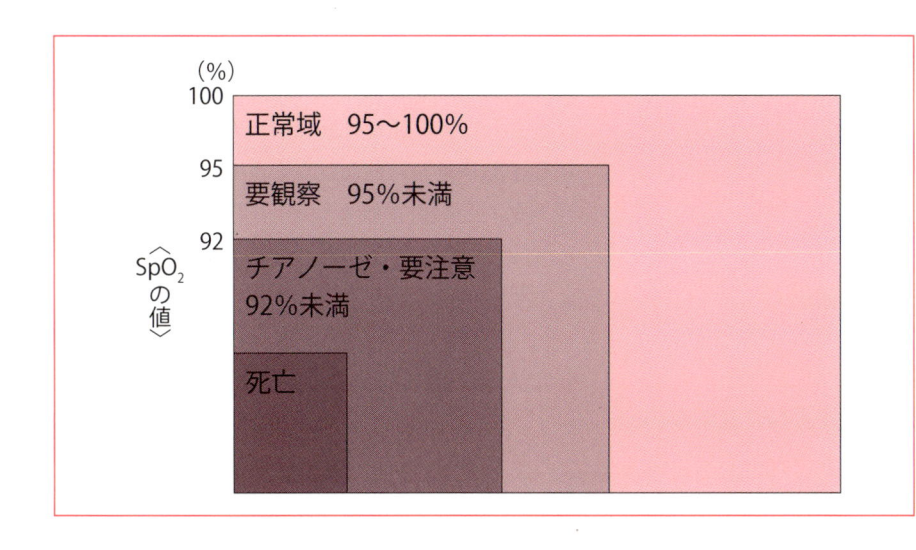

図2-1-11 SpO₂の値と安全境界

SpO₂の値	
100%	正常域　95～100%
95%	要観察　95%未満
92%	チアノーゼ・要注意　92%未満
	死亡

た状態）がみられるようになり、さらに90％以下になると急激に酸素分圧の低下が起きる。

SpO₂＝90％は呼吸不全の診断基準のひとつであり、管理上重要なポイントとなる。人工呼吸器装着者や、呼吸障害のある利用者は、少しの体位変換や吸引などでもSpO₂が90％以下になるので要注意である。

●人工呼吸器装着者の生活支援上の留意点

人工呼吸器は複雑な構造をしているので、取り扱いに注意しながら医師や看護職と連携を密にしていかなくてはならない。特に人工呼吸器を装着する利用者は次のような問題を生じやすい。

①自然な呼吸ができないので、生命の危機感、死の恐怖感をいだきやすい
②自分で呼吸できない苦痛のうえに、治療や処置による苦痛も大きい
③コミュニケーション手段が制限され、訴えや不安を表出しにくい
④モニターや明るすぎる照明に囲まれた環境で、落ち着いてすごせない

このように人工呼吸器装着者は**精神的・身体的にも苦痛が大きい**ことを理解したうえでケアにあたらなければならない。利用者の不安を軽減するための援助には以下のようなものがある。

①利用者が不安や恐怖感を表出しやすいように、**受容的な温かい態度**でかかわる。利用者の訴えを聞き取れなくても、いらいらしたような表情をしないように心がける
②ケアを行う前後には本人にわかるように、ていねいに説明をする
③いつでも介助者を呼べるように、呼ぶ手段（コール）が手元にあることを説明しておく
④コミュニケーションの手段として、指文字や筆談、唇を動かしてもらう（口ぱく）などが

あることを説明して、利用者の訴えが表出されるようにする
⑤家族の不安が利用者に伝わると本人の不安を強くしてしまうので、家族の不安も軽減できるような支援をする

●人工呼吸器の取り扱いの留意点

人工呼吸器装着者の吸引やケアを行う際、人工呼吸器の取り扱いでは次のような点に留意する必要がある。こうしたケアはひとりで行わずに、危険防止のため看護職と協働して複数人で行うよう、日ごろから体制を組んでおくとよい。

◆マスクの装着
非侵襲型鼻マスクは、顔と密着させるため、鼻根部（鼻の周囲）の皮膚が傷つきやすく潰瘍（ulcer）や圧迫壊死状態（褥瘡〈decubitus〉）になりやすい。圧迫の程度や密着している皮膚をよく観察する必要がある。ベルトによる圧迫が弱すぎると空気もれが、強すぎると皮膚障害が起きるおそれがあるので、適度な圧迫になるようにする。

◆吸引ケア時の注意
非侵襲型口鼻マスクを使用している場合は、観察のためマスクをはずすか、鼻マスクへの変更を必要とする場合があるので、看護職に確認する。
また、人工呼吸器を使用している利用者は、少しの刺激で呼吸状態が変調しやすいので、口鼻マスク・鼻マスクの着脱や吸引は、準備を万全にして確実にすばやく行うように心がける。

チューブの挿入にあたっては、吸引チューブの挿入刺激による嘔気・嘔吐の誘発や、挿入が深すぎることによる迷走神経反射（からだを守ろうとする迷走神経の過剰なはたらきで起こる、徐脈、不整脈、心拍出量低下など）、低酸素血症が起きる可能性があるので、吸引の際は十分に注意する。またその際の対応も事前に把握しておく。

●たんの吸引における緊急時の対応

人工呼吸器装着者のたんの吸引に関連して、緊急の対応が必要な状態とは次のとおりである。
・アラームがなりやまない
・たんを吸引しても苦しいと訴え、顔色が悪い
・顔色が悪く、気管からの吸引物が赤色である
・気管カニューレが抜けている
・停電などで人工呼吸器が停止した

上記のような場合は緊急を要するので、迅速な対応が必要である。普段から緊急連絡先を準備しておくとよい（115頁の図2-1-14も参照）。
・緊急時の連絡先（連絡網）
・緊急時に連絡する内容（いつ、どこで、誰がまたは何が、どのようにして、どうなったか）
・そのときに対応したこと（どう対応したか）

5 子どもの吸引

　小児として小児病棟で取り扱う範囲は基本的に18歳までとされている。そのなかでも、乳児、幼児、学童期、青年期（思春期：12〜18歳）と区分されており、たんの吸引に関しても発達段階と体格を考慮する必要がある。青年期以降はほぼ成人と変わらないが、特に学童より年少の子どもにたんの吸引を行う場合は、成人とは違う特徴を把握しておく必要がある。

●子どもの気道の特徴

　炎症により気道がはれることで空気の通り道がせまくなるが、もともと成人にくらべて**気道がせまい**子どもほど、大きな呼吸障害が生じやすい。また、子どもは**咳や呼吸筋の力が弱い**ため、たんの量が増えると排出困難になりやすい。さらに、子どもの気道の**粘膜は非常に弱く**傷つきやすいので、感染性の病気にかかったときは**進行が早く悪化しやすい**。

　生後およそ3か月までの乳児は、口呼吸ではなく鼻腔から呼吸を行っているため、たんが鼻につまると呼吸困難を起こしやすい。子どもは自分の体調の悪さを訴える能力が未熟なため、異常の発見が遅れることがある。

●子どもの吸引の特徴

　吸引は、たんの排出が子ども自らの力でできず、うがいや吸入、体位を変えるなど、**たんの排出ケア**（139頁参照）を行っても出すことができない場合に、行うものである。最終的に吸引する場合でも、ケアを行ってたんが出やすい状態にしてから吸引することで、効果的に多量に吸引することができ、吸引の回数を少なく、負担を軽くすることができる。

　吸引はチューブ挿入による違和感が強く、気道の粘膜にあたると痛みもある。呼吸が苦しい状態で吸引すると低酸素状態になり呼吸困難を増強する。このように吸引は子どもにとっては非常に苦しいもので、本人がいやがって抵抗すると一層苦痛が増してしまう。したがって、**子どもが安心できるような対応**が望ましい。

●プレパレーション（心理的準備）について

　子どもの恐怖や不安を軽減し、子どもが納得しやる気になって治療処置を受けることができるように説明する方法として「**プレパレーション**（preparation）」を紹介する。プレパレーションとは、「**準備する**」「**心構えをつくる**」などの意味があり、この場合は「医療処置における心理的準備」と訳される。

　医療処置を説明する場合、大人に対しては「なぜそれをするか」で始まるが、幼い子どもの場合は「どのようなことを経験するのか」で始めると

説明例

説明者：「○○ちゃん、お鼻から管を入れて鼻水を出してもらうの、知っている？」
子ども：説明者の顔を見る
説明者：「これが、お鼻の鼻水を吸う管なの（見せる）。喉のところにいっぱいたまっている鼻水をこの管が器械で吸ってくれるの」
説明者：「（熊の鼻を指さしながら）ここに管を入れて鼻水を吸うの。この鼻水を吸ってあげないとこの熊さんは苦しくて息ができないの」
説明者：「お鼻に管が入ると少し鼻がむずむずするのね。でも熊さんは強いから我慢できるの、管が入るときは静かにして待ってあげるの」
説明者：「管が鼻水のところについたら、管の中にたくさんの鼻水が入っていったよ」
説明者：「熊さん、がんばったね。熊さん息をするのが楽になったね。がんばったシールを熊さんにプレゼントしましょう」

吸引チューブを熊のぬいぐるみに挿入する様子を見せる

図2-1-12　子どもへの説明の進め方

よい。

　子どもは2歳ごろから見立て遊びをし始めており、**ごっこ遊び**をとおして理解することができる。これを応用し、人形や道具を使ってシミュレーションさせるのが効果的である（図2-1-12）。絵本や紙芝居、DVD、写真帳、擬態音（似たような音）、手で触れられるものなどを利用する。講義のような言葉だけの説明は、小学校高学年までは無理とされている。吸引というものがどのようなことか、人形を使った疑似体験や紙芝居などを用い、本人がイメージできるように工夫して説明することが必要である。

　子どもは、医療処置を受ける際、「いやだ」「やりたくない」という気持ちと、「やらなければならない」という理解の間でゆれながら「やっぱりやるんだ」と自分をコントロールし、主体的に「動かないで」処置を受ける。子どもが大人たちに協力するのではなく、子どものもっている力をひきだし、子ども自身が「がんばった、うまくいった」と思えるように**自己肯定感**をもたせるかかわり方が健全な子どもの心をはぐくむことになる。

●**子どもの吸引時の留意点**

　子どもの吸引時には、特に以下の点で注意が必要である。

①**吸引する時間帯に気をつける**

　子どもは食事や授乳時に十分な換気（新鮮な空

気を体内にとりこみ、吐き出すこと）が必要なので、食事直前の吸引は緊急でない限りさける。

②**気道粘膜が傷つきやすい**

吸引圧を強くしすぎたり、チューブを強引に入れたりすると出血しやすいので注意する。子どもの場合の吸引圧は成人よりやや低めに設定し、**20kPa（150mmHg）** 程度をめやすとする。体格によっても違うので、実際は医師の指示にしたがう。また、1回の吸引は**10秒以内**で行う。

③**低酸素状態に気をつける**

吸引中は、分泌物だけでなく酸素も同時に吸引されているので、**低酸素状態**を起こさないように注意する。1回で効率よく吸引するために、たんのある部位を確認し、チューブをスムーズに目的の場所まで入れる必要がある。低酸素状態にある場合は、看護職とともに必要な酸素投与を行う。

④**年齢に応じた吸引チューブの選択**

子どもの吸引チューブは、年齢に応じたものを使用する（121頁参照）。

6 吸引に対する利用者・家族の気持ちの理解とその対応

● **吸引に対する利用者の気持ち**

通常、呼吸は無意識に行われているものである。しかし、いったん呼吸に障害が起こると、それが意識化される、つまり気になり始め、常に苦痛や不快感をともなうことになる。一定時間だけでなく常時苦痛や不快感が続くということは、その利用者の**QOL**（Quality of Life；**生活の質**）も下がる。そのようななかで、吸引の処置が行われることは心身の負担が大きい。

吸引時における身体的な苦痛とは、具体的に、吸引チューブが気道を通る違和感、吸引チューブが粘膜にあたる痛み、一時的な低酸素状態による呼吸困難などが挙げられる。たんによって息がしにくいなどの違和感や不快な症状がある状態では、さらにこの苦痛や不快感は非常に強いものとなる。

その苦痛は一時的なものであるが、できるなら吸引されたくないという気持ちになるだろう。多くの場合、たんの貯留状態にもよるが、時間は決められておらず何度も行われる。利用者は、前回の吸引の苦痛を知っているので、一層吸引を拒否したくなる。

介護職は吸引にあたるとき、吸引には苦痛がともなうものと認識し、**利用者の状況を十分に理解**する必要がある。そのうえで利用者に対し、「吸引はおつらいですね。しばらく我慢していただけますか」などと声をかけ、協力を求める。

吸引の実施者の言動・姿勢を利用者は敏感に感じているので、利用者の状況を受け止める**共感的な姿勢**が望まれる。信頼関係があると、利用者も安心して吸引をまかせることができる。この点は非常に重要で、日ごろから利用者に信頼されるように心がけていく必要がある。

そして、痛みの少ない吸引操作をすることも非常に重要なことである。鼻腔内からの吸引は鼻

甲介（鼻腔内のひだ）などにあたりやすく、あたると痛みをともなうので、気道内をスムーズに通せるよう努めることが必要である。

● **家族の吸引に対する気持ち**

吸引が必要な状態にあっては、利用者と同様にその家族も、「この状態がいつまで続くのだろうか、呼吸状態がさらに悪くなるのではないだろうか」と不安な気持ちになりやすい。たんがたまり呼吸が苦しそうな利用者の様子をそばで目の当たりにすることで、家族の心理的な苦痛はさらに大きなものになる。また、吸引中の利用者のつらそうな表情は、家族にとっていたたまれないものである。

そのような家族に対しては、親身になって相談にのる姿勢を保ちながら、現在の状況や吸引の必要性を、同意を得られるよう、詳しく説明する必要がある。家族が介護職を信頼することで、苦痛のとらえ方も変わってくる。

吸引が必要な状態になると、利用者の体調だけでなく家族の仕事や経済的なこと、今後の介護の方法など、生活に関する心配事も多くなる。このとき介護職が誠意をもって家族にかかわることで、家族も自らのことを落ち着いて考えることができ、対処していこうという前向きな姿勢にもつながる。

このような療養にともなう家族の気持ちや周辺の情報は、関係職種間で共有し、チーム全体で支援していくことが必要である。

● **利用者・家族の気持ちに寄り添った対応と留意点**

利用者や家族は、少しの症状の変化に対してはもとより、介護職の言動や態度にも敏感になっている。介護職が利用者や家族の気持ちを理解し、受容的な態度をとると、利用者や家族も支えがあることを感じ、前向きに受け止められるものである。しかし、介護職が利用者・家族の気持ちを理解せず、一方的な態度をとると、非常につらいことになる。吸引という苦痛をともなう処置を受け入れて療養していかなければならない利用者と家族の気持ちを察しながら吸引にあたることが望まれる。

日ごろから協力が得られるような信頼関係をつくっておくことや、吸引操作をていねいに行い痛みが少なくなるような**手技技術**を身につけるべく努力することが大切である。

● **実施の説明と同意**

吸引は苦痛をともなうものであり、利用者の協力なくしては危険である。そのために利用者・家族が理解できるよう**十分な説明をし、同意を得ること**が必要である。

利用者自身が納得することで、吸引操作による苦痛も少なくてすむ。

具体的には、以下の内容について十分な説明を行い、同意を得なければならない。
・現在の呼吸の状態とたんの貯留の程度
・たんがたまると、どうなりやすいか

- たんを吸引する方法
- たんを吸引する際の苦痛・痛み
- 吸引しないと、どうなりやすいか
- 吸引しなくてもたんを出す方法
- たんを吸引する際に協力してほしいこと
- たんを吸引するとどうなるか

年齢や理解力は人によって違うので、説明のしかたについては一人ひとりに合った内容を考えなければならない。利用者にどのような協力をしてほしいかについても伝えるとよい。

たとえば、「喉元に管が入りますから、大きく口を開けて首を動かさないようにしてください。たまったたんは飲み込まずに、咳をして出すようにすると呼吸も楽になります」などと説明する。

◆ **同意を得る**

同意を得ることは毎回必要なことであり、**実施の前に必ず説明・同意の手順をふむ**ようにする。

具体的には、以下のような声かけを**笑顔**でやさしく行う。

① 実施前：利用者の負担を察しながら説明をする

介護職「○○さん、喉元にたんがたまって苦しいようですので、たんをとらせていただいてよろしいですか。管が入ると少し苦しくなりますが、ちょっと我慢していただけますか」

② 実施後：協力が得られたことに、きちんとねぎらいの言葉をかける

介護職「○○さん、苦しかったですね。○○さんが協力してくださったので、たんがとりやすかったです。ありがとうございました」

利用者が苦しくても我慢し、吸引をさせてくれたということを、介護職はしっかり受け止めることが大切である。こういった終了後のかかわり方が、今後の吸引の受け入れにも影響してくる。吸引前後のかかわりをとおして、利用者との信頼関係をつくるように心がける。事前の説明を雑に行って、同意を得られないと、利用者が激しく抵抗して必要以上に苦しい吸引となることがある。こういう場合はひとりで行おうとせず、**看護職とともに**行ったり、**他者に相談**したりして行うとよい。

吸引の際の苦しい状況を、利用者の家族も目の当たりにすることになる。吸引が必要な状態であること、吸引することで呼吸が楽になることを説明し、家族からも十分に同意を得る。

7 吸引にともなう呼吸器系の感染とその予防

● 呼吸器系の感染が起きた可能性を示す状態（発熱やたんの変化）

人間の体内に細菌が入ると、白血球の貪食作用（体内に侵入した細菌などを細胞の中にとりこんで溶かし、排除する反応）が起こり、結果、体温が上昇する。これが「**炎症が起こると発熱す**

る」という現象である。呼吸器系では、感染状態（肺炎や気管支炎〈bronchitis〉）になると、気道の粘膜が赤く腫脹（**炎症反応**）し、体温が上がってたんが多くなる。

感染状態をひきおこす原因には、嚥下力が弱いことで食べ物や唾液が気管に入ってしまい感染する**誤嚥性肺炎**などがある。

感染すると、**たんの色**が**黄色**や**緑色**などになる。**発熱**とたんの色の変化がみとめられたとき、特に呼吸器系に障害がある場合は、感染を疑ってよいだろう。抵抗力の弱い高齢者や子どもは、感染すると呼吸器障害が重症化しやすいので注意を要する。

● **呼吸器系の感染予防**

呼吸器に障害がある場合は、抵抗力が弱まっているので、気道から容易に細菌が入りやすい。吸引操作にかかわる場合は感染予防事項を守り、感染源を持ち込まないようにしなければならない。

吸引にともなう感染の原因は図2-1-13に示すとおりであり、吸引の際は以下の点に留意する。

①吸引する際は、実施者が手洗いや速乾性手指消毒薬（すりこみ式アルコール製剤）を十分にすりこみ（できれば手洗いが望ましい）、手指を清潔にする。排泄介助のときのエプロンをつけている場合は、新しいものととりかえる

②吸引器材は毎日洗浄・消毒を行う。口腔・鼻腔内用と気管カニューレ内用は別に準備した方がよい。チェックリストで器材の交換を確認する方法もある

③器材は一度不潔になった（床頭台などに落とした、不潔なものに触れた）ものは、使用せず、新しいものととりかえる

④居室はきれいに掃除をし、空気清浄機などを

図2-1-13 吸引にともなう具体的な感染の原因

原因
- 吸引の消毒液が交換されていない
- 吸引チューブが交換されていない
  （口腔・鼻腔内用は一日1回、気管カニューレ内用は毎回）
- 吸引の際、床に落とした器具を使用した
- 口腔内、鼻腔内を吸引したチューブでそのまま気管カニューレ内を吸引した
- 実施者がかぜ気味のときに、手洗い、マスクをせずに吸引を実施した

→ **感染**

設置して、ほこりがたたないようにする
⑤吸引操作時には吸引チューブが別のものに触れないようにして挿入する。もし別のものに触れたらとりかえる
⑥呼吸が苦しく口呼吸をしたり、発熱していたりするときなどは、口腔内が乾燥しやすい。乾燥すると唾液が少なくなり自浄作用が低下する。口腔内が汚染されていると感染しやすくなるので、うがいや歯みがきなどで口腔内を清潔に保つ
⑦体調不良のときは、一層気をつける必要がある。かぜ気味のときは可能なら利用者と接することを控え、接しなくてはならない場合はマスク装着・手洗いをしっかり行う

8 たんの吸引で起こりうる異変とその対処法

たんの吸引においては、どのような異変の可能性があるか、**異変の種類**とその**対処法**を事前に確認しておく必要がある。呼吸器系にトラブルが生じた場合、時間的余裕はなく、場合によっては生命の危険におよぶこともある。

●利用者に起こる異変の種類と対処法

たんの吸引において起こりうる利用者の異変には、次のようなものが挙げられる。
①呼吸状態が悪くなる
②顔色が悪くなる。チアノーゼを起こす
③動脈血酸素飽和度の低下。SpO_2＝95％未満、特に92％未満は要注意
④吸引中に出血する
⑤嘔吐する

以上の状態は、特に緊急を要することが多いため、**医師や看護職に連絡**し、すみやかな対応が必要となる。チームで**情報を共有**し、緊急時の対処法を**事前に確認**しておくことが重要である（表2-1-1）。

●吸引器が正しく作動しないとき

吸引器が正しく作動しないトラブルも考えられる。介護職と看護職は、それぞれ次のような対処をする必要がある。
①介護職
　吸引器の確認を行う。
　・電源は入っているか
　・吸引びんのふたはきちんと閉まっているか
　・チューブの接続は確実にされているか
　・吸引圧が上昇するか
②看護職
　利用者の全身状態の観察をして、異変がないか確かめる。また、吸引器と消毒・吸引に必要な物品は定期的なチェックを行う。

異変	担当	対処法
動脈血酸素飽和度の低下 （SpO$_2$＝95％未満、特に92％未満は要注意）	介護職	ただちに吸引を中止して、看護職に連絡 頸部を伸展させ、気道の確保 酸素療法をしている場合は、すぐに酸素吸入
	看護職	呼吸状態と動脈血酸素飽和度をチェック 状況により、酸素投与、吸引、アンビューバッグを用いた人工呼吸をする 呼吸状態が改善しない場合は、病院へ救急搬送
吸引中の出血	介護職	出血が少量のとき：吸引刺激により出血する場合もあるので、吸引を中止し、吸引圧が強くなかったか確認する 　　　　　　　　⇒看護職に連絡 出血が多量のとき：ただちに吸引を中止し、顔を横に向ける 　　　　　　　　⇒ただちに看護職に連絡、その後吸引圧が強すぎなかったかを確認する
	看護職	出血量、出血の部位の確認　血圧測定 正しい吸引操作であったか、出血の可能性のある病態かの確認
嘔吐	介護職	ただちに吸引を中止し、誤嚥を防ぐため顔を横に向ける 看護職に連絡、吐物の確認をしてもらう 吐物の確認後、すみやかに片づける
	看護職	全身状態の観察（食後ではないか、嘔吐のおそれがあるか） 緊急性の判断（吸引刺激によるものか、吐物による気道閉塞の危険性の確認）

表2−1−1　たんの吸引で利用者に起こりうる異変と対処法

9 異変・事故発生時の対応と事前対策

● 緊急を要する異変

たんの吸引にかかわる緊急を要する異変とは、先述のとおり、呼吸が停止している状態、苦しそうになったり顔色が変化したりするなど呼吸が悪化している場合、嘔吐したものが気管につまった場合、多量に出血している場合などである。

人工呼吸器に関しては、**作動しない**場合や**アラームがなりやまない**場合などである。急な停電なども考えられる。

●異変・事故発生時の対応

◆報告・連絡

緊急を要する状態であると気づいたときは、ただちに医師・看護職への報告・連絡をする必要がある。緊急連絡を要するか、少し様子をみるかの判断は非常に難しいが、**自己判断にたよらず報告**していくようにする。

その際、報告すべき内容に関しては、事前に協議して決め、共有しておくようにする。報告内容は、**いつ、どこで、誰（または何が）、どのようにして、どうなったか**を明確に伝えるようにする（図2-1-14）。

◆吸引の中止

呼吸状態が悪化したり顔色・唇の色が変化したりした場合、嘔吐や出血がある場合はただちに吸引を中止する。

◆心肺蘇生の応急処置

意識がなく呼吸が停止している場合は、その場を離れず、声を上げて誰かに来てもらい、複数で対応する。**医師・看護職へ連絡**し、**心肺蘇生の応急処置**の方法にしたがい、胸骨圧迫と人工呼吸を行いながら看護職の到着を待つ（60頁参照）。在宅の場合は**救急車の要請**をすることもある。

気道にたんがつまって呼吸が苦しそうなときは、気道異物除去（58頁参照）を開始して、医師・看護職の到着を待つ。到着を待っている間はその

「〇〇ホームの介護職員の〇〇です」
いつ
「本日、10分前、15時05分ごろ」
どこで
「当〇〇ホームで」
誰が（または何が）
「利用者〇〇さんが」
どのようにして
「吸引のあと5分くらいしたら」
どうなったか
「顔色が悪くなり苦しそうな呼吸をして、意識もぼんやりしています。いつもより呼吸が荒く、たんもゴロゴロしています」

・詳細に伝える
・利用者の変化や気づいたこと、時間を記録し、あとで報告する
（その後の医師・看護職の対応の際に重要な情報となる）

図2-1-14　報告のしかたの例

場を離れず、その後の変化がないか、よく観察して**記録**しておく。

●事前対策：連携・体制の確認

急変・事故発生時の対策として、**緊急連絡先リスト**や**連絡網**を作成し、利用者・家族・医師・看護職と情報を共有できるようにしておくことが必要である（195頁の表3-2-3参照）。
①誰が何を報告すべきか（いつ、どこで、誰がまたは何が、どのようにして、どうなった）を確認しておく
②緊急時はあわててしまい要領を得ないこともあるので、事前に話し合いの場をもち、状況を想定した訓練をしておくとよい

●記録の内容

緊急の報告と同時に「何時何分、どのような状態になり、それに対してどのような対応をとったのか」、**状態の経過についてメモ**をとっておき、落ち着いてから整理をする。メモをとることが難しく感じるかもしれないが、緊急を要する状態では、経時の記録は、緊急の処置をするうえで、利用者の状況を知るために非常に大切である。

また、あとで記録を整理するときには報告時と同様に、**いつ、どこで、誰がまたは何が、どのようにして、どうなったか**を正確に記録に残すようにする。正確な記録は医師・看護職がその後の治療や対処を決める有用な情報となりうる。さらに、異変・事故発生後は医師・看護職となぜそのような事態が起こったかを話し合い、情報の共有と**再発防止策**につなげるようにする。定期的に、記録

NOTE 📖

なぜ異物は右肺に入りやすいのか

鼻腔や口腔から入った空気は気管を通り、左右の気管支に枝分かれし、肺の中に入っていく。この気管、気管支そして肺が存在するスペースは胸腔とよばれ、胸腔には心臓も存在する。心臓は胸腔内において真ん中よりやや左側に存在するため、左側の肺はスペースが少なく、大きさも右より小さく、左側に押し出されている。したがって気管支も左の肺へ向かう方が細く、傾斜はなだらかである。そのため、気管支に異物が入った場合、左右の分岐点でどちらに向かうかというと、太くて、垂直に近い急な傾斜の右側に進み、右肺に入りやすい。

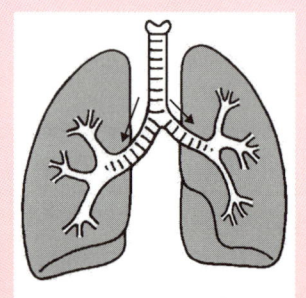

右気管支は，太く・急傾斜

> **POINT 要点確認**
> 1. 呼吸器系のしくみとはたらき、また、たんの生成の過程と排出のしくみを理解し、吸引が必要な状態を知る。
> 2. 人工呼吸器に関する知識をもつ。
> 3. 子どもの吸引における留意点を理解する。
> 4. 吸引を受ける利用者と家族の気持ちについて理解する。
> 5. 吸引に関する感染と予防、異変とその対処について知る。

をもとにして事故の振り返りをすると再発防止策の一助となる。記録には次に挙げるようなことを記載する。

・利用者氏名
・実施日時
・吸引した内容物や性状および量
・特記事項（急変時の状態、誰に連絡したか）
・利用者の訴え
・実施者名

分野2　たんの吸引

第2章

高齢者および障害児・者の「たんの吸引」実施手順

❁

本章では、吸引に必要な器具の取り扱いと清潔保持の方法を知り、介護職に認められている口腔・鼻腔内吸引と気管カニューレ内吸引法の具体的な手順を学習する。たんの吸引を行ううえでの注意点とその理由についても考察する。

1 吸引に必要な物品

吸引に必要な物品と取り扱い方法について説明する。感染を予防するうえでも、不潔にしない取り扱い方を理解しておく必要がある。

●吸引器

吸引器はたんなどを**陰圧**によって吸い出す器械である。吸引器は陰圧を起こすモーター部分と、たんをためる吸引びん、たんを吸い出すチューブの部分から構成されている。

吸引器にはいくつかの種類がある。**壁かけ式**は中央配管のある病院や施設などで使用される。中央配管がない個人宅などの場合には、電動の**ポータブル吸引器**が用いられている（図2-2-1）。

◆吸引器の準備

吸引器の準備は以下の手順で各ポイントを確認しながら行う（128頁の図2-2-7も参照）。

①**フロートが上がっていない**ことを確認する。吸引器のフロートが上がった状態では吸引できない

②パッキンの破損、ゆるみのないことを確認し確実に接続する。空気もれがあると、吸引圧がかからない

③吸引器をセットし、壁かけ式の場合は中央配管の吸引用アウトレットにプラグを確実に差し込む。ポータブル吸引器の場合は電源を入れる

④吸引チューブを指で閉じ、吸引メーターを回して圧が上昇することを確認する

⑤吸引回数が少ない場合でも、**一日1回**は吸引びんを交換する。吸引回数が多い場合は、びんの容量の**70～80%**程度に排液がたまったら交換する

◆適切な吸引圧

吸引圧を表す単位にはmmHgとkPaがある（mmHgとkPaの対応は図2-2-2）。

日本呼吸療法医学会の発表した「気管吸引のガイドライン」では、吸引圧が**150mmHg**（20kPa）を超えないようにすることを推奨している（子どもの吸引圧については109頁参照）。口腔・鼻腔内吸引は、気管カニューレ内吸引より高い圧でよいとされるが、高い圧をかけると粘膜を傷つけやすくなる。介護職が吸引を行う際は、医師の指示にしたがい、個々の利用者に合った吸引圧に設定する。

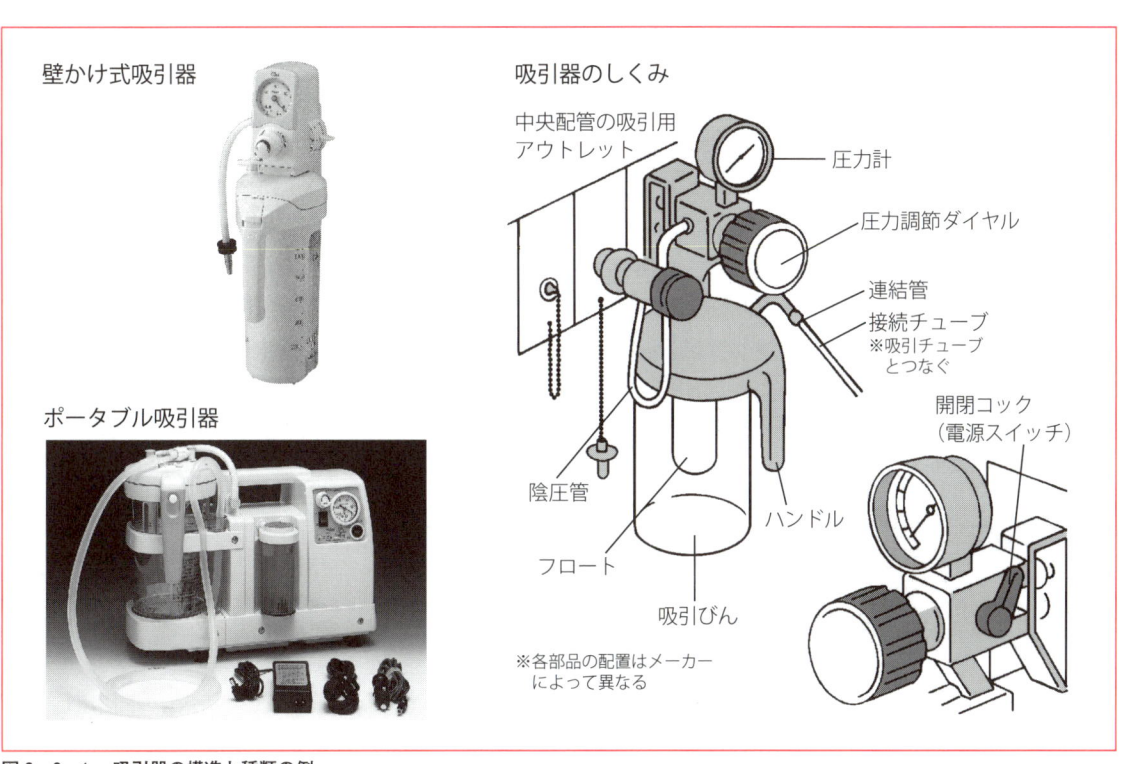

第2章 高齢者および障害児・者の「たんの吸引」実施手順

図2-2-1 吸引器の構造と種類の例
画像提供：左上；(株)セントラルユニ／左下；新鋭工業(株)

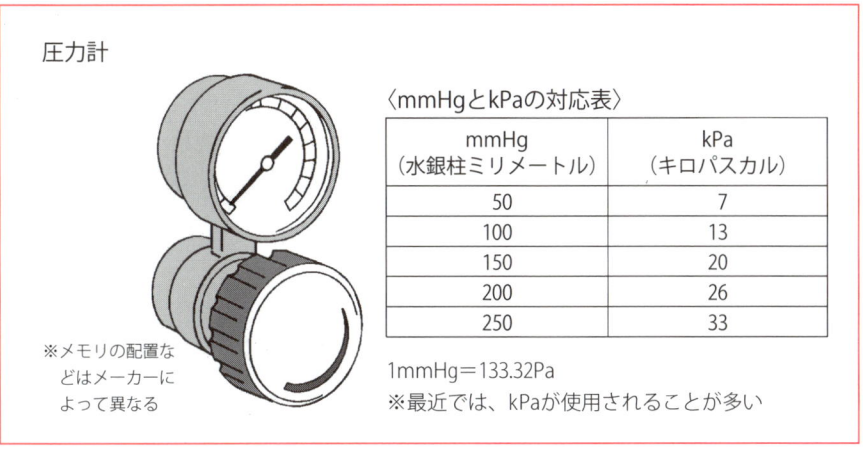

図2-2-2 圧力計と吸引圧単位（mmHgとkPa）の対応

圧力計

※メモリの配置などはメーカーによって異なる

〈mmHgとkPaの対応表〉

mmHg （水銀柱ミリメートル）	kPa （キロパスカル）
50	7
100	13
150	20
200	26
250	33

1mmHg＝133.32Pa
※最近では、kPaが使用されることが多い

119

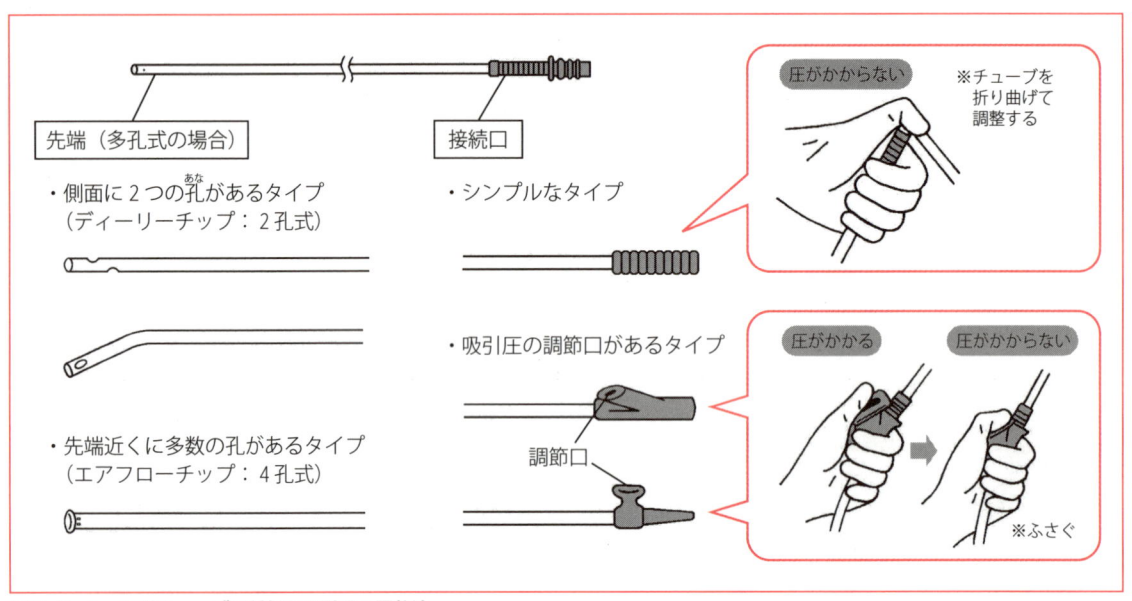

図2-2-3　吸引チューブの種類と吸引圧の調整法

　粘膜損傷のリスクを下げるため、低い圧でもたんを吸引できるように、事前に吸入や加湿などで水分を与え、たんの粘稠性（粘りけの強さ）を低めておくことも大切である。一般的に吸引する際、たんをやわらかくするケア（口腔ケア、うがい、加湿、吸入など）をしておくと効果的な吸引となるので、事前のケアとして行うとよい（139頁「3　たんの排出を助けるケア」参照）。

● 吸引チューブ

　吸引チューブの種類には、先端の形と接続口の形により、おもに図2-2-3に示すものがある。
　吸引チューブは、**使用のたびごとに捨てる**のが望ましい。なぜなら、吸引チューブを消毒しても、内側を滅菌することが難しいため、再使用により感染のリスクが高くなるからである。

◆ 吸引チューブのサイズ

　吸引チューブの外径は、接続口の色（**カラーコード**）によって見分けることができる（図2-2-4）。このカラーコードは、2007（平成19）年から国際標準化機構規格（ISO規格）に統一され、すべてのメーカーで同一のものが用いられており、色を見ればサイズがわかるようになっている。
　吸引チューブのサイズを選択する際は、外径が必ず**気管チューブの内径の2分の1以下**になるようにする。また、子どもと成人ではからだの大きさが違うため、利用者の体格に合ったサイズを選

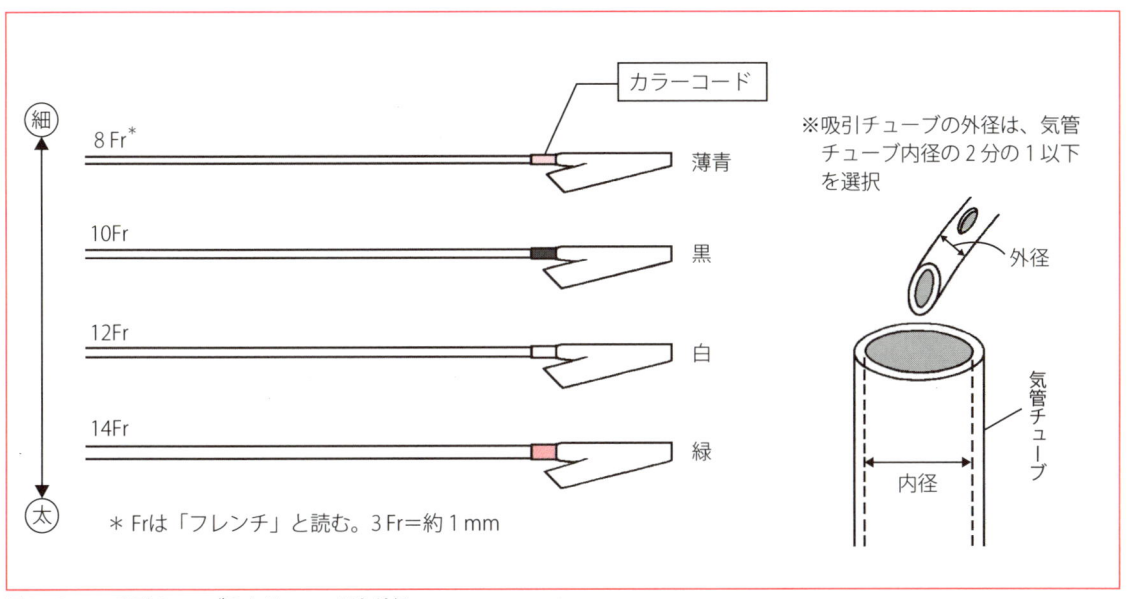

図2-2-4 吸引チューブのカラーコードと外径

表2-2-1 口腔・鼻腔内吸引チューブのサイズのめやす

年齢別	チューブのサイズ	
	mm（ミリメートル）	Fr（フレンチ）
新生児（生後28日以内）	1.5～2.5	5～7
乳幼児（生後6年まで）	2.5～3.5	7～10
学童（生後6～12年）	3.5～4.0	10～12
成人（青年期含む）	4.0～4.5	12～14

択する。吸引チューブのサイズのめやす（口腔・鼻腔内吸引の場合）は、表2-2-1に示すとおりである。介護職は、医師の指示を確認しそれにしたがう。

● たんの吸引の必要物品

◆ 口腔・鼻腔内吸引の必要物品

　口腔・鼻腔内吸引の必要物品のおもなものは、図2-2-5と表2-2-2に示すとおりである。

分野2　たんの吸引

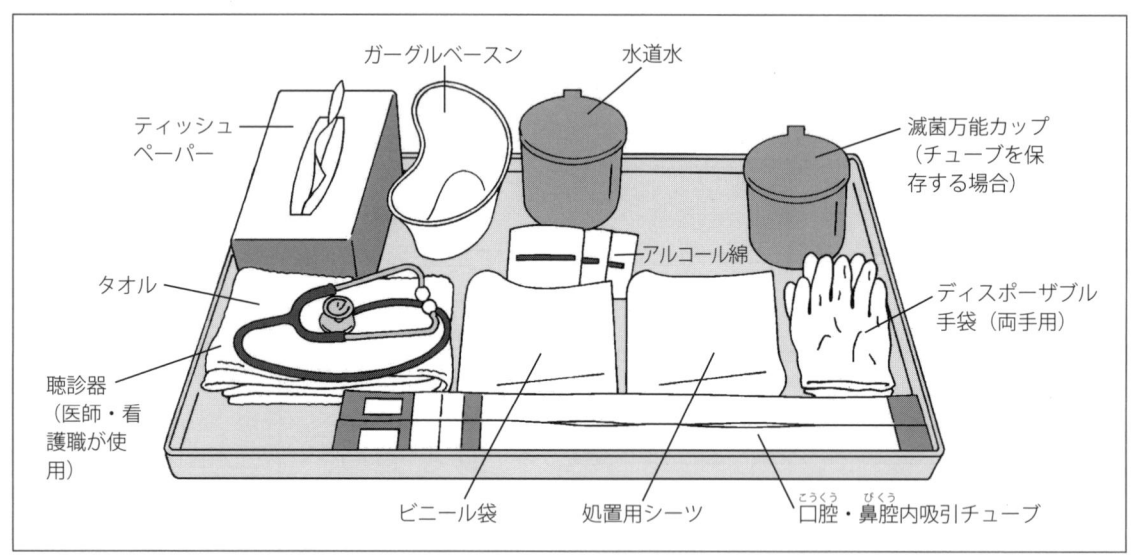

図2-2-5　口腔・鼻腔内吸引の必要物品の例（吸引器除く）

必要物品	使用目的・方法、留意点など
吸引器一式	吸引器付属として吸引びん、接続チューブ、連結管の準備をする 電源を入れ、圧を調節し吸引する
口腔・鼻腔内吸引チューブ	利用者に合ったサイズを使用する（医師の指示にしたがう） 吸引チューブの太さは吸引部位によって違うので注意する
ディスポーザブル手袋	口腔内・鼻腔内は無菌状態ではないので、介護職の感染予防のために使い捨てで使用する
水道水	吸引後にチューブの内側を洗浄するときに使用する 口腔内・鼻腔内にはもともと常在菌が存在しており、滅菌とする必要はなく水道水でよい
アルコール綿	吸引後、吸引チューブの外側をふくときに使用する
滅菌万能カップ	吸引チューブを再利用する場合に保管のため用意する
ガーグルベースン	吸引刺激によってたんを吐き出すときや嘔吐発生時に使用する
処置用シーツ	頸部から顔の下にしき、周囲の汚染を防ぐ
聴診器	たんの貯留状態を聴診するために用いる（医師・看護職が使用）

表2-2-2　口腔・鼻腔内吸引の必要物品のおもなもの

122

◆気管カニューレ内吸引の必要物品

気管カニューレ内吸引の必要物品は、口腔・鼻腔内吸引の場合と基本的には変わらない。ただし、気管カニューレ内吸引はより清潔に行う必要があるため、一部の物品は滅菌されたものになる。気管カニューレ内吸引の必要物品のおもなものは、図2-2-6と表2-2-3に示すとおりである。

●必要物品の清潔の保持（消毒方法）

物品の清潔は**感染予防**の点から重要である。以下に挙げる項目に留意して、清潔を保持する。

① **1ケア1手洗い**を敢行する（68頁参照）。吸引前は必ず手洗いを行う。ほかのケア中に着用したビニールエプロンもはずす

② 物品の取り扱いに関する清潔・不潔行為をしっかり確認しておく

③ 吸引に必要な物品は交換日を決め、定期的にメンテナンス、交換・洗浄を行う。吸引器の吸引びんは**24時間おき**に洗浄交換が必要である。また、吸引びんの容量の**70〜80%**まで排液がたまったら交換する。接続チューブにおいても週1回程度で交換する必要がある

④ 吸引の際、吸引チューブは周囲に触れないようにする。手袋を使わずセッシ（ピンセット）を用いる場合はセッシ先端も周囲に触れないようにする

⑤ 気管カニューレ内吸引のチューブは、**吸引1**

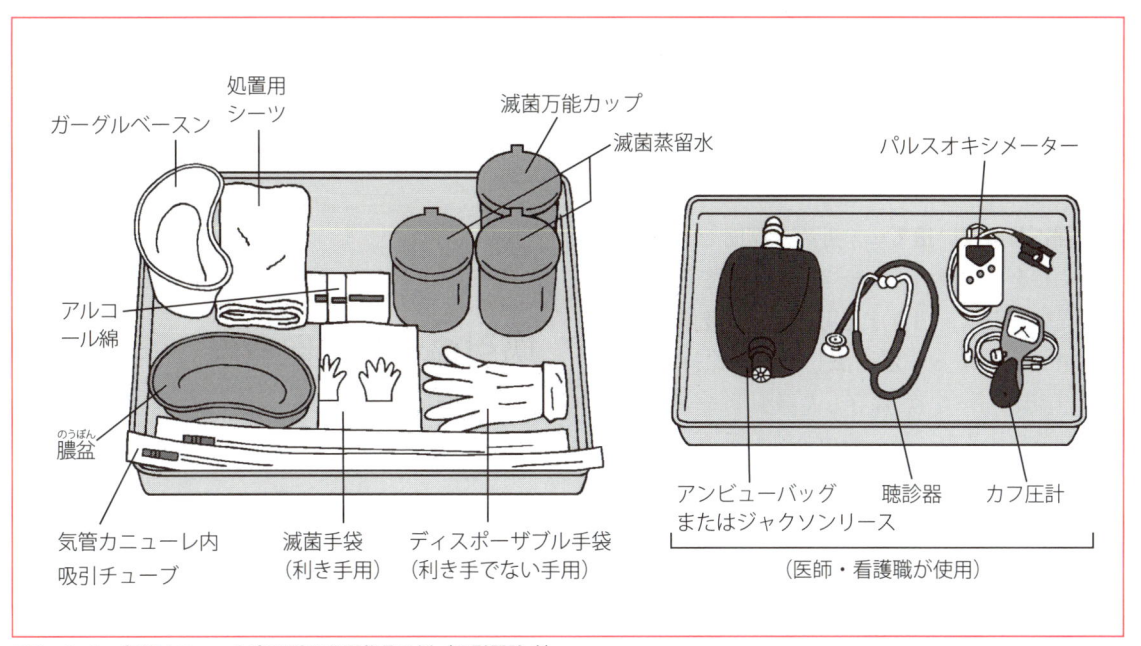

図2-2-6　気管カニューレ内吸引の必要物品の例（吸引器除く）

必要物品	使用目的・方法、留意点など
吸引器一式	吸引器付属として吸引びん、接続チューブ、連結管の準備をする 電源を入れ、圧を調節し吸引する
気管カニューレ内吸引チューブ	利用者に合ったサイズを使用する（医師の指示にしたがう） 先端が単孔式のものより、多孔式の方が圧が一点に集中せずによい
滅菌手袋（利き手用）または滅菌セッシ（ピンセット）	気管内は滅菌状態であり、吸引チューブ挿入によって外部からの細菌の流入がないように、直接触れるものは滅菌したものを使用する 滅菌手袋を用いない場合は、滅菌されたセッシで吸引チューブをはさんで操作する
ディスポーザブル手袋（利き手でない手用）	手袋を用いて清潔にする（ただしディスポーザブル手袋では滅菌物に触れないようにする）
滅菌万能カップ 滅菌蒸留水	吸引後、内側を洗浄するときに使用する 滅菌万能カップに入れ、2個用意する（予備のため）
アルコール綿	吸引後、チューブの外側をふくときに使用する
膿盆・ガーグルベースン	吸引刺激によって、たんを吐き出すときや嘔吐発生時に使用する
処置用シーツ	頸部から顔の下にしき、周囲の汚染を防ぐ
パルスオキシメーター	吸引による低酸素の状態を把握する
聴診器	たんの貯留状態を聴診するために用いる（医師・看護職が使用）
アンビューバッグまたはジャクソンリース・カフ圧計	低酸素状態にある利用者に使用する（医師・看護職が使用）

表2-2-3　気管カニューレ内吸引の必要物品のおもなもの

回ごとに使い捨てにするのが原則である
⑥やむをえず吸引チューブを再利用する場合の保管の際は、消毒液を用いない「**乾燥法**」か、消毒液による「**浸漬法**」で清潔保持をする（表2-2-4）。保存した吸引チューブを再度使用する際には、滅菌蒸留水をチューブ内に通してから使用するようにする

2 吸引の手順と留意点

● 必要な吸引かどうか

吸引を行う際に最も意識していなくてはならないことは、吸引を受ける利用者の負担の大きさである。

吸引中は、吸引チューブが気管・口腔・鼻腔内

手順	内容	注意点
①チューブ外側の汚染除去	吸引終了後、チューブ外側をアルコール綿でていねいにふく	外側を洗浄しないまま、②を行うと、洗浄水が汚染されることになる
②チューブ内の粘液除去	水分を吸引し、チューブ内に水を流すことで洗浄する（通水） ※口腔・鼻腔内吸引：水道水を通す ※気管カニューレ内吸引：滅菌蒸留水を通す	口や鼻の上気道には常在菌がいるため、よく水洗いする チューブ内に粘液が残らないように十分に水を通すようにする 容器に残った滅菌蒸留水は、全部吸い取りチューブ内を洗浄する。細菌繁殖の原因になるので、もし残った場合は廃棄する
③保管する	**乾燥法** 吸引チューブに水滴がなくなるまで乾かし、ふた付きの乾燥容器に保管する ・吸引チューブは24時間で必ず使い捨てる ・保管容器の消毒は24時間おきに行う	吸引チューブ内の乾燥を保つことが難しいため、十分気をつける 不潔な状況では時間を待たずに新しいものにとりかえる
	浸漬法 吸引チューブを消毒液に浸して保管する ・吸引チューブは24時間で必ず使い捨てる ・保管容器の消毒は24時間おきに行う ・消毒液は8時間おきにとりかえる	不潔な状況では時間を待たずに新しいものにとりかえる

表2-2-4 吸引チューブの保管方法

を通る際に粘膜をこするといった違和感・痛み・不快感があるとともに、たんと同時に酸素も吸引されるため一時的な低酸素状態にもなりやすい。これは、利用者にとって大変な苦痛である。

　そういった利用者の立場になれば、吸引は決まった時間にやるもの（ルーチン）ではなく、**必要と判断したときにのみ行う**ものであることがわかるだろう。はじめに吸引ありきでなく、利用者の負担の少ない喀出ケアを行い、それでも喀出が難しく、やむをえない場合に限り、吸引をしなければならないと判断する。

・吸引する前に、利用者が自力で喀出できるようにうながすケアを行い、負担が少ない方法を第一選択とすることをすすめる（139頁「3　たんの排出を助けるケア」参照）

・乾燥するとたんが固くなり喀出が困難となるので、日ごろから部屋の加湿、水分補給、口腔ケアなどを意識して行い、口腔内が乾燥しないように心がけることも大切である

●効果的な吸引のための観察

　吸引が必要かどうかは、日常的な観察結果、もしくは利用者の要請に応じて看護職により判断されることになる。介護職も、利用者のその日の全身状態や前日からの変化、気道・口腔内状態などを総合して観察しておくことは重要である。吸引の必要な状態について事前に看護職に確認しておくことも必要となる。また、吸引が必要な状態はケアの前後（体位変換、食事、入浴）によっても違いがあるので、確認しておく。

　そして、吸引を行うごとに介護職は自ら次から述べるような項目を参考に利用者を注意深く観察し、普段と違うこと、違和感などの異常を見つけた場合は、すみやかに医師や看護職に報告・連絡するようにする。

◆口腔内の観察

　吸引の際は、毎回口腔内を観察し、吸引が必要な状況かどうかを確認する必要がある。看護職による観察が行われているが、吸引が必要な状態にある利用者は短時間で変化しやすいこともあるので注意を要する。

　義歯を装着していないか確認することも重要である。義歯は吸引時にはずれやすく、特に部分義歯は気管内に落ち込んでしまう可能性があるので注意する。吸引するときは義歯をはずしてから行う。出血や損傷の有無の観察も必要である。

◆たんの観察

　吸引前に**たんの程度**も把握しておく。おもに次のような観察項目をチェックするとよい。
　①発生時期（いつごろからたんが出始めているか、一日のなかでどの時間帯にたんが多くなるか〈食後、夜間など〉）
　②貯留部位（口腔内、喉頭付近、胸部など）
　③量の変化（口腔ケアなどのあとたんは多くなるか、日や時間帯による変化はどうか）
　④色（白色、透明、黄白色など）
　⑤性状・固さ（さらさら、ねばねば、水溶性か、など）
　⑥たんの中に混じるものはないか（血液など）
　⑦におい（酸臭など）
　⑧咳をしたときに、たんは出ているか

◆呼吸状態の観察

　呼吸状態も併せてみるようにする。観察項目は次のとおりである。
　①呼吸数
　②呼吸の深さ・呼吸パターン
　③呼吸困難（息苦しさ）の有無
　④努力呼吸の有無：呼吸補助筋の動き（肩呼吸など）
　⑤動脈血酸素飽和度：**パルスオキシメーター**をつけている場合

◆全身状態の観察

　以下の項目についても観察する。
　①発熱の有無（一般に発熱するとたんの量が多くなる）
　②意識状態（問いかけに対する反応はどうか）
　③顔色（青白いなど全体的に顔色が悪くないか）

④表情（苦しそうな表情はしていないか）
⑤嚥下反射（むせはないか）
⑥疲労感（きつそうにしていないか）
⑦食欲、体重の増減
⑧尿量、性状（尿量が少なくなったり、尿の色が濃くなったりすると、体内に水分が少ない傾向にあり、たんが固くなる）
⑨チアノーゼの有無（酸素不足のときに皮膚や粘膜が青紫色になる）

●口腔・鼻腔内吸引の実施手順と留意点

利用者の状態観察で異常がなければ吸引の準備にとりかかる。以下、**口腔・鼻腔内吸引**の実施手順と留意点について、順を追って説明する。

◆口腔・鼻腔内吸引実施前の利用者の観察と事前ケア

準備に入る前に、観察と事前のケアを行う。実施については看護職と話し合い、安全に実施が可能かどうかの確認をしておく。
①利用者に体調をたずねる。また、先述の観察項目をふまえ観察し、利用者の状態に異常がないか確認する
②体位を利用した排たんケアや口腔ケア、咳嗽法などを行い、たんを出しやすい状態にしておく（後述「3　たんの排出を助けるケア」参照）

◆手順1　医師の指示内容の確認

吸引を始める前に、医師の指示を確認し、あれば看護職からの吸引に関する指示、ひきつぎ事項を確認する。

利用者に適した吸引チューブや吸引圧・吸引時間・挿入できる深さ、留意点について確認する。確認すべき留意点には、吸引操作、人工呼吸器着脱に関するもののほか、その利用者に固有の留意点がある。

◆手順2　手洗い

手洗い・手指消毒をする（68頁参照）。
・1ケア1手洗いの原則を念頭に置いておく。
　手指衛生は感染予防の基本である
・清潔な手で吸引するために、手洗い→吸引→体位変換やおむつ交換→手洗いという手順を習慣づける
・排泄物などを扱ったあとのビニールエプロンは、必ず新しいものととりかえる

◆手順3　必要物品・吸引器の用意

必要物品をそろえて使いやすい状態に並べる。具体的には、122頁の図2-2-5、表2-2-2のとおりである。全部そろっているか、不良なものはないか確認し、準備する。

吸引器を使いやすい場所に設置し、正しく作動するように準備をする（図2-2-7、118頁「吸引器の準備」も参照）。吸引びんには消毒液を定められた量入れておく。
・壁かけ式（中央配管がある場合）
　吸引用アウトレットに、アダプタをカチッと音がするまで確実に接続する。
・電動ポータブル吸引器

分野2　たんの吸引

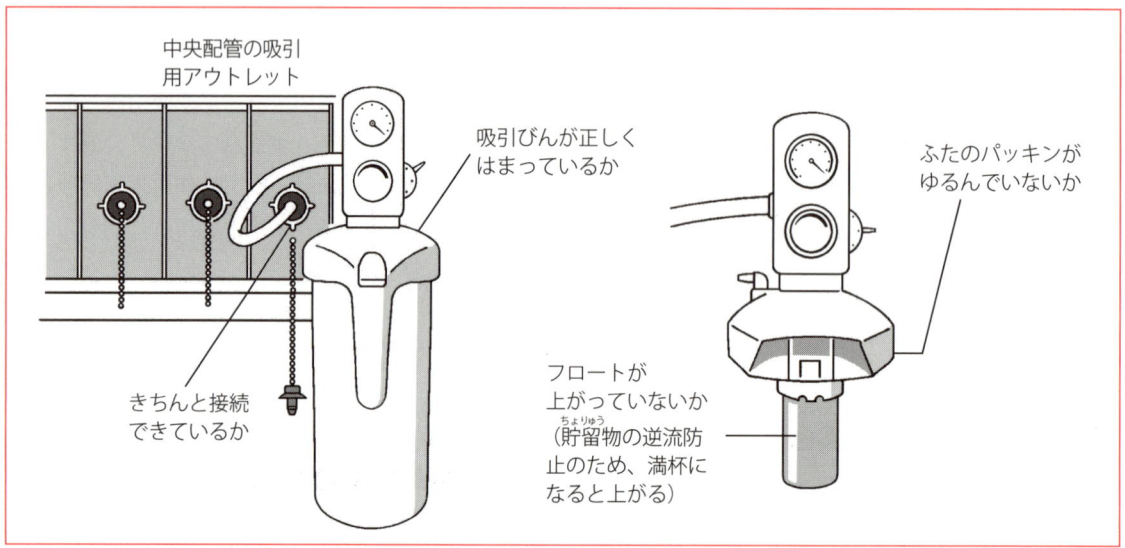

図2-2-7　吸引器の準備の注意点（圧が上がらないときの確認）

電源スイッチを入れるとモーターが回転し、吸引圧がかかる。

◆**手順4　利用者への説明**

これから吸引を行うことを利用者に説明する。説明のしかたは図2-2-8を参考にするとよい。反応がはっきりしない利用者の場合も、なおざりではない、きちんとした声かけを行う。

・吸引中は声を出せないので、つらかったら手を振るなどの合図を決めておく
・酸素吸入中は深呼吸をするよう、先にうながしておく

利用者の同意が得られたら、必要に応じて、**パルスオキシメーター**で動脈血酸素飽和度を確認する。

◆**手順5　吸引の準備**

パルスオキシメーターの値が正常な場合は、利用者の吸引準備を行う。

①液体せっけんと流水で再度手を洗う
②利用者の準備（図2-2-9）

・利用者の姿勢を整える→水平より挙上した方がチューブを挿入しやすい。姿勢は水平から**30～45度程度挙上**するとチューブを挿入しやすい。吸引刺激で咳を誘発し、たんの除去を試みるときは**60度以上**にして、起きた姿勢をとると咳をしやすい
・プライバシーに配慮して環境を整える

③口腔内の状態を観察する（126頁参照）。また、人工呼吸器装着者の場合は106頁を参照して作動状況、皮膚の状態なども観察する

第2章 高齢者および障害児・者の「たんの吸引」実施手順

説明例
「○○さん、たんが喉にたまってゴロゴロしています。
　これから細い管を使ってご自分で出せないたんを吸います。
　少し苦しいですが、呼吸を楽にするため行います。
　吸引させていただいてよろしいですか」
「力を抜いて協力していただけると、たんをとりやすくなりますよ」

緊張をほぐすように
協力を得るように

図2-2-8　利用者への説明のしかた

プライバシーに配慮して、カーテンやスクリーンを用いる

必要に応じて胸元はタオルなどでおおう

処置用シーツをしく

30〜45度程度に挙上

顔を横に向けガーグルベースンを用意（誤嚥防止）

図2-2-9　利用者の準備

129

分野2 たんの吸引

①両手にディスポーザブル手袋を装着する

②吸引チューブの袋を両開きにして接続口を出す

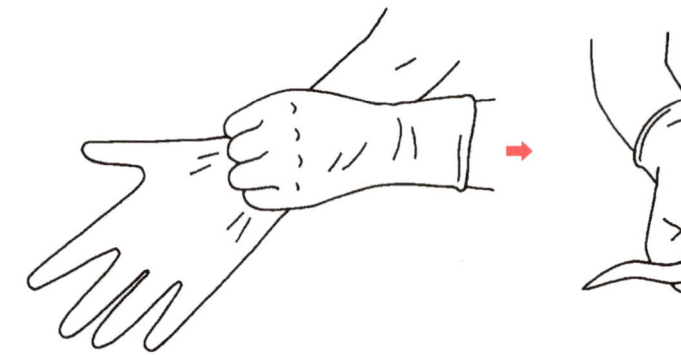

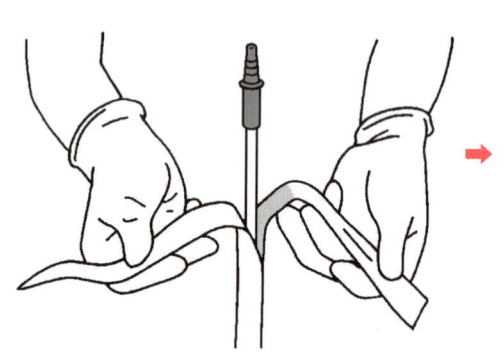

③吸引チューブと吸引器の接続チューブをつなげる

→ 吸引圧の設定へ

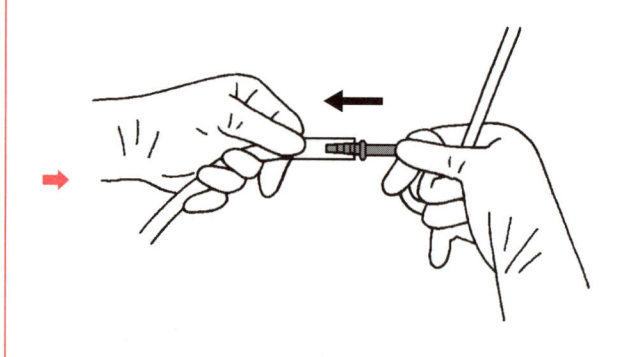

図2-2-10 手袋の装着と吸引チューブの取り出し・接続

第2章 高齢者および障害児・者の「たんの吸引」実施手順

◆**手順6　手袋の装着と吸引チューブの取り出し・接続**

手袋の装着と、清潔な吸引チューブの取り出し・接続は図2-2-10に示す手順で行う。手袋により、体液との接触を避け、感染を防止する。

◆**手順7　吸引圧の設定**

チューブを接続したら、図2-2-11のように吸引圧を利用者ごとに定められた値に設定する（めやすは118頁「適切な吸引圧」参照）。

◆**手順8-1　吸引（口腔内）**

「吸引しますね」と利用者に声をかけてから口腔内に吸引チューブを挿入する。手順は図2-2-12に示すとおりである。口腔内吸引のみの場合は、吸引チューブの後始末へ進む。口腔・鼻腔両方から吸引を行う場合は、口腔内吸引後に、鼻腔内吸引を行う（「手順8-2　吸引（鼻腔内）」）。

介護職の口腔内吸引では、肉眼で見える咽頭より手前までを限度とし、口腔内にたまっているたんや唾液について吸引する。この範囲は利用者にも比較的負担が少ない。咽頭より奥の吸引は、低酸素状態や苦痛をもたらす危険性が高くなる。

非侵襲型人工呼吸器を装着している利用者の場合は、吸引前後に事前の取り決めどおりマスクの脱着を行う。

◆**手順8-2　吸引（鼻腔内）**

鼻腔内吸引の手順は図2-2-13に示すとおりである。挿入できる範囲は咽頭より手前までである。吸引チューブを8〜10cm挿入する、医師により個々に指定された挿入の深さを守る、左右入

吸引器のスイッチを入れ、吸引圧の設定をする

- 壁かけ式の場合、開閉コックの操作で
  「閉」→吸引を停止
  「開」→前回設定した圧がかかる
- 吸引圧は医師の指示のとおりに設定する。
  めやすとしては成人では20kPa（150mmHg）を超えない程度とされている
- 小児の吸引圧は成人よりやや低めで20kPa以内（100〜150mmHg）程度
- 高すぎる圧は粘膜剥離の危険がある

➡ 吸引チューブの挿入へ

図2-2-11　吸引圧の設定

分野2　たんの吸引

①吸引チューブを親指でおさえ、圧をかけずに、静かに挿入する

挿入時は口蓋垂を刺激しないように注意する

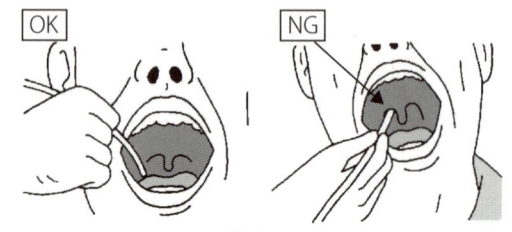

OK　　NG

・口蓋垂に触れると、嘔吐反射が起きるため
・「あー」と声を出してもらうと、口蓋垂が見えやすい
・舌根が上がる場合は、舌を出してもらう
・嘔吐しても気管に嘔吐物が入らないように、顔を横に向ける

②親指をはなして吸引チューブを開放し、指示された吸引圧で**10～15秒**以内で吸引する。

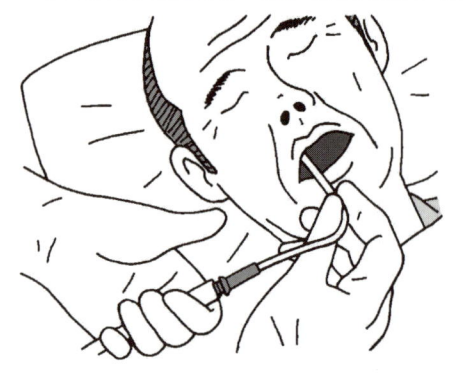

※吸引圧と吸引時間は正確に守る。長すぎる（**15秒以上**）吸引は低酸素状態をまねく

第2章 高齢者および障害児・者の「たんの吸引」実施手順

③終了したら、吸引チューブの外側をアルコール綿でふき、通水する

※連結部から先端へ一方向にふく（戻らない）

通水

鼻腔内吸引へ
終了の場合は吸引チューブの後始末（図2-2-14②）へ

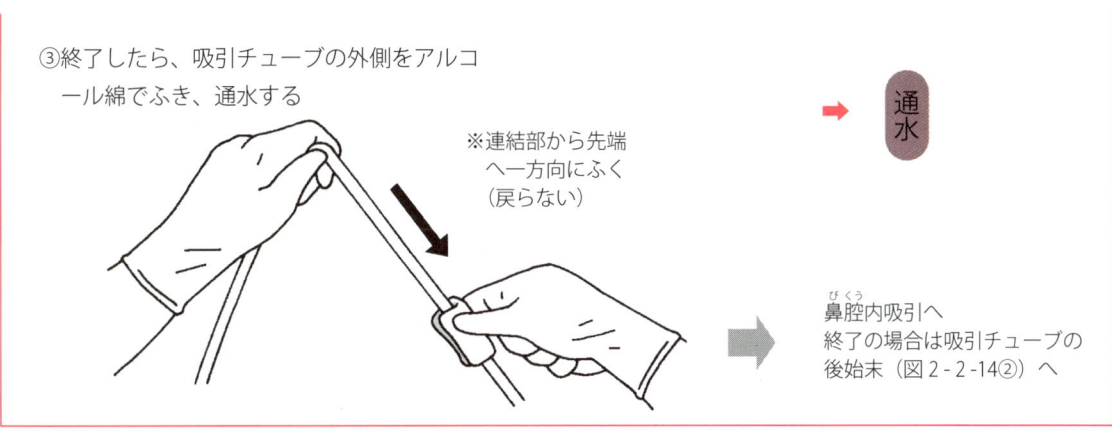

図2-2-12 口腔内吸引の手順（吸引チューブ挿入と吸引）

①吸引チューブを鼻腔内のカーブに合わせながら、親指でおさえて圧をかけずに8〜10cm挿入する

鼻腔内への挿入のしかた

鼻腔
咽頭
喉頭
気管

成人の鼻腔入口から咽頭までの長さ：約15〜20cm

②チューブが咽頭に達してから吸引圧をかけ吸引する

※10〜15秒以内

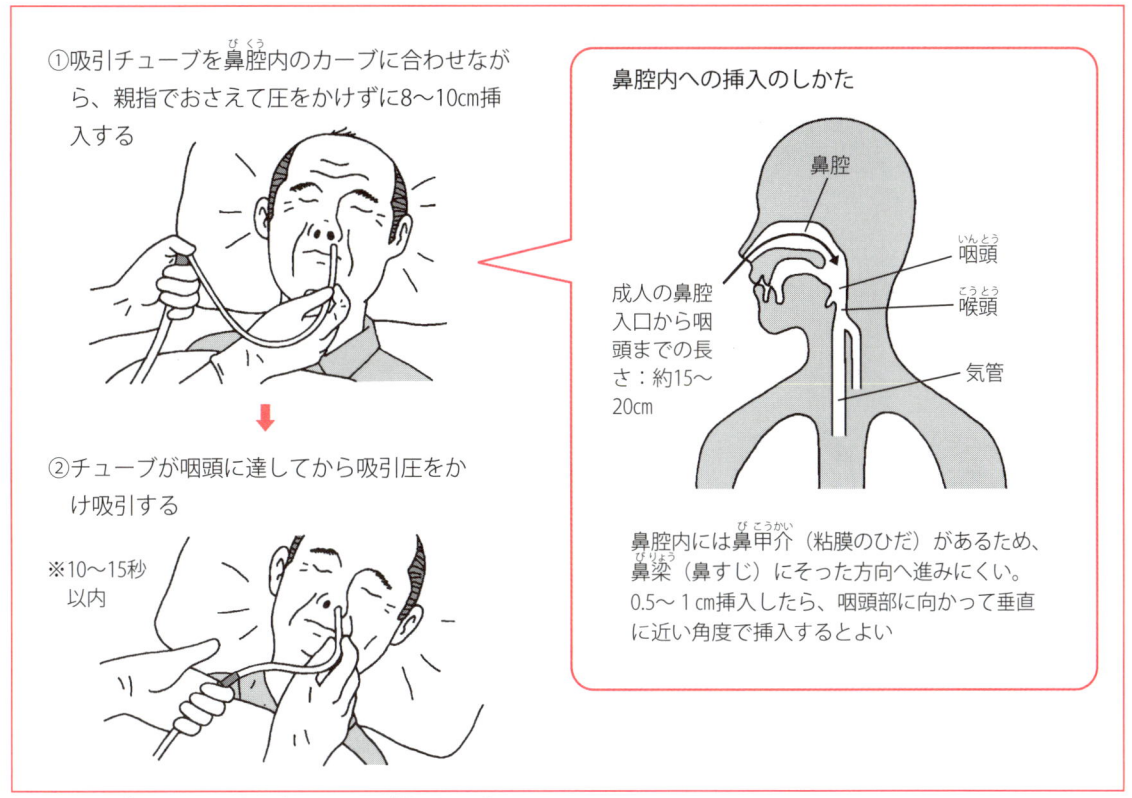

鼻腔内には鼻甲介（粘膜のひだ）があるため、鼻梁（鼻すじ）にそった方向へ進みにくい。0.5〜1cm挿入したら、咽頭部に向かって垂直に近い角度で挿入するとよい

図2-2-13 鼻腔内吸引の手順（吸引チューブ挿入と吸引）

133

りやすい方の穴から挿入する、など手順を必ず守る。鼻腔粘膜からの出血、嘔吐、咳き込み、強い抵抗がある場合は危険なので行わない。

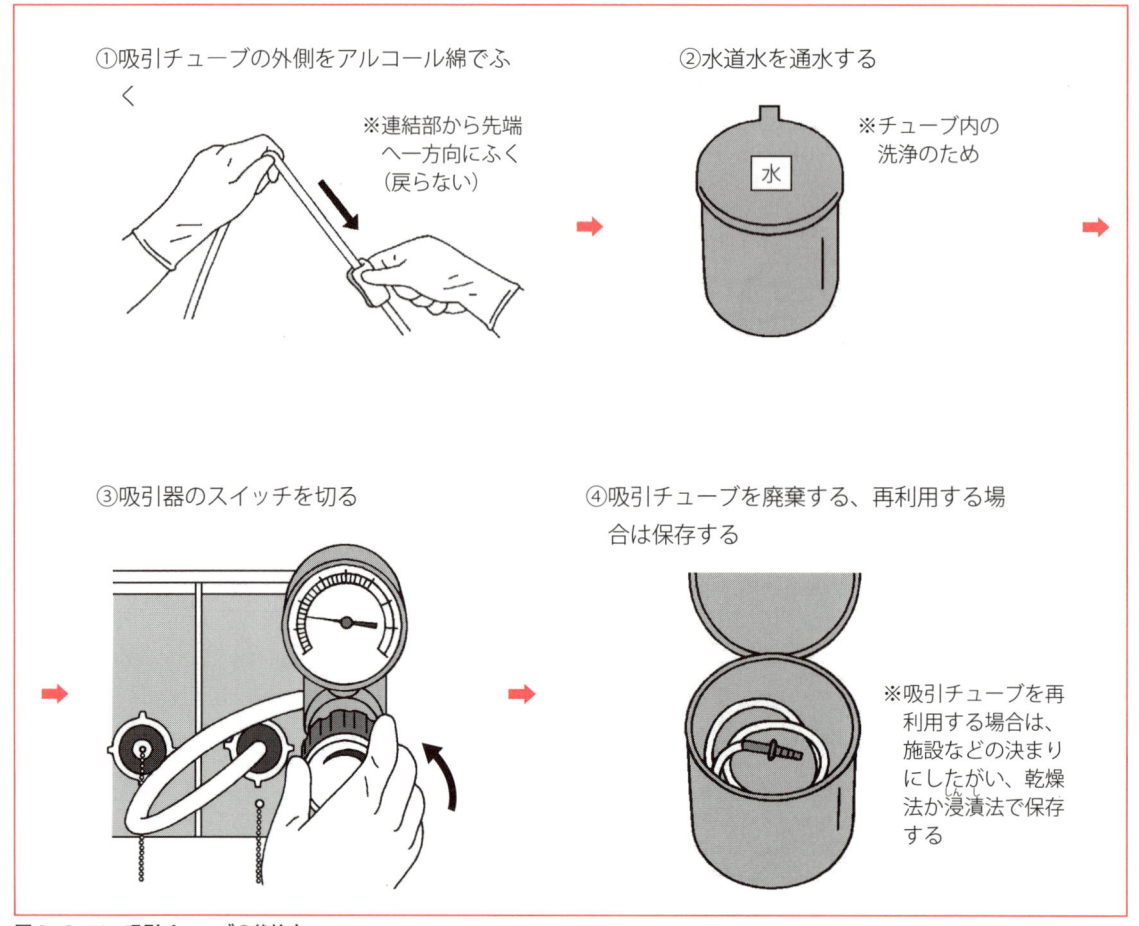

◆**手順9　吸引チューブの後始末**

吸引チューブの後始末は、図2-2-14に示す手順で行う。保管まで終了したら、手袋をはずし、周囲に触れることなく廃棄する。

◆**手順10　吸引後の利用者の状態確認**

利用者に吸引終了の声をかけ、姿勢を整える。

利用者の状態や吸引物について、次に挙げる項目を中心に観察を行い、異常がないかを確認する。異常がある場合は医師・看護職に報告する。気に

①吸引チューブの外側をアルコール綿でふく
※連結部から先端へ一方向にふく（戻らない）

②水道水を通水する
※チューブ内の洗浄のため

③吸引器のスイッチを切る

④吸引チューブを廃棄する、再利用する場合は保存する
※吸引チューブを再利用する場合は、施設などの決まりにしたがい、乾燥法か浸漬法で保存する

図2-2-14　吸引チューブの後始末

なる症状があったら、遠慮せずにまず報告するようにする。
- たんがとれたか（本人に確認）
- 姿勢が苦しくないか（本人に確認）
- 吸引物の量・性状（色・粘稠性）
- 利用者の顔色、呼吸の状態（回数、平静さ）
- 利用者の全身状態、吸引前からの変化など
- パルスオキシメーターをつけている場合は、SpO_2の値（**92％未満**になっていないか）
- 経鼻経管栄養をしている場合は、経鼻経管栄養チューブが口腔内に出てきていないか
- 人工呼吸器を装着している場合は、機器が正常に作動しているか（胸の上がり具合等）、マスクの固定位置・強さ、皮膚状態が通常どおりかなど

ひととおり終えたら手洗いを行う。

◆手順11　観察結果の報告
観察結果を医師・看護職に報告する。異常がある場合はすみやかに行い、ヒヤリ・ハットの事例、アクシデント事例があればこれも報告する。

◆手順12〜14　片づけ・記録
次回の使用を考慮しながら、物品の片づけと補充を行い、実施記録を記入する。
- 逆流防止のため、吸引びん内の排液量が所定の目盛り（容量の70〜80％程度）に達する前に交換、廃棄する
- 排液は感染物質として所定の方法で廃棄する
- 吸引チューブや、万能カップなどの容器は一日1回新しいものに交換する
- 施設の場合、消毒液などの交換は、勤務時間帯ごとにまとめて替えるなど、定期的に行う
- 不足しているものは補充する
- 実施の証明、今後の実施計画への活用のため、実施に関する記録を残す（142頁参照）

●気管カニューレ内吸引の実施手順と留意点

気管カニューレ内吸引は、**気管切開**をして気管カニューレを装着している人の気管分泌物や貯留物を除去し、気道閉塞や呼吸困難を防ぐ重要な処置である。利用者の苦痛がより少ない、かつ無菌操作を徹底した、効果的な吸引を実施することが必要である。

◆気管カニューレ内吸引の利用者の観察とケア
①観察

定期的に看護職によって観察されているが、実施前に再度下記の項目を確認することが必要である。異常がある場合は看護職に連絡する。
- 気管カニューレの状態
- 呼吸状態の観察（呼吸数、呼吸困難の程度、深さ、努力呼吸の有無）
- たんの排出状況（量・色・固さ・混入物・自力で出せるかどうか）
- **副雑音**（ラ音）はどうか（たんがゴロゴロしているか、ゼーゼー音〈喘鳴〉があるか）

②事前のケア

次に挙げるようなケアは、気管カニューレ内吸

引をスムーズに行うために定期的に行うとよい。
- 体位変換（体位ドレナージ、139頁参照）
- スクイージング（142頁参照）
- 吸入（気道に加湿する。医師の指示による）
- バイブレーション（振動を与えてたんを排出しやすくする。看護職が行う）

◆ **手順1・2　医師の指示内容の確認・手洗い**

口腔・鼻腔内吸引と同様に、医師の指示内容を確認し、手洗いを行う（127頁参照）。

◆ **手順3　必要物品・吸引器の用意**

無菌操作が必要であり、低酸素状態になりやすいという点で、口腔・鼻腔内吸引の物品に追加するものがある。123頁の図2-2-6と124頁の表

①先に吸引チューブを開封口のみ開ける。中身は取り出さず不潔にならないように台の上に置いておく
※吸引チューブには触れない

②利き手でない方の手にディスポーザブル手袋を装着する
※介護職自身の感染予防のため

③利き手に滅菌手袋を装着する
※滅菌手袋の手は吸引チューブ以外触れないようにする

④滅菌手袋の方の手で吸引チューブを引き出し、吸引器の接続チューブとつなげる
※吸引チューブは周囲に触れないようにする

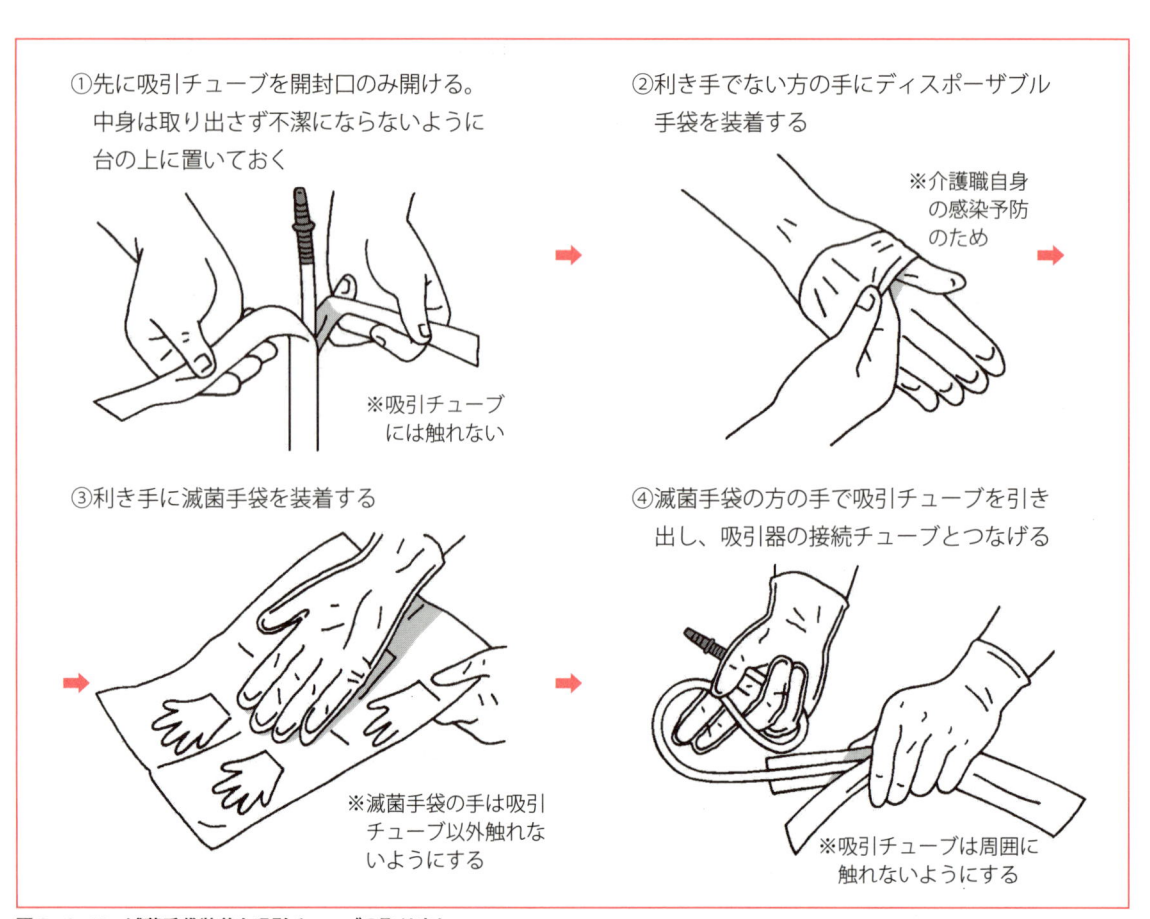

図2-2-15　滅菌手袋装着と吸引チューブの取り出し

2-2-3のように必要物品をそろえ、使いやすい状態に並べる。吸引器の準備は、基本的に口腔・鼻腔内吸引と同様である。

◆手順4　利用者への説明

口腔・鼻腔内吸引と同様に、意識がある場合もない場合もきちんと説明をする。たとえば、「たんがたまっているので、これからとらせていただきます。たんをとると呼吸が楽になります。吸引の間少々苦しいですが、しばらく我慢していただいてよろしいですか」と事前に説明をして、吸引することの同意を得る。

◆手順5　吸引の準備

同意が得られたら、吸引の準備に入る。
①液体せっけんと流水で再度手を洗う。
②利用者の準備
　・できるだけ楽な、吸引を受けやすい姿勢にする（口腔・鼻腔内吸引と違い、顔は横に向けなくてよい）
　・必要に応じて胸元にタオルをかけ、ガーグルベースンを置いておく
　・カーテンなどを用いてプライバシーに配慮
③気管カニューレの状態などを観察
　・気管カニューレの周囲や固定の状況
　・人工呼吸器装着者の場合はその作動状況

◆手順6　手袋の装着と吸引チューブの取り出し・接続

気管カニューレ内吸引では、吸引チューブの滅菌を保持するため、利き手に滅菌手袋を使用する。

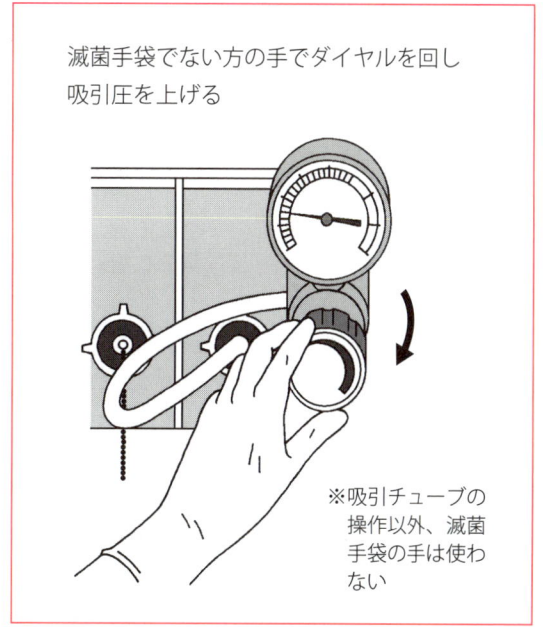

図2-2-16　気管カニューレ内吸引の吸引圧の設定

通常と取り出し手順が違うので留意する。もし滅菌手袋を使用しない場合は、滅菌されたセッシで吸引チューブをはさんで操作する。滅菌手袋を使用する場合の手順は図2-2-15のとおりである。

◆手順7　吸引圧の設定

基本は、口腔・鼻腔内吸引と同様の操作になるが、チューブの清潔保持のため、滅菌手袋の滅菌を保ちながら、**無菌操作**で行わなければならない（図2-2-16）。

◆手順8　吸引

気管カニューレ内吸引の手順は図2-2-17のとおりである。粘膜損傷の危険があるため、たん

がとれなくてもチューブを無理に奥まで挿入してはならない。挿入範囲は気管カニューレ内までである。人工呼吸器装着者の場合は吸引チューブの挿入前に以下の点に留意して人工呼吸器をはずす。

・吸気を確認して適切なタイミングをみる
・気管カニューレごとひっぱらないように、指先をコネクターのでっぱり部分に合わせて適切にはずす
・はずした回路はほかのものに触れないようにして清潔な位置に置く
・利き手で持っている吸引チューブは不潔にしないようにする

吸引前後には医師・看護職により用手換気（アンビューバッグやジャクソンリース等を用いて利用者に高濃度の酸素を送ること）を行い、呼吸を整える必要がある。

①圧をかけずに吸引チューブを挿入する

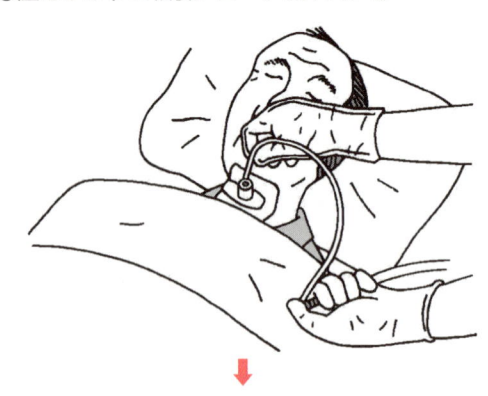

↓

②圧をかけ、吸引を10〜15秒以内で行う

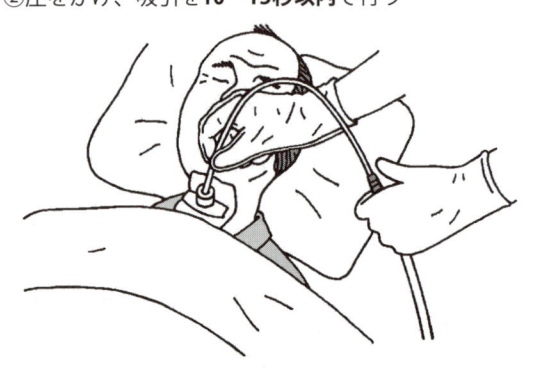

挿入時の留意点
・基本は圧をかけないことで、気道内の空気（酸素）を吸わず必要な部位にスムーズに到達できる。ただし最近では、一気に吸引圧をかけることによる粘膜損傷のリスクを懸念して圧をかけたままの挿入が行われることもあるので、事前の取り決めにしたがう
・挿入範囲は気管カニューレ内まで
・吸引チューブを挿入し、抵抗を感じた位置から数mm引き戻してから吸引圧をかける。チューブ先端が気管壁に触れると咳嗽反射が誘発されるので無理にそれ以上進めない
・自発呼吸がある場合は、吸気時にタイミングを合わせて挿入する

吸引時の留意点
・吸引物や利用者の状態を確認しつつ行う
・吸引チューブ先端を気管カニューレに接触させるようにして引き抜くとよい（吸引チューブを手首を使って回したり、上下にピストン運動させたりしながら引き抜くことにあまり効果はないといわれている）

図2-2-17　気管カニューレ内吸引の手順（チューブ挿入と吸引）

◆手順9　吸引チューブの後始末

　吸引チューブは原則1回で使い捨てである。口腔・鼻腔内吸引と同様に吸引チューブの外側をふきとったあと、内部を洗浄し廃棄する。残った滅菌蒸留水もすべて廃棄する。また、滅菌コップを使用した際は、滅菌コップも同様に廃棄する。

◆手順10　吸引後の利用者の状態確認

　口腔・鼻腔内吸引と同様に行うが、気管カニューレ内吸引では次の項目にも留意して観察を行う。
・気管カニューレの周囲や固定状況に異常はないか
・人工呼吸器は正常に作動しているか（コネクター接続部等からの空気のもれ、人工呼吸回路の異常はないか）
ひととおり終えたら手洗いを行う。

◆手順11　観察結果の報告

　観察結果を医師・看護職に報告する。異常がある場合はすみやかに行い、ヒヤリ・ハットの事例、アクシデントの事例があればこれも報告する。

◆手順12～14　片づけ・記録

　口腔・鼻腔内吸引と同様に、片づけと補充を行う。記録も同様に行う。

3 たんの排出を助けるケア

　呼吸器に障害のある状態での吸引は低酸素状態をまねき、利用者にとっても苦痛が大きい。できるなら吸引を受けることが少ない状態にしたいものである。また、吸引はたんを排出しやすくするケアを行い、排出しやすい状態に近づけてから行うということを留意すべきである。たんの排出が困難だからといって、すぐに吸引と結びつけない方がよい。
　たんを出しやすくするためには、**①重力、②たんの粘稠性、③咳の空気の量と速さ**が重要な要素となる。

◆体位を利用した排たんケア

　たんは、重力によって、元にあった部位から下の方へ移動する。その重力の力を利用し、体位を変更していくことでたんを気道の末梢（まっしょう）から中枢・咽頭まで移動させる方法を**体位ドレナージ**という（図2-2-18）。
　体位を変えることは苦痛の軽減や床ずれ（褥瘡〈じょくそう〉〈decubitus〉）予防にもなり効果的である。**1時間から2時間**おきに体位を変えるようにする。その際、体位枕などを使用すると効果的である。

◆口腔ケア

　気道内には線毛（せんもう）があって、たんに適度な水分があると線毛が外からの異物やごみ（たん）を排出

してくれる（95頁参照）。体内の水分が不足すると、たんが固くなり、線毛運動もできにくくなる。また、気管切開している場合は、口や鼻からの加湿機能がはたらかなくなり乾燥しやすい。さらに呼吸状態が悪く、飲水が難しい場合や、発熱などによっても体内の水分量が少なくなり、たんが固くなる。たとえば肺炎（pneumonia）にかかると発熱してたんが固くなり、排出困難となりやすい。

また、口腔内にはさまざまな**常在菌**が存在しており、唾液の自浄作用によって菌が繁殖しにくくなっている。しかし、食事が十分にとれなかったり口腔内が乾燥したりすると、自浄作用が弱まり、細菌の感染・繁殖が起こりやすくなって、誤嚥性肺炎（aspiration pneumonia）も起こしやすく、また、たんが増加したり固くなったりする原因となる。このため、吸引が必要となる利用者に対し日常より口腔ケアを行うことは非常に大切である。

①**うがい**

誤嚥の危険がない利用者には、乾燥に応じてうがいをすすめる。うがいのあと、たんが排出できることも多い。

②**毎食後の口腔ケア**

食事がとれない場合でも、介護職が歯ブラシ、スポンジブラシを用いて行う。

③**加湿器の使用**

部屋を加湿し、乾燥を防ぐ。部屋の換気は時間を決めて行う。

◆ 咳嗽法

咳はたんを外に出そうとする防御反応のひとつ

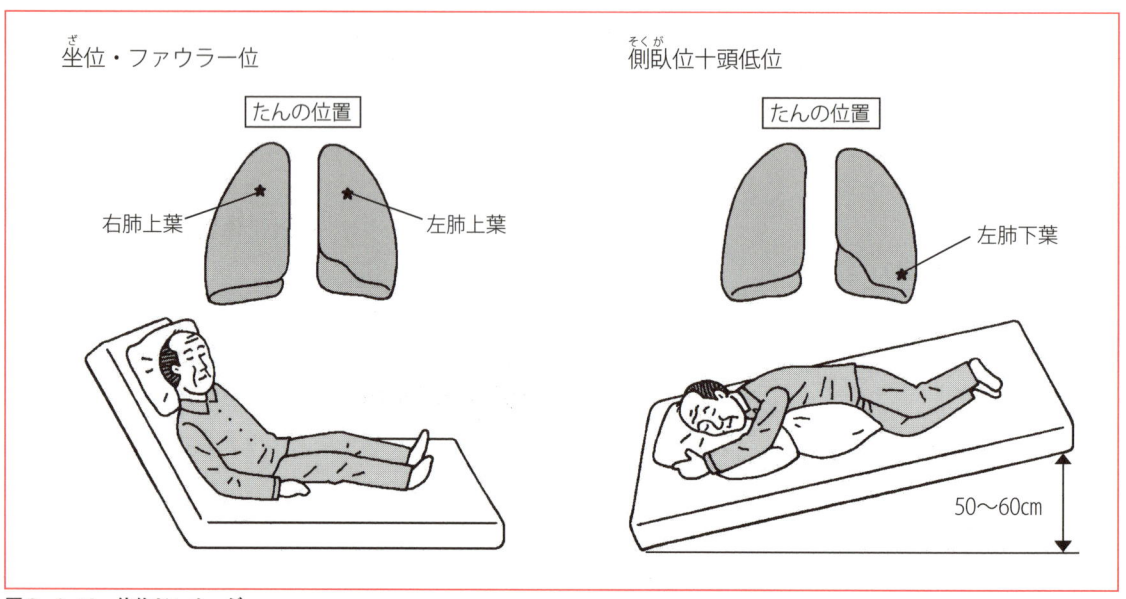

図2-2-18 体位ドレナージ

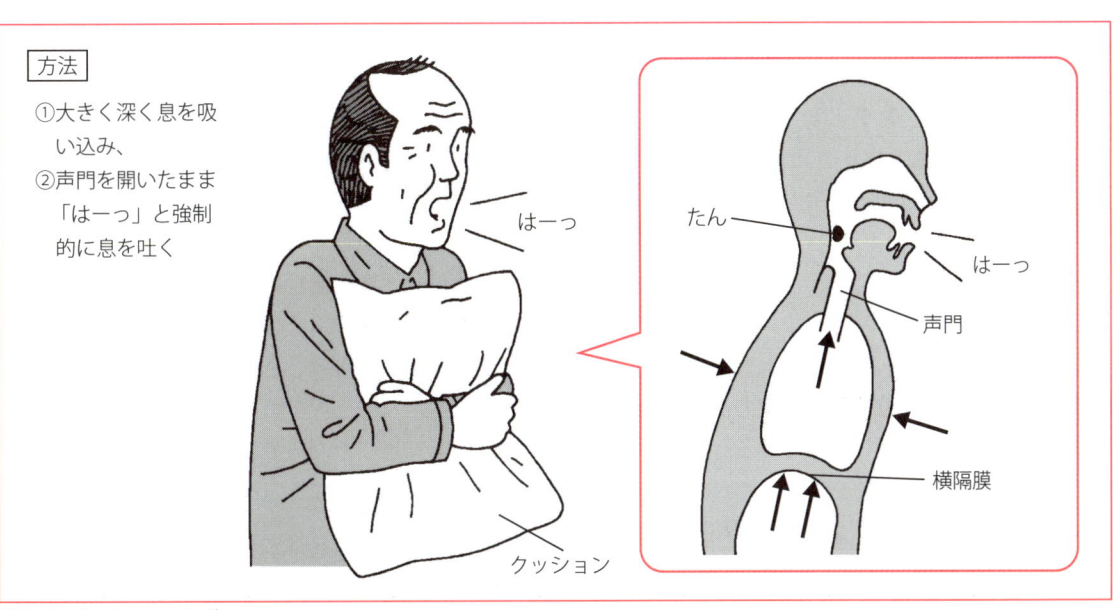

図2-2-19 ハッフィング

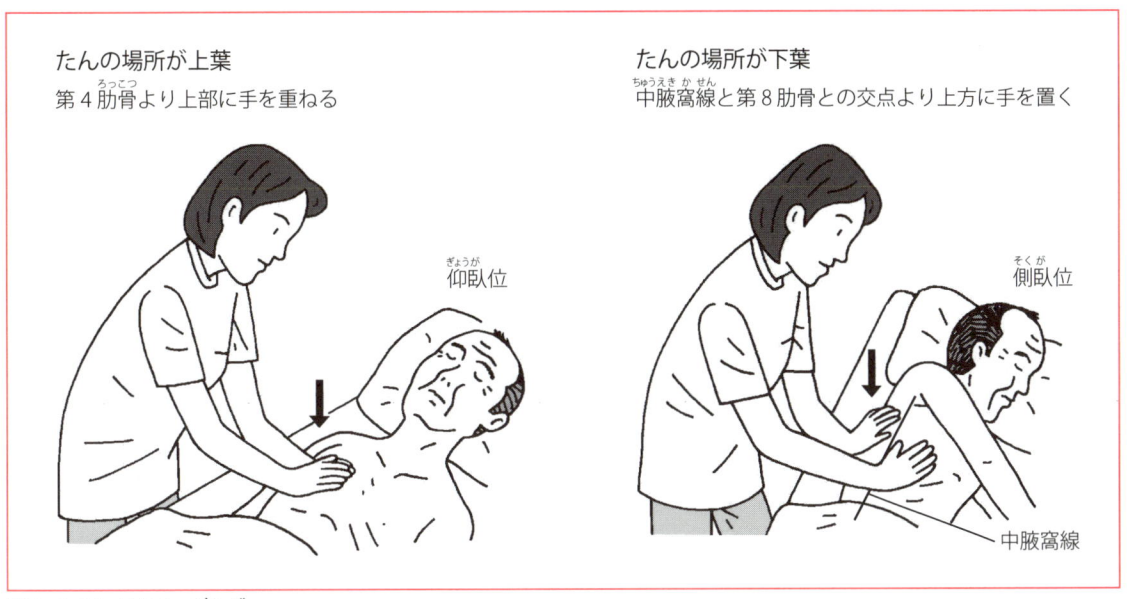

図2-2-20 スクイージング

141

である。咽頭付近にたんがある場合は、咳をして本人に喀出してもらうことをすすめる。

また、**ハッフィング**という方法（図2-2-19）も強く息を吐き出すことによる排たん法のひとつで、吸引の負担を少なくできる。

◆ **その他のケア**

以上のほか、知っておくとよいのが、**スクイージング**である（図2-2-20）。本人が息を吐くのに合わせて**たんの部位を軽く押す**方法で、現在喀たんケアで積極的に用いられている。また、看護職が行うものには、振動を与えてたんを排出しやすくするバイブレーションという手技もある。

4 吸引実施の報告と記録

記録は専門職にとって不可欠である。記録に残すことで**状態変化を把握**することが可能になり、**異常の早期発見**のためにも、報告と記録は重要である。医師や看護職と連絡をとる際の根拠ともなる。

記録と報告にあたっては次に挙げる内容がきちんと伝わるようにする（図2-2-21）。
①利用者氏名
②吸引を行った日付、時刻
③吸引前中後の変化（呼吸状態やSpO$_2$）

図2-2-21　介護記録の例

○○　○○さん

○月○日　19：20
咽頭部（いんとう）でたんがゴロゴロしている。
本人と家族「たんをとってください」
呼吸速く、呼吸数25回／分　SpO$_2$＝94％
吸引にて白色の固めのたんが多量にとれる。
本人「喉（のど）がすっきりしました」
吸引後SpO$_2$＝96％
呼吸が落ち着き、楽になっている。
看護職員○○へ報告

介護職員　▽▽

> **POINT 要点確認**
> 1. たんの吸引に必要な物品を知り、管理方法や清潔保持の方法を理解する。
> 2. たんの吸引実施の一連の流れを把握し、利用者にとって安全安楽な吸引を行うための各手順の留意点を知る。
> 3. たんの排出を助けるケアを理解する。
> 4. 医師や看護職への報告・記録の重要性を理解する。

④吸引物の量、性状
⑤吸引後の効果、呼吸状態
⑥吸引後の全身状態
⑦記録者の氏名

分野 2 重要事項チェック！

□ 気管や気管支の壁に存在する杯(さかずき)細胞は、呼吸によって空気といっしょに吸い込むごみ（異物）を粘液で吸着する。このごみは、細かい線毛(せんもう)のはたらきによって咽頭(いんとう)の方へと送り出され（線毛運動）、たんとして排出される。（☞第1章1）

たんの吸引における留意点のチェック（☞第2章2）

〈共通〉
□ 利用者の状態を観察し異常はなかったか。
□ 吸引の種類や設備を確認し、必要物品を確認したか。
□ 利用者に説明し同意を得たか。
□ 分泌物の存在位置を見極め、適切に吸引チューブを挿入したか。
□ 吸引圧は適切か。
□ 吸引中・後の利用者の状態および吸引したたんの性状を観察したか。
□ 吸引びん内の排液の処理を適切に行ったか。吸引後の片づけは適切か。
□ 実施したたんの吸引について正しい記録を残したか。

〈口腔(こうくう)・鼻腔(びくう)内吸引〉
□ 清潔な吸引チューブを使用し、ディスポーザブル手袋を着用したか。
□ 吸引圧を確認したか。
□ 利用者の顔を横に向けたか。
□ 鼻腔内吸引の場合の吸引チューブの挿入方向、挿入の深さは適切か。

〈気管カニューレ内吸引〉
□ 滅菌手袋を着用（またはセッシを使用）し、吸引チューブを無菌操作で取り出したか。
□ 吸引圧を確認したか。
□ 吸引チューブの挿入方向、挿入の深さは適切か。
□ 低酸素状態に注意し、1回の吸引時間を10～15秒以内としたか。

分野

3

経管栄養

この分野で学ぶこと

● 経管栄養に必要な人体の構造と機能、子どもの経管栄養、急変状態への対応などの基礎的知識を身につける。

● 経管栄養の実施手順を習得する。

分野3　経管栄養

第1章

高齢者および障害児・者の「経管栄養」概論

本章では、経管栄養を行うにあたり、身につけておくべき消化器系のしくみや経管栄養の必要性など、経管栄養の基礎的な知識を学ぶ。また、経管栄養を受ける利用者や家族の気持ちの理解と対応、経管栄養を行ううえでのリスク管理についても学ぶ。

1 消化のしくみとはたらき

●口腔から食道へ（飲み込みのメカニズム）

食べ物（食塊）が口腔から咽頭、食道を経て胃へと送られる運動を嚥下とよぶ。

口腔内に食べ物が入ると、歯でかみくだかれ（咀嚼）、かみくだかれた食塊は唾液腺から分泌された唾液と混ざる。唾液中にはアミラーゼという消化酵素（α-アミラーゼ）が含まれており、これにより食物中のでんぷんが分解される。また唾液の水分によって、食塊は飲み込みやすい形態となり、スムーズに飲み込み（嚥下）が行われる。この飲み込みは嚥下反射とよばれ、食塊が口腔を通り咽頭に触れると無意識に起こって、食塊が食道へと送られる。またこのとき、食塊が空気の通り道である気管に入らないように、気管の入り口である喉頭にふたがされ（喉頭蓋）、食塊は気管の背側にある食道へと送られる。

喉頭とは、いわゆる喉仏の部分にあたる。喉仏においた指を下方へたどると気管に触れること

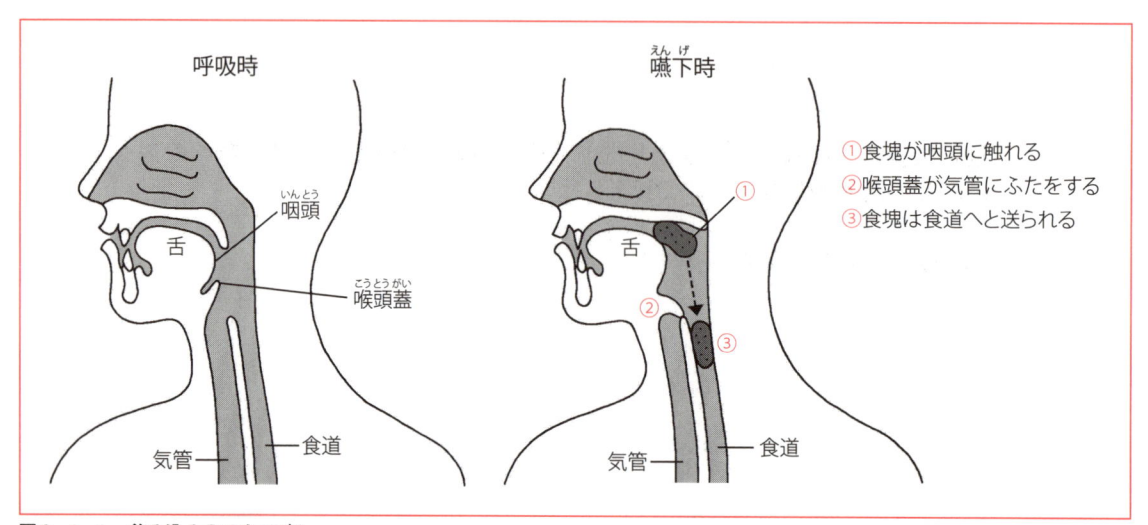

図3-1-1　飲み込みのメカニズム

呼吸時／嚥下時
咽頭／舌／喉頭蓋／気管／食道

①食塊が咽頭に触れる
②喉頭蓋が気管にふたをする
③食塊は食道へと送られる

ができ、連続しているのがわかる。そして、この気管の背側には食塊が通る食道が存在する（図3-1-1）。つまり息の通り道と飲食物の通り道は前後に隣り合わせており、嚥下反射がきちんと起こらないと、食べ物や飲み物、唾液までもが気管から肺に入り（**誤嚥**）、肺炎（pneumonia）の原因となる。

● **食道から胃へ**

食道は、縦に伸びた約25cmほどのチューブのような臓器であり、それ自体に消化機能はなく、咽頭と胃をつなぐ飲食物の通り道である。食道を通り過ぎた食塊は、胃で**胃酸**や**消化酵素**によってかゆ状になり、胃の**蠕動運動**によって十二指腸へと送られる（図3-1-2）。

胃の入口と出口には、噴門部と幽門部とよばれる、せまい門のような構造があり、これによって胃の内容物は単に胃を流れていくのみではなく、胃の中に貯留されたり、消化が終わるとゆっくりと流されていったりと調整される。また胃酸には、食べ物の消化だけではなく、食べ物とともに体内にとりこまれた雑菌などを抑えるはたらきもある。

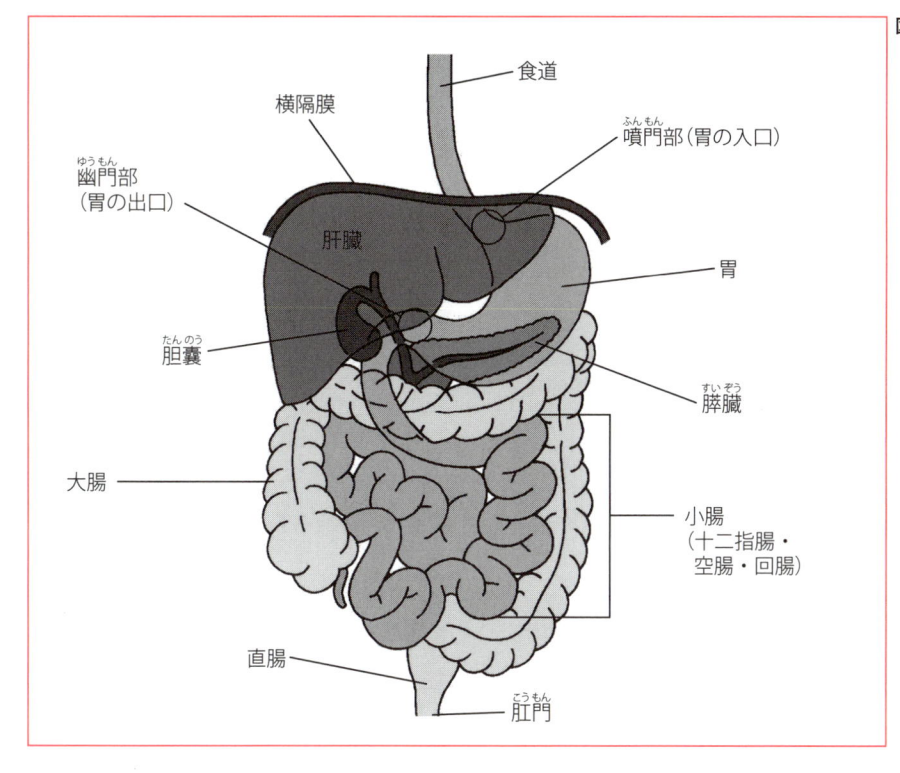

図3-1-2　消化器の構造

●小腸、大腸から排泄へ

小腸は十二指腸、空腸、回腸の3つからなる。**十二指腸**では、膵臓でつくられた膵液や肝臓でつくられ胆嚢で濃縮された胆汁などの消化液が加わって**消化**が進み、次にいよいよ栄養が**吸収**される。

小腸は7〜8mの長さがあり、表面は**絨毛**というひだ状の構造になっている（図3-1-3）。絨毛を広げると表面積は約200m^2、テニスコート1面分の大きさに相当し、栄養の吸収が効率よく行われる。

小腸では、送られてきたかゆ状の食物中の7〜8割の水分とほとんどの栄養分が吸収され、残った液状の消化物は蠕動運動によって大腸へと送られる。経腸栄養の場合、腸ろうチューブはこの小腸（空腸）に造設される（151頁参照）。

大腸は約1.5mあり、カタカナの「コ」の字を90度左に回転したような形をした管で、盲腸、結腸（上行結腸、横行結腸、下行結腸、S状結腸）、直腸からなる（図3-1-4）。ここでは残った消化物の水分が吸収され、さらに残ったかすを大腸の**腸内細菌**が発酵、分解して、粘液などと混ざり合って便（糞便）となる。直腸に便がたまるとその刺激が神経を伝わって、便意を生じる。そして、肛門の周囲にある**肛門括約筋**が収縮すると排便が起こる。

長期間、なんらかの要因によって経口摂取できないために点滴管理されている場合、腸管内の絨毛が萎縮することで腸内細菌に対する腸管粘膜の防御機構がこわれ、そこから腸管内の細菌が血液内に進入し、さまざまな障害がひきおこされることがある。

●消化器系における食物の通過時間

胃に入ってきた液体はすみやかに通過するが、固形物の場合には食後平均3〜4時間で胃を通過する。脂肪分が多いと6時間程度とどまることもある。胃を通過し小腸に入った食物等は2〜3時間で小腸の終末（回腸）に達し、大腸に入って10〜20時間滞留する。

つまり、口から入った食物は、約1日かけて消化器系を通過し排泄されるということになる。

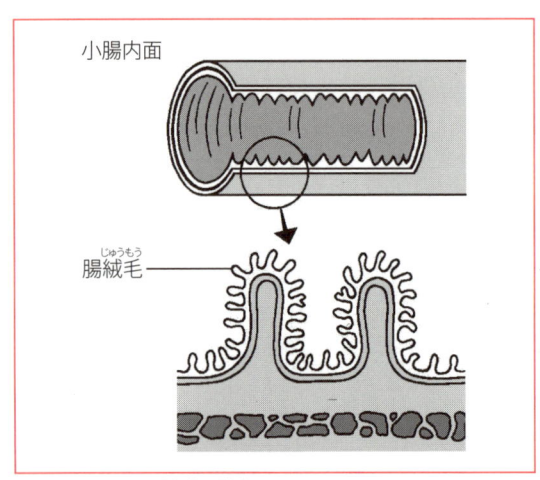

図3-1-3　小腸粘膜の構造

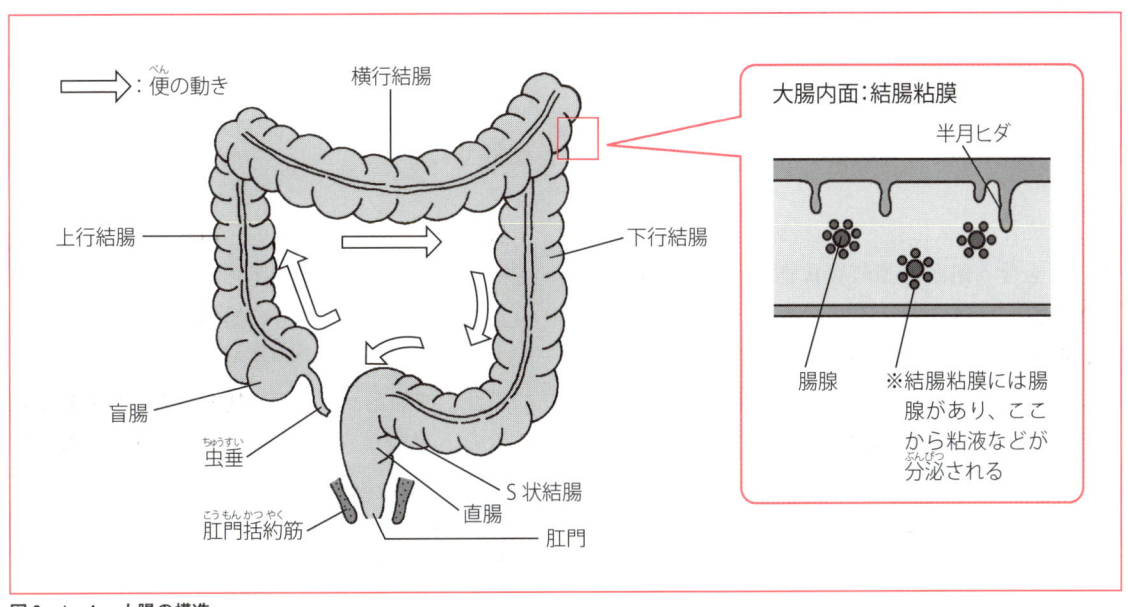

第1章　高齢者および障害児・者の「経管栄養」概論

図3-1-4　大腸の構造

2
消化器でよくある症状

●腹痛

腹痛は、胃や腸などの**管腔臓器の伸びやけいれん**によって生じる痛みや、腸同士をつないでいる膜（**腸間膜**）**に炎症・機械的刺激**が加わることによって生じる痛みなど多岐にわたる。高齢者は特に、実際の重症度より自覚症状や検査所見の異常が軽度なことがあり、注意を要する。
腹痛があるおもな疾病の例には胃潰瘍（gastric ulcer）、腸閉塞（intestinal obstruction）、急性腸炎

●1 蠕動運動
消化管に入った食物を徐々に移動させる動きをいう。消化管は、自分の意思では動かすことのできない平滑筋でできている。この動きは自律神経とホルモンによって調整されており、食物が入ると口側から肛門側へ向かって収縮し、これによって食物は移動する。

●2 管腔臓器
管状の臓器をいう。腹部の臓器は中身がしっかりつまった実質臓器と、胃腸のような管状の管腔臓器に分けられる。実質臓器には、肝臓、腎臓、膵臓、脾臓が、管腔臓器には、食道、胃、小腸、大腸がある。

149

(acute enteritis)、急性虫垂炎（acute appendicitis）などが挙げられる。

●嚥下困難・嚥下異和感

嚥下がスムーズに行えない状態を**嚥下困難**、嚥下にともなう閉塞感等の異常感覚を**嚥下異和感（異常感）**という。

高齢者はさまざまな要因によって嚥下困難となることが多く、その結果、食べ物や唾液が気管から肺に入り、誤嚥性の**肺炎**をくりかえしやすい。そのため口から食事をとることができなくなり、経管栄養（経鼻経管栄養、胃ろう、腸ろう）となるケースもある。

高齢者の嚥下困難をきたす要因には以下のものが挙げられる。
① **脳血管障害**（Cerbral Vascular Disorder；CVD）や**神経筋疾患**（neuromuscular disease）によって生じる**嚥下反射の遅れ**や、**咳反射の低下**
② **筋力低下**による咀嚼の障害や飲み込み力の不足
③ 認知症（dementia）などによる注意力、集中力の低下
④ 喉頭の解剖学的下降による、嚥下反射の際の喉頭挙上距離の延長（加齢にともなって喉仏の位置が下がるため、ごくっと飲み込む際に喉仏がもち上がりにくい）

嚥下異和感の原因は、食道疾患によるものが多い。食道がせまくなるような疾患としては、食道がん（esophageal cancer）、食道裂孔ヘルニア（hiatus hernia）などがある。また、食道の運動が障害される疾患としては、食道アカラシア（esophageal achalasia）などが挙げられる。

●胸やけ

胸やけは、胃酸が食道内へ**逆流**することによって生じる症状であると考えられている。一般に、食道と胃のつなぎ目部分の**括約筋**とよばれる筋肉により、胃の中のものが逆流しないようになっているが、加齢とともにこの**括約筋のはたらきが弱く**なり、胃酸が食道内に逆流する**逆流性食道炎**（reflux esophagitis）を起こしやすくなる。この際のおもな症状としては、胸やけ、げっぷ、喉の違和感、咳などがある。

●嘔吐

食道・口腔を通じて胃の内容物を吐き出すことを、**嘔吐**という。これは、脳幹の一部である延髄に存在する嘔吐中枢の刺激によってひきおこされる。特に高齢者では、嘔吐により**誤嚥性肺炎**（aspiration pneumonia）を起こし、重篤な状態となることがある。また頻回の嘔吐によって、胃腸液に含まれる水分や電解質が失われることもあり、注意を要する。

●便秘

食べ物は口から入り、食道、胃を通って小腸に運ばれ、栄養や水分が吸収され、大腸でさらに水分が吸収されて便となる。この腸管内での滞留時

間が延びるほど、水分は吸収されて硬い便になる。

高齢者では、飲食量の減少や腸の**蠕動運動の低下**のため、**便秘**を起こしやすくなり、75歳以上では4人に1人が便秘だといわれている。ただし、がんや炎症、腹腔内の腫瘤にともなって腸がせまくなることによって生じる便秘もあることを忘れてはいけない。

● 下痢

便秘とは反対に腸の**蠕動運動が亢進**した状態であり、消化された食べ物の腸管内での滞留時間が短くなると、十分に水分が吸収されず**下痢**となる。

下痢の原因としては、香辛料やカフェイン、アルコールなど、腸を刺激するような食べ物を摂取した場合の蠕動運動の亢進や、**不規則な生活習慣**や**精神的なストレス**による腸の機能低下にともなう水分の吸収力の低下などが挙げられる。

またウイルスや細菌などが入り込んだ場合、腸は細菌を早く排泄しようと分泌液を過剰に出し、この場合も下痢となる。高齢者や子どもの下痢は、**脱水**や**電解質の異常**をきたしやすいため、放置すると危険である。

3 経管栄養とは

私たち人間は、生きていくうえで、口から食べ物を摂取し、食べ物の中の栄養分や水分を体内にとりこみ、それをエネルギーに換えて活動している。しかし、なんらかの病気や障害によって、今までできていた「食べる」という行為ができなくなることがある。食べることができなくなると、必要な栄養がとれないため、やせて筋力が低下し、呼吸や排泄の機能低下をまねく。また**肺炎**や**床ずれ**（**褥瘡**〈decubitus〉）なども起こしやすくなる。そこで、口から栄養をとることができなくなった場合の栄養摂取方法のひとつとして、**経管栄養**を用いることがある（図3-1-5）。

● 経管栄養の種類

経管栄養には、おもに**経鼻経管栄養**、**胃ろう**、**腸ろう**の3つの種類がある。

経鼻経管栄養は、**短期間**での使用や**子ども**の場合に多い。長い専用のチューブを、鼻から食道を経て胃または腸まで挿入し、抜けないように固定して、栄養剤等をそこから直接注入する方法である。チューブの先を胃に留置する場合は**経鼻胃管**、腸に留置する場合は**経鼻腸管**という。

胃ろうは、経管栄養が**長期化**している場合に多く用いられている。腹部の外側から内側の胃まで貫通する孔（**ろう孔**）を造設し、専用の器材を挿入して留置する方法で、そこから栄養剤等を胃に直接注入する。

腸ろうは、胃にがんや変形などの問題があり胃ろうが造れない場合に用いられる。腸にろう孔を造設し、そこに器材を留置して栄養剤等を注入する。

分野3 経管栄養

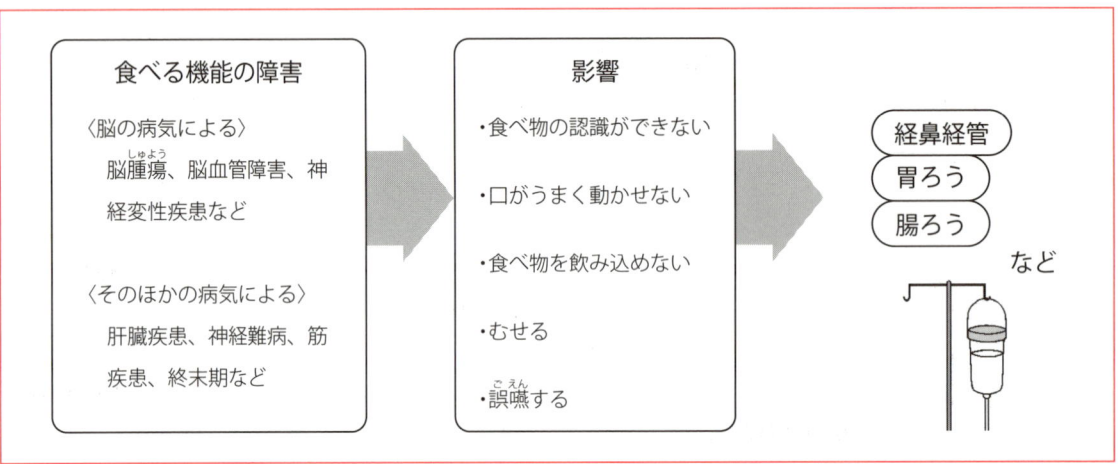

```
┌─────────────────────────────────────────────────────────────────────┐
│  ┌──────────────────┐     ┌──────────────────┐      ┌─────────┐    │
│  │  食べる機能の障害  │     │      影響         │      │ 経鼻経管 │    │
│  │                  │     │                  │      ├─────────┤    │
│  │ 〈脳の病気による〉 │ ──▶ │・食べ物の認識が    │ ──▶ │  胃ろう  │    │
│  │  脳腫瘍、脳血管障害、│    │  できない         │      ├─────────┤    │
│  │  神経変性疾患など  │     │                  │      │  腸ろう  │    │
│  │                  │     │・口がうまく動かせない│     └─────────┘    │
│  │                  │     │                  │         など       │
│  │ 〈そのほかの病気に │     │・食べ物を飲み込めない│                  │
│  │  よる〉           │     │                  │                    │
│  │  肝臓疾患、神経難病、│    │・むせる           │                    │
│  │  筋疾患、終末期など │    │・誤嚥する         │                    │
│  └──────────────────┘     └──────────────────┘                    │
└─────────────────────────────────────────────────────────────────────┘
```

図3-1-5 食べる機能の障害から経管栄養利用への流れ

● **経管栄養のおもな器材**

　人体に使用される経管栄養の器材には、**胃管**、**胃ろうチューブ**、**腸ろうチューブ**などがある。胃ろう（腸ろう）チューブには、**チューブ型バルーン**、**チューブ型バンパー**、**ボタン型バルーン**、**ボタン型バンパー**などの種類がある（図3-1-6）。

　バンパータイプは、器材で抜けないように固定しており、交換は**4～6か月ごと**に行う。バルーンタイプは、バルーンに蒸留水を注入して固定しており、交換は**1～2か月ごと**に行う。

● **経口摂取に向けたリハビリ**

　本来、人は口から栄養を補給してきた。食べることそのものに楽しみや満足を感じる人も多いだろう。食べる機能や生活のなかでの楽しみを取り戻すために、経管栄養を行っている場合でも、可能であれば、**経口摂取**に向けた**嚥下リハビリ**等を実施していくことが望ましい。

　特に、脳血管障害など、ゆっくりでも回復の可能性がある場合には、言語聴覚士や作業療法士たちによる嚥下訓練も含め、多職種が協働して支援していくことも重要である。

● **利用者の尊厳を考える**

　すべての人には、自分の幸福のために自分で最善のケアを選ぶという**基本的人権に基づく権利**がある。経管栄養を行うかどうか、胃ろうを造設するかどうか、経管栄養を続けるかどうかは、利用者本人や、本人の意思を知る家族などが選択すべきことであり、選択できるようなしくみが必要である。経管栄養を行うために、身体拘束をして、尊厳を損なったり苦痛を増したりすべきではない。

第1章 高齢者および障害児・者の「経管栄養」概論

経鼻経管（経鼻胃管）

胃管

喉頭蓋
舌
気管
胃
※胃に留置する
食道

胃ろう（腸ろう）

〈チューブ型〉→体外に長いチューブがついている。直接栄養剤や栄養点滴チューブに接続できる。

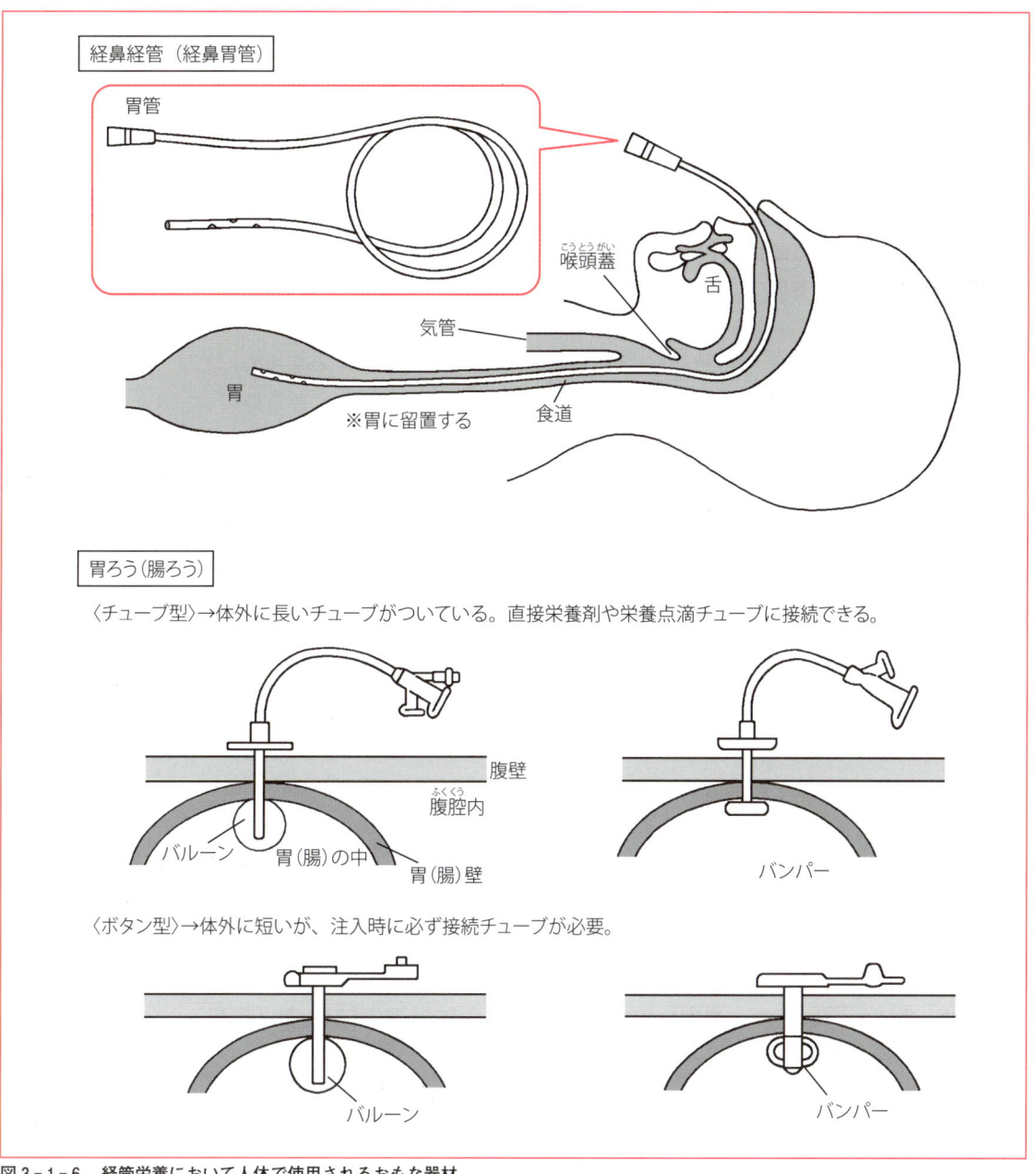

腹壁
腹腔内
バルーン　胃（腸）の中　胃（腸）壁
バンパー

〈ボタン型〉→体外に短いが、注入時に必ず接続チューブが必要。

バルーン
バンパー

図3-1-6　経管栄養において人体で使用されるおもな器材

153

4 注入物の種類と特徴

経管からの注入物は、**組成成分**の違いにより、**ミキサー食・天然濃厚流動食・半消化態栄養剤・消化態栄養剤・成分栄養剤**に分類される。**医薬品扱い**のものと**食品扱い**のものがある。

また、液体状の注入物（天然濃厚流動食、半消化態・消化態栄養剤）を、増粘剤など半固形化剤を使って半固形化させたものは「**半固形化（semi-solid）栄養剤**」（栄養剤・流動食の半固形化）とよぶ。

経管栄養の各注入物の用途や特徴については、表3-1-1にまとめた。詳しくは以下に述べていく。具体的な栄養剤等の例は図3-1-7に示す。また、以下本書では、ミキサー食・流動食・栄養剤を合わせて「栄養剤等」とする。

そのほか、経管栄養法を受ける利用者に対して補助的に、脱水予防のための補水液（清涼飲料）や、楽しみ、摂食嚥下リハビリのための嚥下食などが使用される場合がある（図3-1-8）。

●ミキサー食（食品）

ミキサー食は、一般の食事（**常食**）ややわらかくつくった食事（**軟食**）などをミキサーにかけ、さらに汁を加えるなどしてなめらかさを調整したものである。胃腸に刺激や負担が少なく消化がよいので、胃や腸などの消化器系の病気のときや手術後などに、常食に移行する前段階の食事として適用されることがある。また、老化や脳の病気などにより、咀嚼や嚥下機能が障害されている場合に、咀嚼や嚥下を容易にするためゲル状のミキサー食などが適用されることがある。

ミキサー食を経管栄養に使用する場合には、滴下する方法とカテーテルチップ型シリンジを用いる方法がある。ミキサー食を滴下する場合には、粒や粘稠性（粘りけの強さ）によってはチューブがつまりやすくなってしまうため、水分を加えてこし器でこしてから使用する場合もある。また、カテーテルチップ型シリンジを用いれば、多少粘りけが強くても注入が可能であり、**注入時間の短縮**ができる、**満腹感が得られやすい**、という利点がある。

また、ミキサー食は残渣物（残りかす）が含まれており普通の食事をかみくだいた状態に近いため、胃本来の生理的な消化吸収が得られやすいと考えられる。ただし、消化吸収機能が低下している場合には、液体流動食などの低残渣食（繊維成分を抑えた食品）の方がよい。

居宅でミキサー食を準備している場合には、ミキサー状になる前の**食事の形**や**香り**を確認することもでき、**QOL**（Quality of Life；**生活の質**）の向上につなげられる可能性がある。

●天然濃厚流動食（食品）

天然濃厚流動食は、自然の食品を粉砕し液状にして濃縮し、カロリー・各栄養素（ミネラルなど）を調整・配合したものである。天然濃厚流動

種類	ミキサー食	天然濃厚流動食（食品）	半消化態栄養剤／消化態栄養剤（食品・医薬品）	成分栄養剤（医薬品）	半固形化栄養剤	半固形化剤（増粘多糖剤・寒天）
内容・作用	天然食品を液状にしたもの	天然食品を液状にして濃縮したもの	天然食品を人工的に処理したもの	化学的製品。必要成分で構成されている	液体の流動食や栄養剤を半固形化（ゲル化・とろみづけ）したもの	液体の飲食物を半固形化するために使用するもの
用途・特徴	消化吸収の機能がある場合に使用 おもに居宅で使用される	消化吸収の機能がある場合に使用	消化吸収機能が低下している場合に使用	消化吸収機能がいちじるしく低下している場合に使用 手術後や消化器疾患の治療目的での胃ろう（腸ろう）時にも使用	胃内容物の逆流による誤嚥・肺炎予防	
利点	元の食材の形態や香りがわかる	医師の処方なしで購入可能 半消化態栄養剤に比べ安価	医療保険が適用される場合がある 低残渣 種類が多い	医療保険が適用される 消化を必要としない 細いチューブで注入が可能	注入時間が短い	元の食材の形態や香りがわかる
欠点	粘稠性が高いので太めのチューブが必要 消化吸収機能が低下している場合は適さない	消化吸収機能が低い場合は適用できない	腸管免疫や機能の低下をまねくことがある 味や香りがよくない		液体流動食よりも価格が高め 粘稠性が高いので、太めのチューブが必要	つくり方で、粘稠性に差がでる

表3-1-1 栄養剤等の種類、形状、作用

分野3　経管栄養

図3-1-7　栄養剤等の例

天然濃厚流動食（食品）　オクノス流動食品A／ホリカフーズ（株）

半消化態栄養剤（食品）　ジャネフ　リキッドダイエットK-4A、K-4S／キユーピー（株）

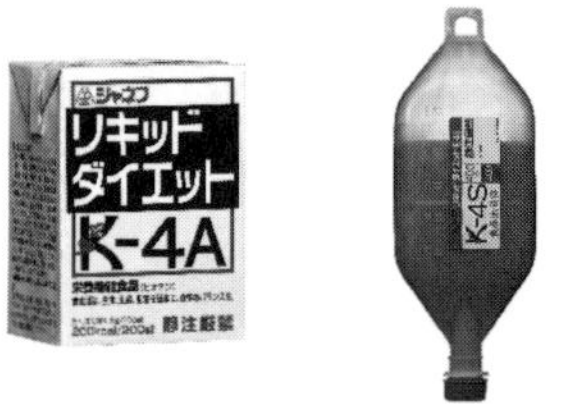

半消化態栄養剤（医薬品）　ラコール®NF配合経腸用液／（株）大塚製薬工場

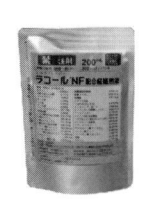

消化態栄養剤（医薬品）　ツインライン®NF配合経腸用液／（株）大塚製薬工場

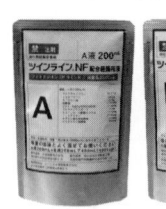

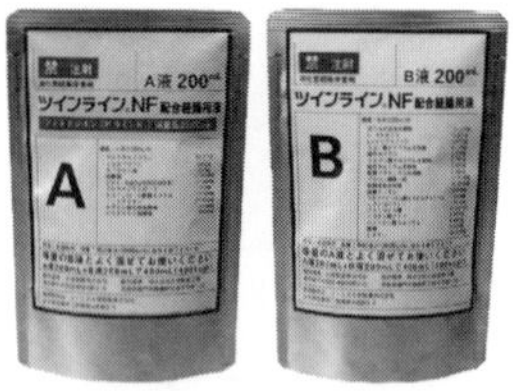

成分栄養剤（医薬品）　平成27年9月現在　エレンタール配合内用剤　ボトル／味の素製薬（株）

半固形化栄養剤（食品）　ハイネ®ゼリー／（株）大塚製薬工場

半固形化剤（食品）　ジャネフ　REF-P1（粘度調整食品）／キユーピー（株）

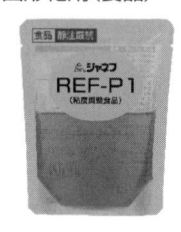

図3-1-8　補助的に使用する食品の例

清涼飲料　左；オーエスワン®、右；オーエスワン®ゼリー／（株）大塚製薬工場

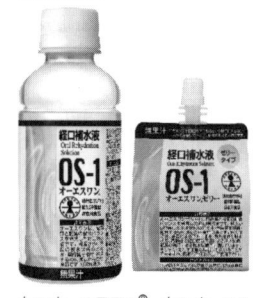

嚥下食　エンゲリード®　ゼリー／（株）大塚製薬工場

エネルギー補給　ジャネフ　ハイカロ160　みかんゼリー／キユーピー（株）

介護食　やさしい献立　鶏だんごの野菜煮込み／キユーピー（株）

食に含まれている成分は、自然な食事に近いものであるため、**十分な消化吸収機能**が必要となる。すべて**食品扱い**となり、ほかの流動食とくらべて**低価格で経済的**である。

●半消化態栄養剤（食品・医薬品）

半消化態栄養剤は、天然食品を**人工的に処理**してビタミン・ミネラルなどを加えたもので、高カロリー・高たんぱくの栄養剤である。含まれている栄養成分は、消化で行われる最終段階までは分解されていないため、利用するには**ある程度の消化機能が必要**である。

半消化態栄養剤には**医薬品と食品**があり、現在は100種類以上の種類があるため、利用者の状態に応じて**好みのものを選ぶことが可能**である。

●消化態栄養剤（食品・医薬品）

消化態栄養剤は、天然食品を人工的に処理し、**たんぱく質を分解**して低分子ペプチドにしたものである。栄養成分が**ほとんど消化された形**になっており、また食物繊維を含まず低残渣であるため、半消化態栄養剤より消化吸収が容易であり、**消化吸収機能が低下している利用者**に適している。粘稠性が高くないので、チューブをつまらせる心配は少ない。

●成分栄養剤（医薬品）

成分栄養剤は、天然食品を人工的に処理し、**たんぱく質を完全に分解**してアミノ酸にしたものである。脂肪の配合が少なく、糖質が多く含まれている。食物繊維がいっさい含まれず、残渣がないため、消化の必要がない。そのため、**いちじるしく消化吸収機能が低下している利用者**でもすみやかに吸収できる。粘稠性が低いので、**細めのチューブで滴下注入が可能**である。

●医薬品扱いと食品扱いの違い

医薬品扱いの栄養剤は、「薬事法」により医薬品製造承認を得ていることが製造の条件となっており、**成分**について一定の規格が定められている。

また、**薬の配合が可能**であり、糖尿病（Diabetes Mellitus；DM）、肝疾患、腎疾患、呼吸器疾患などに合わせた栄養剤がある。医薬品であるため、**医師の処方が必要**であり、任意での購入はできない。また、入院や外来診療で**医療保険が適用**され、**自己負担は1～3割**となる。

食品扱いの栄養剤は、「食品衛生法」により天然食品や食品添加物以外は使用できないが、個々の食事摂取基準などに対応して**随時成分の変更を行うことが可能**である。また、医師の**処方は必要なく**、メーカー、ドラッグストア、通信販売などで購入できるものもある。入院では**食事療養費**として一部自己負担になるが、介護保険施設や外来診療では食費として**全額自己負担**である。

●半固形化栄養剤（流動食および栄養剤の半固形化）

　流動食や液体の栄養剤と同様の成分をすでに半固形の状態に加工してある市販品をそのまま使用する場合と、流動食または液体の栄養剤や食事などに市販の半固形化剤を混ぜて使用する場合がある。市販の半固形化栄養剤は、流動食や液体の栄養剤よりも価格が高い。

　高齢者に多い食道裂孔ヘルニアや下部食道括約筋の筋低下などがある場合、胃酸や胃内容物が逆流しやすく、誤嚥して肺炎になりやすい。その際、半固形化によって栄養剤等の粘稠性を高めると、**逆流の予防に効果**がある。また、半固形化栄養剤は、液体の注入物に比べ**注入時間が短くすむ**という長所がある。注入のために同一姿勢をとる時間が長いほど、床ずれ（褥瘡）のリスクや介護職の負担も大きくなるが、半固形化栄養剤はその点の改善にも役立つ。下痢、高血糖、皮膚トラブルの予防効果も期待されている。しかし一方で、**便秘、脱水などのリスク**には注意する必要がある。

●半固形化剤

　半固形化剤は、**経管栄養を固形化**する目的以外にも、経口摂取の際の**誤嚥予防**を目的に通常の食事に用いられることもある。嚥下機能が低下している場合などに、特に粘稠性の低い食品を経口摂取すると誤嚥しやすいことから、むせやすい汁物などに使用される。

　半固形化剤には、**ゲル化**する寒天、ゼラチン、ペクチンや、**とろみ剤**として使用するでんぷん、増粘多糖類などがある。そのほか、消化管内で半固形化をうながす**半固形化剤**もある。

　半固形化させる場合、温度、時間、量などによって粘稠性が異なるため、使用する半固形化剤の特徴を十分把握したうえでつくる必要がある。

5 経管栄養実施における留意点

　経管栄養の実施においては、利用者の**QOL、意思の尊重、安全の確保、感染予防、緊急時の対応、協働・連携**に留意しなければならない。

●QOL

　経管栄養を受ける利用者は、病気や障害のため、やむをえず経管栄養で栄養をとっている。したがって、**食事**であるという視点を忘れずに、ケアを行わなくてはならない。

　食事という視点にたつと、落ち着いて食事をとるためには適切な**場所、雰囲気、苦痛のない姿勢、基本的欲求（ニーズ）の充足**が必要であることがわかる。また、空腹をおぼえて食欲がわき、消化機能がはたらくためには、**生活のメリハリ**（活動と休息のバランス）を整えることも必要である。そして、味わう楽しみ（経口摂取）が可能かどうか、継続的に観察していくことが重要である。

● **説明と同意**

経管栄養を行うかどうかについて、人は自分で決める自由や権利をもっている。経管栄養を受ける人やその家族に対しては、十分な説明が必要である（164頁「8　経管栄養に対する利用者・家族の気持ちの理解とその対応」参照）。

また経管栄養を開始するにあたっても、利用者の基本的人権、自由、権利を侵害することのないよう、経管栄養を始めるかどうかを必ず確認して、同意を得てから実施しなければならない。

● **安全の確保**

経管栄養が必要な人には、自分でからだを動かすことが困難な人も少なくない。そのため、手順・注入物の間違いや不快な身体状態があっても、自分で対応することが困難であることも多い。したがって、利用者に危険がおよばず、安全が守られるように努める意識は、ケアにたずさわる者にとって、必要不可欠なことである（166頁「9　経管栄養で起こりうる異変と実施における安全確認」参照）。

病気や障害の状況によっては、栄養剤等の変更が必要な場合がある。介護職が知り得たさまざまな情報を、医師や看護職と連携して共有することは、利用者の安全につながる。

● **感染予防**

経管栄養の多くは、他者の手によって実施される。実施者は責任をもって感染予防に努める必要がある（162頁「7　経管栄養にともなう感染とその予防」参照）。

経管栄養に関係する感染の原因としては、利用者の口腔内やろう孔の清潔ケアの不足、栄養剤等や使用器具の不衛生、チューブの管理不足（劣化やサイズの不具合など）、実施者の不衛生（手洗いの不徹底など）といったことがある。そのため、口腔やろう孔の清潔保持や、栄養剤等・使用器具の衛生管理、チューブ管理、実施者の清潔が重要となる。

● **緊急時の対応**

経管栄養では、利用者の体調不良、挿入チューブ類に関係するトラブル、注入物に関係するトラブル、感染などさまざまな緊急事態が起こりうる。利用者状態の確認、必要処置の把握と実施を適切に行い、ケアチームメンバー（医師、看護職、介護職など）間で連携をとることで、予防や早期対応が可能となる（171頁「10　異変・事故発生時の対応と事前対策」参照）。

6 子どもの経管栄養

子どもが生活する自宅、学校、施設などにおいて、医師や看護職が不在であっても生活を継続可

能にするために、介護職も医療面で連携し、経管栄養を行うことができるようになった。しかし、子どもは成長発達途上であるため、そのことに留意した対応や注意点がある。

ここでは、経管栄養に影響のある成長発達をふまえて、成長発達のいちじるしい0歳から18歳くらいまでを子どもとする。

● 経管栄養を必要とする子ども

子どもはその成長発達の過程において、食物を認識し手や道具で口から食物をとりこむという行動が発達するとともに、とりこんだ食物を口の中でかみ、まとめ、飲み込む機能（摂食・嚥下機能）を獲得していく。しかし脳性麻痺（cerebral palsy）、ダウン症候群（Down's syndrome）自閉症（autism）、口唇口蓋裂（cleft lip and palate）、先天性食道閉鎖症（esophageal atresia）、ヒルシュスプルング病（Hirschsprung's disease）などの先天性障害があると、食べるための心・行動・機能の発達が遅れることがある。また事故や腫瘍、神経筋疾患の症状の進行、拒食など、後天性障害によって食べるための機能が低下している場合もある。

● 子どもの経管栄養のおもな種類

子どもの経管栄養では、おもに経口経管、経鼻経管、胃ろう、腸ろうによる注入が行われている。

そのなかで経口経管や経鼻経管においては、挿入されるチューブの先端が留置される場所の違いによって、胃チューブ・十二指腸チューブ・空腸チューブなどの種類がある。それぞれのチューブが使用されるおもな状況は以下のとおりである。

・胃チューブ：早産、開胸手術のあと、気管挿管中、口唇口蓋裂
・十二指腸チューブ：胃食道逆流現象など
・空腸チューブ：食道閉鎖症の術後など

● 子どもに対する注入物の量

子どもに対する注入では、一日数回に分ける間欠注入の場合や、24時間継続注入の場合がある。間欠注入においては、1回量が少ないこともあり、計量カップやカテーテルチップ型シリンジなどを用いて指示量どおりに正しく準備する必要がある。そのとき、パックやチューブなどに栄養剤等が残ることがあるため、処理方法については事前に医師や看護職に確認しておく。

残った栄養剤等については、開封当日に使用する場合のみ、腐敗や異物の混入がないように封をし、冷蔵庫などに保管することもある。

● 子どもの経管栄養における、本人や家族の気持ちへの配慮

子どもの経管栄養において重要な配慮として、**栄養方法の将来展望**への配慮がある。子どもによって、症状の経過の関係で経管栄養が**一時的なものですむ場合**と、改善の見込みのない障害などのために**長期にわたる場合**があり、子どもや家族の経管栄養に対する思いはさまざまである。

介護職は、子どもが経管栄養を利用するに至っ

た病気や障害や、栄養方法についての今後の予測に関する情報を得ておき、利用者の背景に合わせた配慮をすることが必要である。

●子どもの経管栄養における本人への説明や態度

子どもは、言葉や説明を理解する力の未熟さや知的障害などにより、経管栄養の意味が理解できないことがある。子どもへの説明は、個々の発達段階や成長に合わせて、**わかる言葉**や**身ぶり**で本人に理解できるように行う必要がある。

子どもに対する態度としては、子どもの**将来を見据えて**「人権」「安全」「QOL」を満たしていくということが重要である。子どもの障害や発達に合わせた言葉かけ・音楽・おもちゃなどの工夫を行い、経管栄養による食事を苦痛ではなく楽しみな時間となるようにする。チューブの自己抜去などのリスクを避けるために、安易に抑制帯やミトン型手袋などで身体拘束を行うと、経管栄養が苦痛や恐怖の対象となる可能性がある。さらに、摂食のために必要なおしゃぶりなどの口腔スキル獲得の機会を損ない、成長発達を阻害するおそれもある。具体的にどのように接していくかは、事前にチームで検討しておくことが必要である。

●子どもの経管栄養におけるリスク

◆子どもの嘔吐

月齢の小さい子ども（乳児）の胃は、成人のように湾曲しておらず、まっすぐな形をしている。

また、障害のある子どもでは、胃の容量が小さく胃の運動も低下している場合があり、胃内容物の残留があって、咳や泣くなどの刺激でも逆流し**嘔吐する**ことがある。

そのため、子どもが**落ち着いた状態**で経管栄養を受けることができるように支援する必要がある。機嫌がよくなるような態度で接し、**遊びをとりいれる**などの工夫もあるとよい。

また、胃内容物の逆流の原因になる排便状況がないか確認し、便秘などの問題があるならば看護職への報告・連絡・相談が必要である。そして、経管栄養注入中の子どもの姿勢、注入速度、体動に気を配り、落ち着かないなどの問題がある場合には、抱きかかえるなどの対応も必要になる。

◆子どもの経管栄養のチューブトラブル

胃ろう（腸ろう）を造設している子どもは、身体の成長発達に合わせて胃ろうチューブなどの交換が必要である。サイズ更新に不備があると、ろう孔に不具合を生じやすい。したがって、腹膜炎（peritonitis）や皮膚炎（dermatitis）などを起こしていないか、腹部の状態・注入物のもれ・ろう孔周囲の皮膚の状態を特に確認する必要がある。そして、気づいたことは医師や看護職に報告し、大きなトラブルの回避につなげる。

また、子どもは大人にくらべて**新陳代謝が活発**で、身体中の水分量が多い。そのため、老廃物をためた状態で不潔にすると**皮膚に炎症**を起こしやすい。皮膚の清潔ケアや、チューブを固定しているテープ部分の皮膚、ろう孔周囲の皮膚にトラブルがないかなども、こまめに確認する必要がある。

ほかにも、子どもは経鼻経管や経口経管のチューブをじゃまに感じ、自らチューブを抜いてしまうことがよくある。そのような場合は、子どもが気にならないようにチューブや注入物を配置し、ほかのものに興味が向くように、はたらきかけを行う必要がある。経鼻（経口）経管のチューブの抜去は誤注入につながる可能性があるため、もし抜去しているのをみつけたらすみやかに医師や看護職、救急隊に報告・連絡・相談を行う。

　また、胃ろうチューブの抜去があった場合には、ろう孔がすぐに閉鎖してしまうおそれがあるため、事前に医師や看護職へ対応方法を確認しておく必要がある。

7 経管栄養にともなう感染とその予防

●経管栄養に関係する感染とその原因

　経管栄養の際に起こる感染の原因には、おもに**不衛生による感染**と、**感染予防の不備による感染**がある（図3-1-9）。具体例としては、次のものが挙げられる。
・唾液や口腔内貯留物の誤嚥による肺炎
・栄養剤等や使用器具類の不衛生による感染
・実施時の不衛生による感染
・実施者の体調や感染予防の不備による感染

・挿入中のチューブや固定具の不具合による炎症や感染

◆唾液や口腔内貯留物の誤嚥による肺炎

　経管栄養を利用する人は、嚥下機能や消化器に問題がある場合が多い。特に経鼻経管栄養では、チューブが鼻の気道を通って食道や胃へ至っているため、嚥下時に違和感がある。そのため、経管栄養時に、唾液や口腔内貯留物の**誤嚥**が起こり、肺に入り込んだ唾液や口腔内貯留物の細菌が原因で**肺炎**になるケースが多々ある。予防のためには、利用者の**口腔内の清潔を保つ**ことが重要である。

◆栄養剤等や使用器具の不衛生による感染

　栄養剤等は、材料の管理や保管方法などによっては**腐敗**する場合があるので注意が必要である。開封後は冷蔵庫に保管し、**製品ごとの使用基準を守って、早めに使用**する。手製のミキサー食を使用する場合には、鮮度に注意しなければならない。市販の栄養剤等を使用する場合には、使用期限が切れていないか確認し、期限の短い古いものから順に使用する。栄養剤等を購入して保管場所に置く際に、古いものが手前になるようにしておくとよい。

　使用器具の消毒・洗浄・乾燥は十分に行う。不十分だと、細菌（一般細菌、大腸菌、セラチア、レジオネラ、腸炎ビブリオ、枯草菌など）が繁殖しやすい状態になり、肺炎、腸炎（enteritis）、敗血症（sepsis）など死に至るような病気をひきおこすこともある。

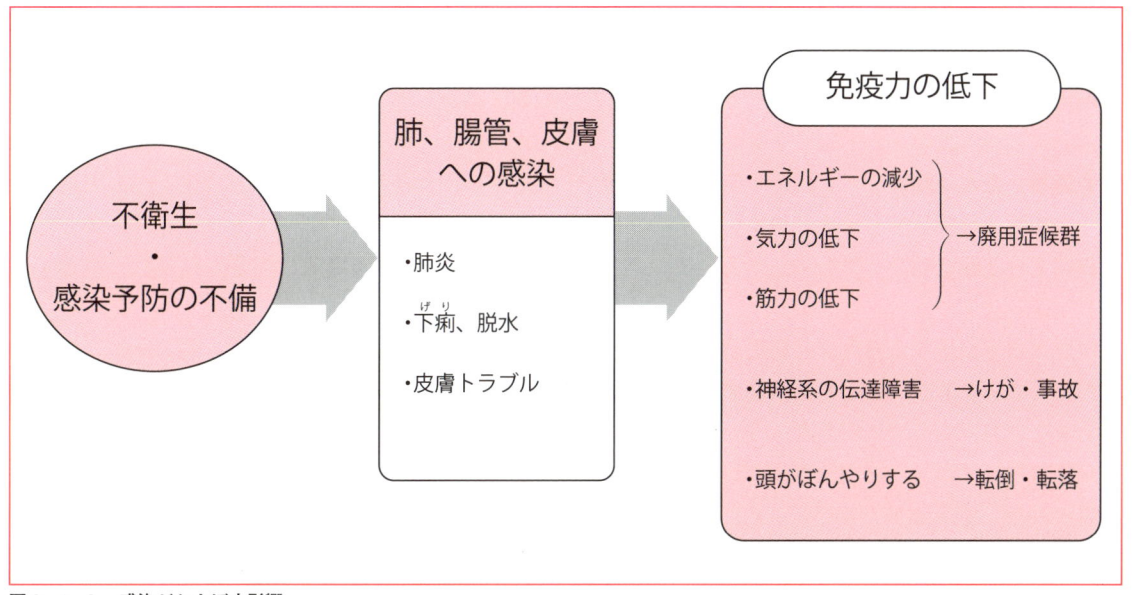

図3-1-9 感染がおよぼす影響

◆実施時の不衛生による感染

実施者の手指・身体・衣服などの不衛生があると、そこに付着した**菌やウイルスを伝播**してしまう危険性がある。特に**排泄ケアを行ったあと**は、感染力の強い菌やウイルスが付着している可能性が高い。実施者は経管栄養の準備段階から、手指・身体・衣服などを清潔にしておく必要がある。

◆実施者の体調や感染予防の不備による感染

実施者の体調が悪く、菌やウイルスに感染している場合も、利用者へその菌やウイルスを伝播してしまう可能性がある。普段から**体調管理**に気をつけるとともに、咳や鼻汁がある場合などの**感染予防対策**（マスクの装着など）を決めておく必要がある。

◆挿入中のチューブや固定具の不具合による炎症や感染

チューブが皮膚に接している部位（鼻腔、咽頭、ろう孔、テープ固定部など）では、炎症、びらん、潰瘍、壊死を起こすことがある。また、長期使用によりチューブは劣化し、皮膚損傷の原因ともなる。**チューブ接触部位の皮膚の異常**や、**チューブの劣化、交換期限切れ**など、よく見て確認する必要がある。

挿入中のチューブ内が腐敗しやすい状態であると、注入する際に前回注入した腐敗の進んだ貯留物が胃や腸に入ってしまい感染をひきおこす可能性がある。経管栄養の注入後に、白湯や薄めた酢でチューブ内を充填するなどの対策が必要である。

●経管栄養に関係する感染予防の方法

◆利用者の口腔ケア

　たとえ口から食事をしていなくても、口腔内には**老廃物**、**たん**、**唾液**などが貯留するため、不潔になりやすく細菌なども繁殖しやすい。そのため、**一日に2～3回**は口腔ケアを実施する必要がある（191頁参照）。

　口腔ケアを実施する際には、利用者の障害の程度に応じて、できないところを援助するようにする。また、誤嚥のリスクがあり、うがいができない利用者には、湿らせた口腔用スポンジやガーゼなどを使用して清潔ケアを行うなど工夫する。

◆身体・衣服の清潔、手洗い・消毒

　実施者はケアに入る前に、インフルエンザ（influenza）やノロウイルスなど感染性の病気にかかっていないか確認しておく。そして、経管栄養実施前後には必ず手洗い・手指消毒を行う（68頁参照）。

　感染状態にある利用者のケアに入る場合には、**ディスポーザブル**（使い捨て）の**マスク・エプロン・手袋**などを使用し、ケア終了後には廃棄して、接触部分がほかの利用者に接触しないようにする。

　また、感染していない利用者であっても、身体的な接触のあるケアを行った場合には、身体や衣服を汚物などで汚染しなかったかどうかを確認し、手洗い・手指消毒を行う。汚染があった場合には、身体の汚染部位を洗浄・消毒し、衣服の交換やディスポーザブルエプロンの使用などをして、汚染部位がほかの利用者に接触しないようにする。

◆経管栄養に使用する器具の衛生管理

　使用する器具で洗浄の可能なもの（膿盆、接続チューブ、カテーテルチップ型シリンジ、イルリガートル〈栄養ボトル〉など）は、簡単にすすいでから、食器用洗剤などの洗浄剤をつけて洗い、さらに流水で汚れや洗浄剤を洗い流す。そしてミルトン®などの**消毒液**に規定時間浸し、消毒する（191頁参照）。

8 経管栄養に対する利用者・家族の気持ちの理解とその対応

●利用者や家族の気持ち

　口から食べて味わう楽しみを失っていることの喪失感ははかりしれない。利用者に経管栄養への思いや考えを無理のない形でたずねておき、**気持ちをくみとりながら**対応していきたい。もし、本人とのコミュニケーションが困難な場合には、家族など周囲の人に、利用者が経管栄養についてこれまでどのように話していたかをたずねておくとよい。利用者が直接的に経管栄養について自分の考えを述べていなかった場合でも、経管栄養に関することをテレビのニュースなどで目にしたり、診察や面会などで見聞きしたりしたときに、反応を示していることもある。

　経管栄養の利用が検討されるときには、本人へ

の意思確認が困難なことも少なくない。家族によって決断がなされている場合もある。こういった場合、家族の多くは迷い悩んだ末に、回復してほしい、長生きしてほしいといった思いによって、経管栄養を選択していることが想像できる。そして、経管栄養による病状の回復や、在宅生活の継続を願いながら、負担の大きい介護を担っていることも多い。

家族の判断を不用意に批判するような発言は、家族を深く傷つけるおそれがある。一方で、ねぎらいの言葉かけが家族のかかえる不安や不満の表出と解消につながることもある。家族の立場にたって考え、接していくことが大切といえる。

●実施の説明と同意

利用者に経管栄養実施前の説明を行うときには、処置を行うという態度ではなく、**生活のなかの食事の時間**であるという雰囲気をつくる必要がある。これには、「食べる」という行為として心理的に認識してもらい、**生活の一部としての受容**を図るねらいがある。ただし、経口摂取ができると勘違いされないように注意する必要もある。

本人確認をしたうえで、食事を始めること、その方法と所要時間などを説明するが、利用者の年齢・病気・障害などに合わせて、理解できるような言葉で説明する。また、同様に家族にも説明を行う。そして、説明したこと、同意を得たこと、あるいは拒否の意が示されたなどの**反応まで、必ず記録**に残す（表3-1-2）。

拒否があった場合は、ただちに中止するのではなく、その理由を確認する。排泄物や衣服など、不快な状態があれば、それを改善してから再度確認をとる。また、気分を損ねて拒否することがあ

態度	言葉かけの例
利用者や家族と目線を合わせて、顔を見ながら開始の声かけをする ※上から見下ろして声をかけない ※言葉を話すことができない利用者にも説明は必ず行う	介護職「○○さん、そろそろ、昼食のお時間ですね」 介護職「今から、お食事の準備をしてもよいですか」
反応をみる（言葉だけでなく、態度なども観察する）利用者の意思表示を反復して確認する	利用者「いいですよ」 ↓ 介護職「『いいですよ』ですね。ありがとうございます。では、お食事の準備をしますね」
同意がない場合は、理由を確認する ※言葉かけをするだけでなく、体調や排泄状況などを確認する	「何か不都合なことがありますか」

表3-1-2　経管栄養実施のための説明例

る利用者の場合、あらかじめ説明方法を検討しておくとよい。

家族が説明に介入した方がよい場合もある。体調不良などの場合は、医師や看護職に報告・連絡・相談する。

9 経管栄養で起こりうる異変と実施における安全確認

経管栄養では、食べる物を選び食事をするまでの過程で医師や看護職、介護職など複数の専門職がかかわることになる。そのため、小さな間違いや行き違い、不注意が利用者の生命をおびやかすことにもなりかねない。常に**確認**、**観察**、事前の**ケア**をおこたらないことが重要となる。

●経管栄養で起こりうる異変

◆経管栄養の誤注入による異変

経管栄養の注入に関して想定される誤りには、以下のようなものが挙げられる。それぞれに、危険な事態となることがあり、注意を要する（表3-1-3）。

①チューブの誤挿入

経管栄養チューブが正しく挿入されていなければ、本来胃腸に入るはずの栄養剤等が、気管・胸腔や腹腔などに流れ込んでしまう。これは、命にかかわる重大な事故につながる。

②注入物の内容の間違い・不適正

利用者に胃腸障害や糖尿病がある場合、1回に摂取すべき栄養剤等の量やカロリーを誤ると、**血糖コントロール不良による異常**や、**嘔吐**をひきおこしてしまうことがある。特に血糖降下薬を使用している場合には、意識障害による不可逆性（元に戻せない）の脳障害や、そのときの転倒により骨折に至る場合もある。また、嘔吐やもれにより、摂取量が不足するため、脱水や栄養不良状態をひきおこしやすくなる。

③注入速度の調整不良

注入速度が適正速度より速すぎてしまうと、高カロリーの流動食が一気に胃へ流れ込んでしまうため、**嘔吐**や**消化不良**を起こしやすくなってしまう。

④経管栄養の誤接続

経管栄養を、ドレーン（排液管）や点滴静脈注射（経静脈投与）のラインに間違って接続すると、胸腔内、腹腔内、血管内などに流動食が流れ込み、生命に重大な危険をおよぼす。

⑤注入物の温度調整の不良

経管栄養では、注入物が直接、多量に胃腸に流れ込むので、その温度がからだに影響を与える。心臓疾患などのある利用者の場合、冷たい注入物が流れ込むと、体温や血圧を下げてしまう可能性がある。できるだけからだにおよぼす悪影響が少ないように、栄養剤等は**体温程度に温めて**使用することが望ましい。

誤りの内容	起因	発生	影響
チューブの誤挿入	経鼻経管の挿入チューブが抜けている（口腔内でとぐろを巻いている、チューブが抜けてきており規定の長さが挿入されていない、誤って気管に挿入されている など）	栄養剤等が気管に流れ込む	呼吸困難→全体状態の悪化
	胃ろうチューブが腹腔内に誤挿入されている	栄養剤等が腹腔内に流れ込む	腹膜炎→全身状態の悪化
注入物の間違い・不適正	半固形化栄養剤を液体流動食と間違えた	逆流・もれ	誤嚥・肺炎、脱水、低血糖、皮膚トラブル
	量が多すぎた	嘔気・嘔吐	誤嚥・肺炎、脱水
	量が少なかった	脱水、低栄養	床ずれ（褥瘡）
	カロリーが多かった	カロリー摂取過剰	肥満、脂質異常症、脂肪肝
	量が多かった（糖尿病の場合）	高血糖	高血糖による昏睡
	カロリーが少なかった（糖尿病の場合）	低血糖	低血糖による意識障害
注入速度の調節不良	注入速度が速すぎた	嘔気・嘔吐	誤嚥・肺炎
		高血糖	高血糖による昏睡
		消化不良	腹痛・下痢
		逆流、もれ	誤嚥・肺炎、脱水、低血糖、皮膚トラブル
	注入速度が遅すぎた	同一部位の圧迫の持続	床ずれ（褥瘡）
経管栄養の誤接続	気胸などの利用者の胸腔ドレーンに経管栄養を接続した	栄養剤等が胸腔内に流れ込む	呼吸困難・呼吸停止、全身状態の悪化
	手術後など利用者の腹腔ドレーンに経管栄養を接続した	栄養剤等が腹腔内に流れ込む	腹膜炎、全身状態の悪化
	点滴静脈注射のラインに経管栄養を接続した	栄養剤等が血管内に流れ込む	呼吸困難・呼吸停止、全身状態の悪化
注入物の温度調整の不良	注入物が冷たかった	冷たい栄養剤等が胃腸に流れ込む	消化不良・下痢、冷感、体温・血圧低下
	注入物が熱かった	熱い栄養剤等が胃腸に流れ込む	鼻腔・消化管炎症、熱傷

表3-1-3　経管栄養の誤注入によって生じる異変の例

誤りの内容	起因	発生	影響
注入中の姿勢の不良	胃が圧迫されている	嘔気・嘔吐	誤嚥・肺炎
	チューブやパックが利用者から気になる位置にある	チューブ抜去	胃ろうの閉鎖、誤嚥・肺炎
	チューブがひっぱられた状態になっている		
注入後の姿勢の不良	からだが徐々にずり落ちて、上半身が起きていない状態になっている	胃内容物の逆流	誤嚥・肺炎
	からだが徐々にずり落ちて、チューブがひっぱられた状態になっている	チューブ抜去	胃ろうの閉鎖、誤嚥・肺炎
	からだが徐々にずり落ちて、いすやベッドからからだごと落ちてしまう	転落	骨折、硬膜下血腫
		胃内容物の逆流	誤嚥・肺炎
		チューブ抜去	胃ろうの閉鎖

表3-1-4　経管栄養中・後の姿勢の不良によって生じる異変の例

◆**経管栄養注入中、注入後の姿勢不良**

自分でからだを動かすことができない利用者の場合、姿勢の調整が不適切であれば、胃を圧迫しやすく、**嘔吐をひきおこす原因**となってしまう。姿勢不良による異変には、表3-1-4に示すようなものがある。

◆**利用者の身体的・精神的不調による異変**
①身体的な基本的欲求の未充足による異変

衣食住の環境が調整されず、基本的なニーズがみたされていなければ、それをみたそうとするアクションが本人から起こる。利用者の認知機能に障害や未発達な部分がある場合など、事前に欲求の訴えがあるとは限らない。したがって、利用者の急な動きによって**チューブが抜去**されてしまう危険性がある。また、事前の排泄ケアの不足により、経管栄養注入中や注入直後に排泄ケアが必要になった場合には、体動による**嘔吐の危険性**が増すこともある。

そのほか身体的な基本的欲求の未充足によって生じる異変の例には表3-1-5に示すようなものがある。

②精神的興奮状態による異変

身体的な基本的欲求が充足されないことによるのと同様に、精神的に不安定であるときも、急な活動や**腹圧の亢進**がひきおこされることがある。そうすると、栄養剤等がもれたり、チューブが抜去されてしまう危険性がある。具体的な異変の例は表3-1-6に示すとおりである。

●**安全のための事前確認**

◆**計画書・指示書の確認**

経管栄養は、医師によるインフォームド・コン

誘因	起因	発生	影響
空腹、排泄欲求 汚物などによる皮膚の汚染 暑い、寒い、かゆい、痛いなどの不快感	体動	胃内容物の逆流	誤嚥・肺炎
		チューブ抜去	胃ろうの閉鎖
			誤嚥・肺炎
		転落	骨折、硬膜下血腫

表3-1-5　身体的な基本的欲求の未充足によって生じる異変の例

誘因	起因	発生	影響
不安 怒り 寂しさ	体動、腹圧亢進	胃内容物の逆流	誤嚥・肺炎
		チューブ抜去	胃ろうの閉鎖
			誤嚥・肺炎
		転落	骨折、硬膜下血腫
		もれ	皮膚トラブル

表3-1-6　精神的興奮状態によって生じる異変の例

セント（37頁参照）が行われたあと、利用者やその家族の承諾（**同意書**）を得てから、経管栄養についての**計画書**や**指示書**が作成される。したがって、計画書や指示書は事前に確認して、注入方法、注入内容物、注意点などを把握しておかなければならない（図3-1-10）。

また、利用者についての記録物から、**最近の健康状態**（嘔気・嘔吐、下痢、体温異常、意識状態など）を把握し、常に医師や看護職からの最新の指示を確認しておく。

指示書は、持ち運び可能な紙ファイルや電子データになっていると、実施時に内容物や注入方法を確認できる。そのときに、声出し確認、指さし確認、確認済みのサインを行うと、間違いが起こりにくい（180頁参照）。

◆**利用者の状態の確認**

経管栄養の実施前には必ず説明を行い、同意を得ることが基本である。そのときに、いつもと異なる様子がないか、意識状態は変化していないか、健康状態は安定しているか観察する必要がある。**「いつもの状態と異なること」に気づく**ためには、普段の状態を把握しておく必要がある。観察のポイントは表3-1-7のとおりである。

また、日常の生活の変化または病気や障害の状況によっては、基礎代謝の亢進や減退が起こることがある。そのときに、代謝率や消費カロリーを考慮した適切な栄養剤等を使用していなければ、

分野3　経管栄養

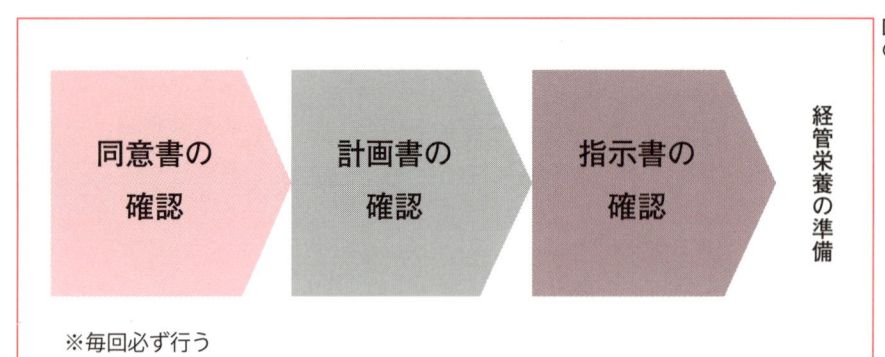

同意書の確認 → 計画書の確認 → 指示書の確認 → 経管栄養の準備

※毎回必ず行う

図3-1-10　計画書・指示書の確認

利用者の観察ポイント：「いつもの状態と異なること」がないかどうか	
意識状態	反応がよくない
体温	低すぎる（例：35℃以下）
	高い（例：38℃以上）
呼吸	速い、リズムが異常、努力呼吸、動脈血酸素飽和度（SpO₂）が低い（例：92％未満）
血圧	高い（例：収縮期血圧〈最高血圧〉180mmHg以上）
	低い（例：収縮期血圧〈最高血圧〉80mmHg以下）
消化器症状	嘔気・嘔吐、腹痛、腹部不快感、腹部のはり、便の異常（血便、黒色便、水様便など）
逆流、もれ	栄養剤等や胃内容物の逆流がある
	ろう孔部から栄養剤等のもれが多量にある

表3-1-7　利用者の状態の観察ポイント

脱水や肥満などのリスクが生じる可能性がある。したがって、介護職は日々のかかわりのなかで知り得た利用者の発言や外見などの情報は、医師や看護職に報告して適正な栄養剤等が選択されるよう連携を図る必要がある。

● 安全のための事前ケア

◆ 基本的欲求に関して必要なケア

経管栄養を行っている利用者は、口から食事がとれない状態であることが多いだけでなく、そのほかの**ADL**（Activities of Daily Living；**日常生活動作**）にも支援を必要としていることがある。自

分からしてほしいことや困っていることを伝えることができればよいが、できないことも多い。

そのような利用者には、経管栄養を実施する前に基本的欲求（呼吸・飲食・排泄・安全・睡眠・人間関係など）を介護職が察知して支援し、身体的および精神的安定を図る必要がある。

◆姿勢の調整

自分でからだのバランスをとったり動かしたりできない利用者には、**姿勢調整**が必要である。骨突出部が圧迫されたり、からだがずり落ちたりしないように工夫する（182頁参照）。また、長時間同一体位や同一部位の圧迫を予防することが必要である。

●注入後の安全確認

注入後は、内容物の逆流防止のため**安静**にしなくてはならない。利用者の状態や栄養剤等の形状によって異なるが、だいたい、注入終了後**30分～1時間**程度は、**上半身を挙上**（30度以上）して内容物が逆流しない姿勢が保てるように援助する。

また、経管栄養の注入前や最中だけでなく、注入終了後にも、もれ、嘔気、気分不良、意識レベルの変化、からだのずれなどが起きていないかを必ず確認する。何か異常に気づいた場合には、すみやかに医師や看護職に報告・連絡・相談する。

10 異変・事故発生時の対応と事前対策

●急な異変への対応

経管栄養実施時、まれに呼吸異常、意識低下、血圧低下・心停止など、生命の危機に直結した緊急を要する状態に陥ることがある。急変時は、ただちに**注入を中止**し、**救急隊や医師に連絡**をとり、指示にしたがう。

●事故時の対応

経管栄養において生命の危機に直結しない事故として想定されるものに、**チューブ類の抜去**や**胃ろう（腸ろう）チューブの破損**がある。抜去や破損に気づいたら、ただちに注入を中止し、**医師や看護職に連絡**をとり、状況を説明して指示にしたがう。

胃ろうや腸ろうの場合、チューブが抜けるとすぐにろう孔がふさがってしまう。そうなると再挿入が困難になるため、**あらかじめ医師や看護職と対処法を決めておき**、すばやく対応できるように必要物品や手順書などを準備しておく必要がある。対応の一例としては、尿道チューブを一時的に挿入しておき、胃ろうの閉鎖を予防するなどが挙げられる。

そのほかの起こりやすい問題とその対応例につ

いては表3-1-8に示す。

●異変・事故防止のための事前対策

◆実施前対策
①実施前のケア
注入中にたんの喀出や排泄があると、それによる体動が抜去の原因となるため、事前に、吸引や排泄の必要性を確認し、必要なケアを行っておく。

②状態の確認
普段の状態と異なる場合は、嘔吐などによる誤嚥や全身状態の悪化が生じる危険性も高くなる。また、チューブの抜去や劣化による誤嚥事故が起こるおそれもある。事前に必ず全身状態、ろう孔部、チューブの異常の有無を確認しておく。

◆ケアチームメンバーとの連携
事故は、いくつもの要因が重なり合って、すべての防止機能がはたらかなかったときに起きる。普段から当事者（利用者、家族など）やケアチームメンバー（医師、看護職、介護職など）との**相互連携**を図り、リスクを最小限にできる体制を整えておく必要がある。

①日ごろの報告
利用者の状態で普段と異なること、チューブの異常、チューブ固定部の皮膚やテープの状態、胃ろう部の皮膚トラブル・肉芽の状態・浸出液・出血・もれ・圧迫またはゆるみの有無などは日ごろから報告するように心がける。

②報告マニュアルの活用
急な場合、あわててしまい何をしてよいか混乱することもあるため、**報告マニュアル**等があるとよい。**緊急時の連絡順番**（救急隊、医師、看護職

NOTE

腸ろうが胃ろうよりゆっくり行われる理由

一般的に、胃ろうでは、間欠的注入法（一定時間おき栄養剤等を数回にわけて注入）をとることが多い。対して腸ろうでは、継続注入法（少量を継続して注入）か、間欠的でも胃ろうにくらべてゆっくり注入する方法をとる。これは胃が内容物を貯留したり、十二指腸へ排出したりする際の機能に関係する。

かゆ状になった胃の内容物は、小腸が消化吸収できる速度で少しずつ十二指腸へと送り出される。このとき、胃の出口（幽門部）で出ていく内容物の量を調整する。つまり胃ろうから注入した場合も、栄養剤等はいったん胃に貯留され、十二指腸へゆっくりと送り出される。

一方、腸は栄養剤等をためておくことができない。腸への注入速度が速すぎると、下痢をしたりダンピング症候群（小腸で急激に栄養分が吸収されることにより起こる一連の症状）を起こしたりしやすくなる。そのため、腸ろうは注入速度を遅くするなどの注意が必要なのである。

問題	原因（例）	対応
栄養剤等が滴下しない、注入できない、入りにくい	胃の内圧が高い チューブ内部がつまっている クレンメを閉じている チューブの屈曲 液体注入物の設置位置が低すぎる	胃を圧迫しない姿勢に調整 チューブ接続やチューブおよび栄養剤等の位置を正しくする 改善しない場合、医師や看護職に報告・連絡し、その後のケアは指示にしたがう（トラブルがあった場合のチューブの処置は基本的に看護職が行う）
胃ろう部から栄養剤等がもれる	チューブとろう孔のサイズが合っていない 幽門部（胃の出口）が狭窄している 消化管の機能低下などで胃の内圧が高い	胃を圧迫しない姿勢に調整 栄養剤等の注入スピードを遅くする 改善しない場合やもれが多い場合には医師や看護職に報告・連絡し、その後のケアは指示にしたがう（胃内部の減圧→胃内容物の開放など）
利用者が嘔吐した	便秘 感染 注入速度が速すぎた 栄養剤等が気管に流入した 咳などの咽頭刺激があった 消化管の機能の低下や障害	注入をただちに中止する 嘔吐物を誤嚥しないようにする（顔を横に向ける、口腔内に貯留する嘔吐物を出すなど） 緊急時の場合、救急隊・医師に報告・連絡し、指示にしたがう 嘔吐以外の異常がなく緊急事態ではない場合、医師や看護職に報告・連絡し、その後のケアは指示にしたがう
注入後、利用者が下痢をした	感染 注入速度が速すぎた 注入物の種類が利用者に合っていない 注入物が冷たい 胃管が深く入りすぎている	状況を医師や看護職に報告・連絡する。注入時の注意点、栄養剤等の種類、感染防止対策などについて検討し、対策の担当部分を実施する
出血がみられる ・ろう孔周囲、鼻腔 ・チューブ内部	胃ろう（腸ろう）挿入部の不良肉芽 消化管出血	注入を中止する 多量の出血など緊急時は、救急隊・医師に報告・連絡し、指示にしたがう 出血が少量であり緊急事態ではない場合、医師や看護職に報告・連絡し、その後のケアは指示にしたがう

表3-1-8 経管栄養で起こりやすい問題とその対応例

順	報告・連絡内容	行動の例
1	電話をかける	119（救急）または担当所轄の救急隊へ連絡
2	どこの誰か（氏名・職種）を名乗る	「○○に訪問介護に来ている介護職の△△です」
3	何が起きたか	「利用者○○さんに経管栄養を実施し始めたら、急に顔色が悪くなり、嘔気が生じています。普段から発語がないので、訴えはわかりませんが、苦しそうにしています」
4	今どうしているか	「嘔吐はありませんが、経管栄養はすぐに中止しました。顔を横向きにして嘔吐物があっても誤嚥しない姿勢をとっています」
5	何を依頼したいか	「普段とは様子が異なるので、救急車をお願いします」 ※緊急時の搬送先となる病院は、事前に家族などに確認し、記録紙などに記載し周知しておく
6	対応方法をきく	救急隊が到着するまでの間の対応方法について指示にしたがい実施する
7	ケアチームメンバーへの連絡	緊急の対応が落ち着いたら、施設などに状況説明を行う。家族への連絡や、ほかの利用者のケア予定などを施設長などに調整してもらう
8	搬送の付き添い	家族が不在または搬送に同行できない事情がある場合、搬送に付き添い、搬送先の病院の医師・看護職に状況説明が必要な場合がある。搬送後の自分の所在について（病院待機、帰所など）、ケアチームメンバーへ確認をとっておく ※延命処置については、事前に利用者・家族に確認して、記録紙などに記載し、周知しておく ※救急車に同乗する場合、利用者の氏名・年齢、同乗者の職種（所属や責任者名なども）・年齢などをきかれる
9	家族への説明	家族の不在時で、あとから病院で合流した場合などに、あらためて経管栄養によって何が起こったのか状況説明を行う。また、現状や今後のことなどについて関係機関から連絡が入ることを伝える
10	ケアチームメンバーへの報告・記録	利用者の様子・起きたこと、対応方法、その後の利用者の所在、家族への対応と反応などについて、報告・記録し、情報を共有できるようにする
11	再発防止策の検討	必要な場合、事故予防対策委員や会議により、再発防止策を検討・実施する。ヒヤリハット・アクシデント報告書やインシデントレポート（事故報告書）へ記入し、再発防止につなげる

表3-1-9 救急隊への報告・連絡ガイドライン例

第1章 高齢者および障害児・者の「経管栄養」概論

POINT 要点確認

1. 消化器系のしくみとはたらき、よくある病態を理解する。
2. 経管栄養で使用する栄養剤等や利用者に応じた器具の種類と特徴についての知識をもつ。
3. 経管栄養実施に関する感染と予防について理解する。
4. 経管栄養を受ける利用者と家族の気持ちについて理解する。
5. 経管栄養で起こりうる異変や事前の安全対策について知る。

の順など）や**報告内容のガイドライン**等が含まれていると、活用しやすい。

表3-1-9は救急隊への報告・連絡ガイドラインの一例である（医師・看護職への報告・連絡ガイドラインは195頁参照）。

分野3　経管栄養

第2章
高齢者および障害児・者の「経管栄養」実施手順

❋

本章では、経管栄養を実施にするにあたっての具体的な手順の流れを知り、経管栄養の技術を学ぶ。経管栄養の実施に必要なケアや記録方法など、利用者にとって安全で苦痛の少ない経管栄養を行うための方法や工夫を理解する。

1 経管栄養に必要な物品

経管栄養で用いる器具・器材には、おもに栄養剤等と利用者をつなぐ**チューブ類**と、**栄養剤等を入れるもの**（容器）があり、そのほかに、準備や片づけのための物品がある。経管栄養に必要な器具・器材の一例を、図3-2-1に示す。

経管栄養では、胃や腸に直接、栄養剤等が入っていく。そのため、衛生管理が悪いと感染などをひきおこしやすい。経管栄養で用いる物品は、清潔を保ち正しく使用する必要がある。

栄養剤等と利用者をつなぐチューブ類

栄養点滴チューブ
・栄養剤等（イルリガートル〈栄養ボトル〉）と利用者側のチューブ（チューブ型の胃ろうチューブ、ボタン型の接続チューブ）をつなぐもの

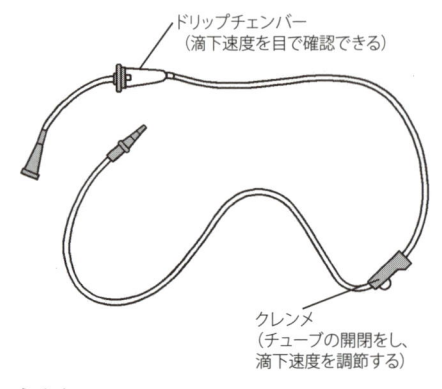

ドリップチェンバー
（滴下速度を目で確認できる）

クレンメ
（チューブの開閉をし、滴下速度を調節する）

接続チューブ
・ボタン型胃ろうで必要。チューブ型胃ろうのチューブ部分に相当する。胃ろう（腸ろう）の種類やサイズで形が異なるため、必ず専用のものを使用する

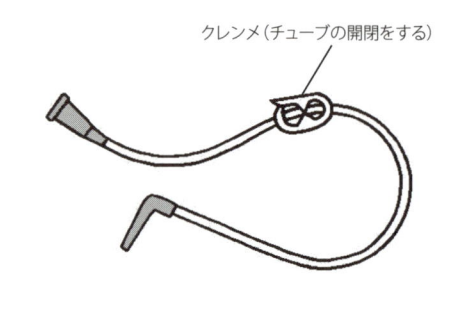

クレンメ（チューブの開閉をする）

コネクター
・栄養剤等のパッケージ形態によっては、チューブとの接続に付属の専用のコネクターを必要とする

第2章 高齢者および障害児・者の「経管栄養」実施手順

栄養剤等を入れるもの

イルリガートル（栄養ボトル）
・液体の注入物を入れる。つるして使用。栄養剤等のパッケージ形態によってはパッケージのままつるしてチューブと接続できるものもある

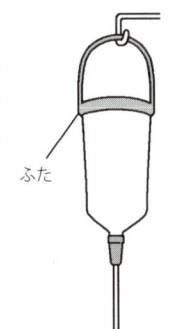

カテーテルチップ型シリンジ
・各チューブとの接続が可能な経管栄養用のシリンジ（注射器）。半固形化栄養剤や白湯を注入する場合に使用する

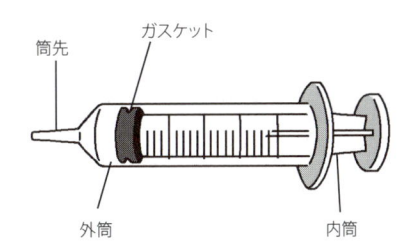

準備・片づけに必要なもの

スタンド類
・イルリガートル（栄養ボトル）などをつるす。居宅の場合はS字フックをかもいにかけるなどしてもよい

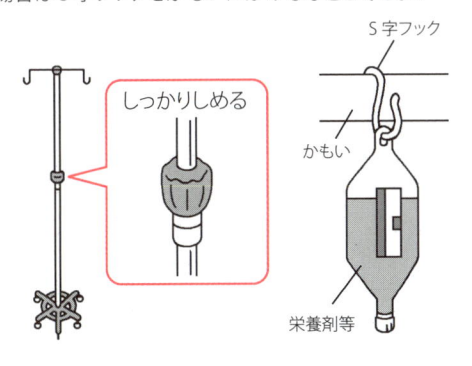

計量カップ
・白湯や栄養剤等を量る

膿盆（ベースン）
・チューブ内充填の際に、チューブの先から栄養剤等がこぼれて周囲を汚さないように置いておく

はさみ
・栄養剤等の開封専用とする。感染源とならないように栄養剤等が付着したら洗剤で洗い乾かす

器具の洗浄用品
・洗剤、スポンジ、消毒液、浸漬用のバケツ等。消毒液はメーカーの指定する使用目的濃度を守る

※そのほか、半固形化栄養剤の注入で、手の力だけでは難しい場合は加圧式注入補助具を用いることがある

図3-2-1　経管栄養で用いる器具・器材の例（しくみと用途）

2 経管栄養の手順と留意点

ここでは、経管栄養の手順と留意点を、順を追って説明する。

● **指示書と同意書の確認**

介護職が経管栄養の注入を行うには、医師による利用者へのインフォームド・コンセント（説明と同意）と、医師の指示が必要である。したがって、経管栄養の実施にあたっては、必ず、介護職が行うことへの**同意書**と、**医師による指示書**があることを確認しなければならない。

● **当日の利用者状態の観察・確認**

経管栄養が実施可能かどうかは、医師または看護職によって、胃ろう（腸ろう）の状態に問題がないこと、または経鼻胃管が正確に胃の中に挿入されていること（注入前）の確認が行われたうえで判断される。

介護職は、意識の状態、苦痛などの訴え、体温、脈拍、血圧、呼吸状態、排泄状況（尿・便）、腹部の状態、経管栄養のチューブの状態、チューブ挿入部や皮膚の性状などを観察・確認する。

痛みやかゆみなどがあると、チューブ抜去につながる危険性があり、また事前の医療処置やケアが必要な場合も考えられる。それ以外にも何か異常や変化がみとめられる場合には、医師や看護職に**報告・連絡・相談**を行い、指示にしたがう。

● **経管栄養の実施手順と留意点**

◆ **手順1　医師の指示内容の確認**

準備の最初には、使用する栄養剤等と指示書との**確認照合**を必ず行う。その照合内容は、**利用者氏名、注入物の種類、注入量、注入開始時刻、注入時間、利用者個別の留意点**などである（図3-2-2）。

チェックの際は、事故予防のために指示書と照らし合わせながら**声出し・指さし確認**をし、チェック済みのサインを残すことが望ましい。また、ほかの介護職などと協働し、複数人でチェックするとなおよい（図3-2-3）。

利用者によっては、口からの食事と併用して経管栄養を行っている。その場合は口からの食事の時間・量に合わせて経管栄養の注入時間や量が決まっているので注意が必要である。

栄養剤等を準備するときには、栄養剤等の変色（腐敗）・袋の破損や、有効期限切れなどがないかについてもチェックする。

◆ **手順2　手洗いと必要物品の用意**

①手洗い

物品を清潔に保つため、準備をする前に必ず**手洗い・手指消毒**を行う（68頁参照）。

②必要物品の用意

利用者専用の必要物品を準備する（図3-2-4）。必要なものがすべてそろっているか、劣化

第2章　高齢者および障害児・者の「経管栄養」実施手順

```
社会福祉法人○○○会
特別養護老人ホーム○○○○
                          経管栄養指示書

       （利用者ID番号：＿＿＿＿＿＿＿＿＿＿＿＿）
       利用者氏名：＿○○○　○○　様＿　　性別：＿○性＿　　年齢：＿○○＿歳



  1．　指示事項
       ☑経鼻経管栄養
       □胃ろうによる経管栄養
       □腸ろうによる経管栄養

  2．　指示内容                                          1回につきK-4S 400mL
       回数：　☑ 1日3回；朝・昼・夕                      を、1日3回（朝・昼・夕）
              □ 1日2回；朝・夕                          行う
              □ 1日1回；朝
              □ 1日1回；夕
       内容：　K-4S 400mL×3回／1日

  3．　注意事項
       温度：常温
       速度：300mL／時；1分間につき75滴で調整；1回80分
       姿勢：リクライニング車いすまたはベッド上で、30〜45度の角度
       その他：注入後1時間は30度の角度とするが、床ずれ予防のため20分ごとに除圧
              （プッシュアップ；圧迫部分を2人で持ち上げる）を行う
       感染症：なし                                     注意事項の内容は、実施計画書
                                                        （別様式）の注意事項・留意点の
  4．　その他                                            内容と重複していることもある

                                              平成○年○月○日
                                         指示者：医師○○　○○　㊞
                                 指示期間：平成○年○月○日〜平成○年○月○日
```

図3-2-2　経管栄養指示書の例

179

分野3　経管栄養

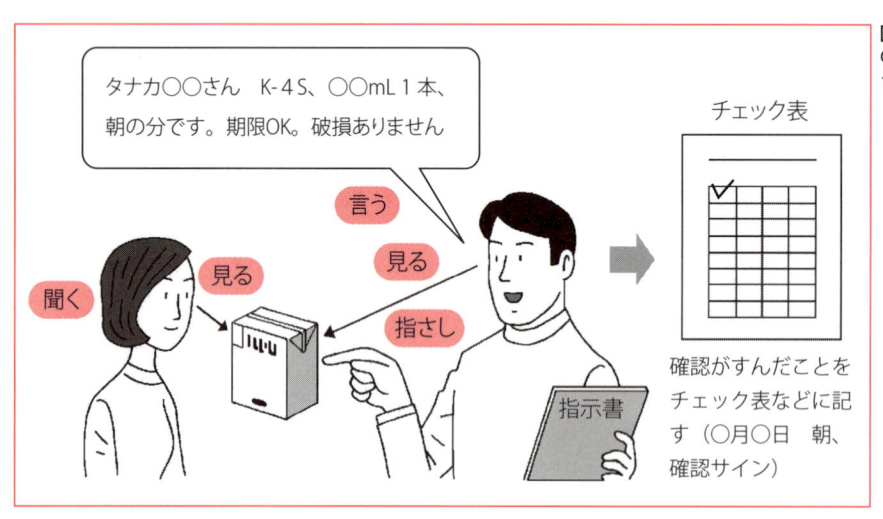

図3-2-3　経管栄養準備時の複数人による確認・チェック

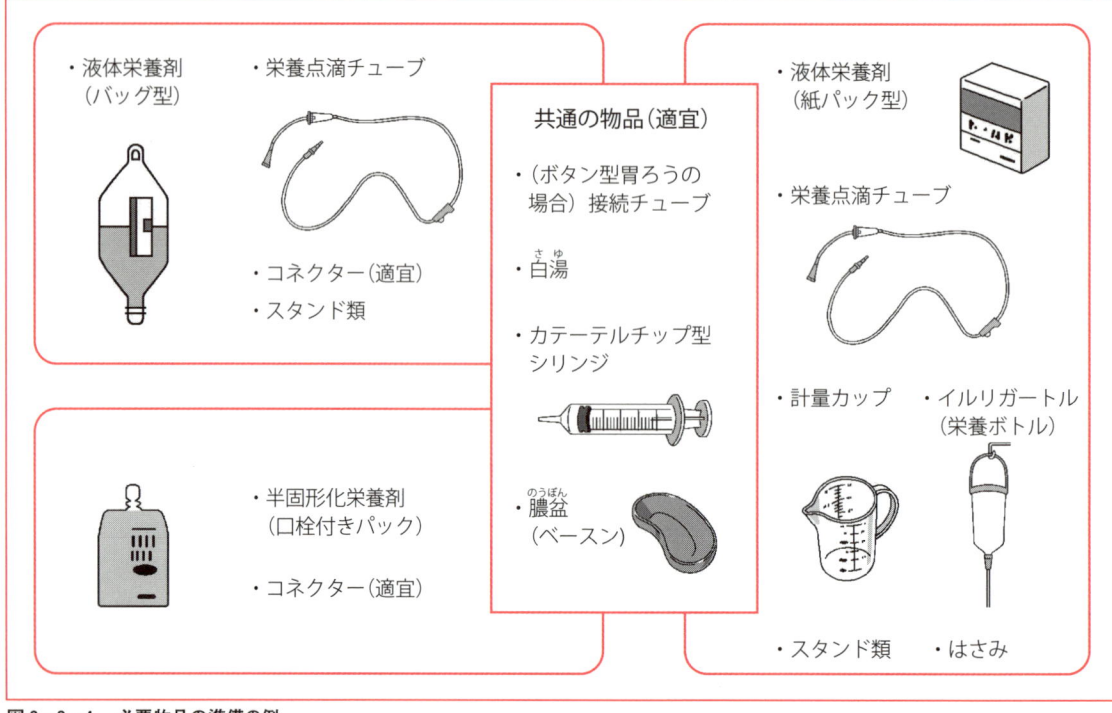

図3-2-4　必要物品の準備の例

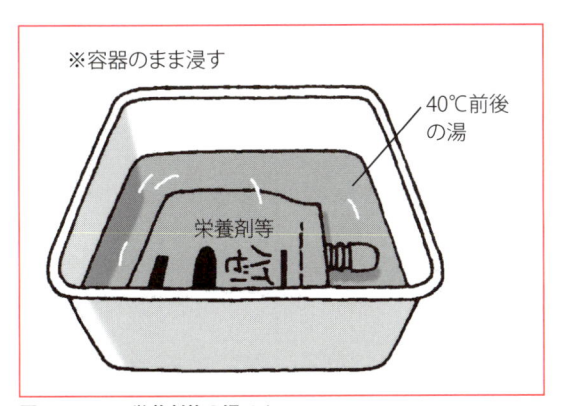

図3-2-5　栄養剤等の湯せん

や汚染などがないか、よく確認しておく。

　栄養剤等は、一般的に**常温から体温**程度で使用する。必要な場合は、容器のまま湯につけるなどして（湯せん）温める（図3-2-5）。

　直接の加熱は成分や性状が変化するため行わない。体温と注入する栄養剤等の温度差が大きいと、からだに影響をおよぼす可能性がある（166頁参照）。

◆手順3　利用者への説明
　利用者やその家族に経管栄養についての説明を行い、同意を得ておく（165頁参照）。説明を行ったこと、そして、同意の有無は必ず**記録**に残す。

◆手順4　利用者の準備
　排泄ケアなどは事前にすませておく。そして、注入中に苦痛や不快感が生じないよう、清潔ケア、衣服・気温・リネン調整などを行い、**利用者個人に応じた環境や姿勢**を整える。

　特に、自分でからだを動かすことができない利用者の場合は、経管栄養のチューブのひっぱり、胃の圧迫、栄養剤等の逆流、同一部位の圧迫などを予防する姿勢にする。

　また、経管栄養を行う場所は、必ずしもベッド上である必要はまったくなく、利用者の状態によって可能であれば、「**寝食の場所を別にする**」「**ベッドから離れていすなどに座る**」などでもよい（図3-2-6）。

　食事時間に生活の刺激があることは廃用症候群（disuse syndrome）の予防や心身の回復につながるため、むしろ積極的にすすめたいことである。

　施設等の場合で、利用者の希望がある場合はプライバシー保護のためにカーテン等を使用してもよいが、チューブ抜去などの異変が起こった場合に介護職がすぐに気づけるよう、本人の許可を得て一部開放するなど**注入中の観察が可能な状態**にしておく。

◆手順5　栄養剤等の準備と再確認
①**注入前の手洗い**
　経管栄養の物品の準備や事前ケアまでの間にも、さまざまなものに触れている。それが感染源となる可能性もあるため、注入の実施直前には、あらためて**手洗い・手指消毒**を行う（68頁参照）。
②**指示内容の再確認と観察**
　医師の指示書より、利用者氏名（問いかけへの本人の返答・ネームプレート・リストバンドなどで確認）、栄養剤等の種類・量、回数、時間、注意事項等の**再確認**を行う。また、栄養剤等の温度、必要なチューブ類の確認をし、チューブに異常がないかなども確認する（図3-2-7）。

図3-2-6　経管栄養時の姿勢・環境

ベッド、リクライニング車いす
傾き30〜45度
クッション（からだのずり落ち防止）
フットボード・フットレスト

リビングのソファで
※食事の時間に生活の刺激が感じられるように

　経鼻経管栄養の場合は、看護職がカテーテルチップ型シリンジで胃の内容物を吸引し、胃管の先が正しく胃の中に留置されているかどうかの確認を行う。胃の内容物が吸引できなかった場合は空気を注入し胃の音も確認する。この確認は、介護職は行えない。

③栄養剤等の設置、接続
　液体の注入物の場合、準備した栄養剤等や白湯などを、スタンドやS字フックなどにかける。
　缶や紙パック入りの栄養剤等はイリガートル（栄養ボトル）に移す必要があるので、指示されている量を計量カップなどで正しく量り、イリガートルに入れたあとは**ふた等を閉め**、落下物が混入することを防ぐ。
　栄養剤等の入っている容器とチューブ類を接続する。注入物の形状と経管栄養の種類でチューブの接続箇所が異なってくる（図3-2-8）。
　①液体注入物：栄養剤等の容器（イリガートルなど）に栄養点滴チューブを接続する。ボタン型胃ろう（腸ろう）の場合は、栄養点滴

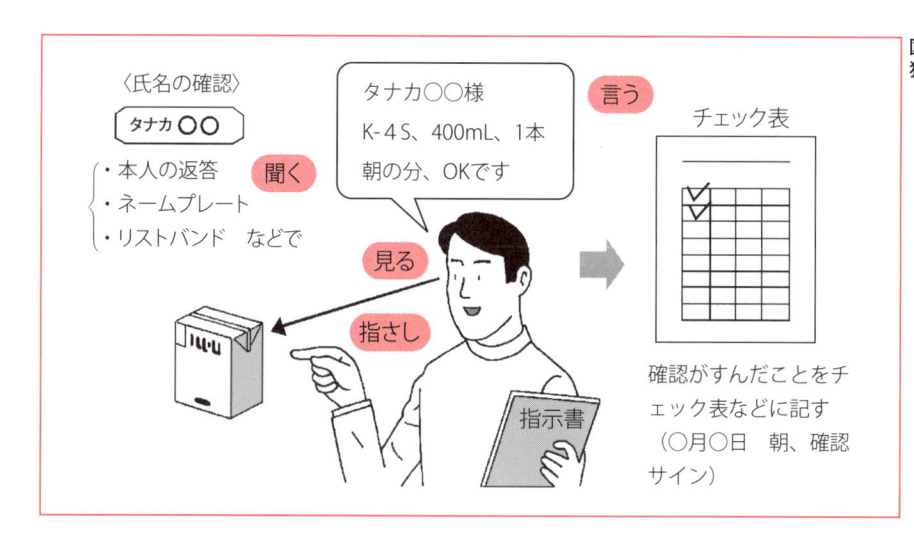

図3-2-7 直前の実施者単独による確認・チェック方法（指示書の再確認）

チューブの先をさらに接続チューブとつなげる
②半固形化栄養剤等：ボタン型胃ろう（腸ろう）の場合は、栄養剤等の容器（口栓付き栄養剤パック、カテーテルチップ型シリンジなど）と接続チューブをつなぐ。チューブ型胃ろう（腸ろう）の場合は、直接栄養剤等を接続するので、ほかのチューブ類は必要ない

またこのとき、栄養剤等がこぼれないよう、チューブ類のクレンメは必ずすべて閉じておく。

◆**手順6　栄養剤等のチューブ内充填**

栄養剤等とチューブ類をしっかりつないだことが確認できたら、次に、つなげたチューブ類の**先端まで栄養剤等で満たす**必要がある。これは、空気が胃に入って腹部の膨満や嘔気（吐き気）の原因になることを防ぐためである。

満たす際には、チューブの先端から栄養剤等が垂れてもよいように、膿盆の上などで行い周囲を汚染しないようにする。

チューブ型胃ろうや、接続チューブは、接続口が複数あるものもあるため、そこから栄養剤等が流出してしまわないように、使用しない接続口のふたはしっかりと閉じておく（図3-2-9）。

閉じ方や接続がゆるいと、注入中に接続口から流出してしまう可能性がある。

・液体注入物の場合
  図3-2-10に示す手順のとおり、クレンメを開けてチューブ内を満たす。
・半固形化栄養剤等の場合
  図3-2-11に示す手順のとおり、栄養剤等のパックを圧迫して、またはカテーテルチップ型シリンジを押してチューブ内を満たす。

なお、場合によっては、必要物品の準備をする際にチューブ内充填までを行っておいてもよい。

分野3　経管栄養

	ボタン型胃ろう（腸ろう）	チューブ型胃ろう（腸ろう）
液体注入物の場合	イルリガートル（栄養ボトル）など／＊接続／クレンメ／接続チューブ／接続／利用者／ドリップチェンバー／クレンメ	イルリガートル（栄養ボトル）など／＊接続／ドリップチェンバー／クレンメ／利用者　※経鼻経管もこれと同様
半固形化栄養剤等の場合	口栓付き栄養剤パック、カテーテルチップ型シリンジなど／接続／クレンメ／接続チューブ／＊接続／利用者	口栓付き栄養剤パック、カテーテルチップ型シリンジなど／＊接続／利用者

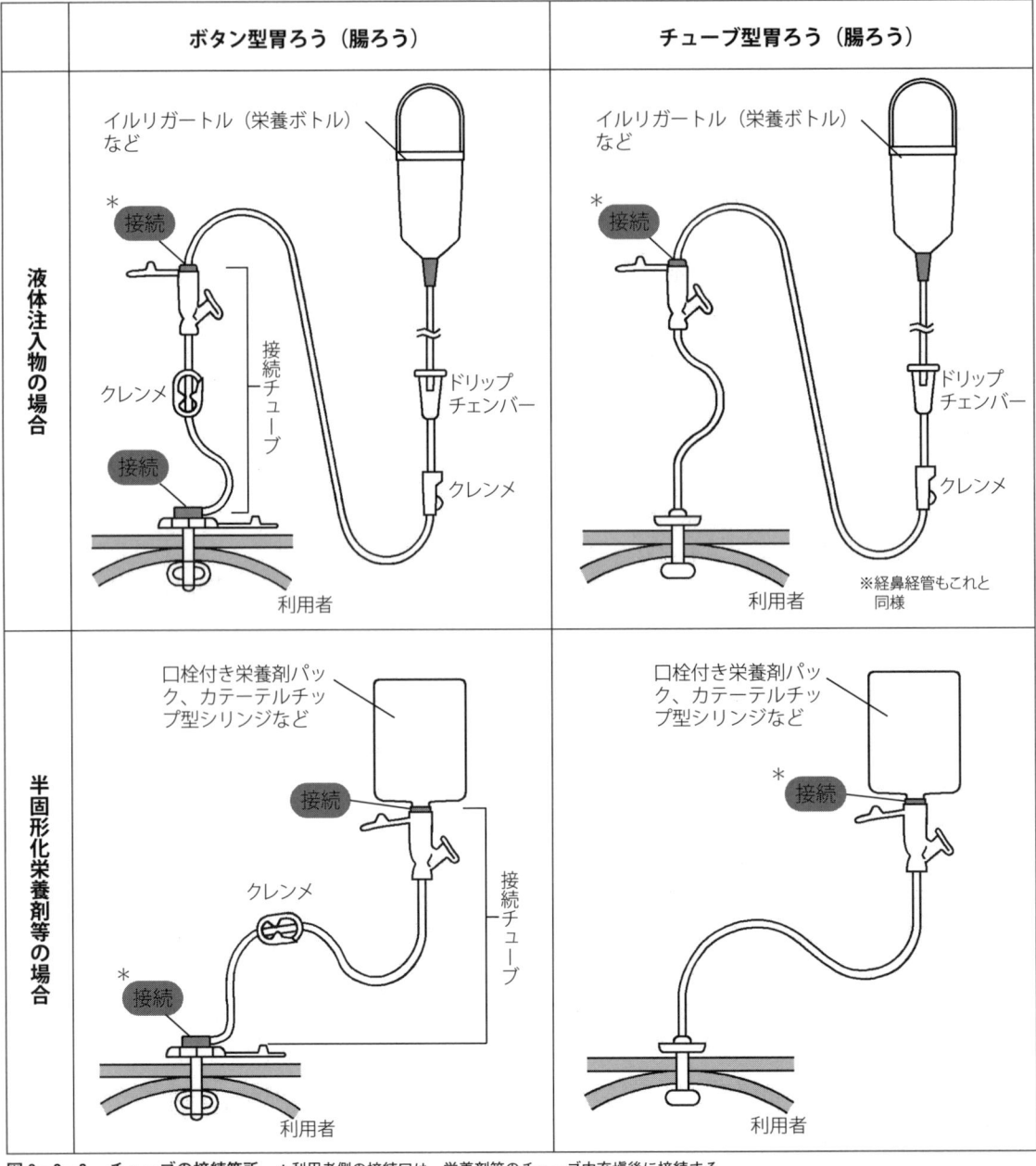

図3-2-8　チューブの接続箇所　＊利用者側の接続口は、栄養剤等のチューブ内充填後に接続する

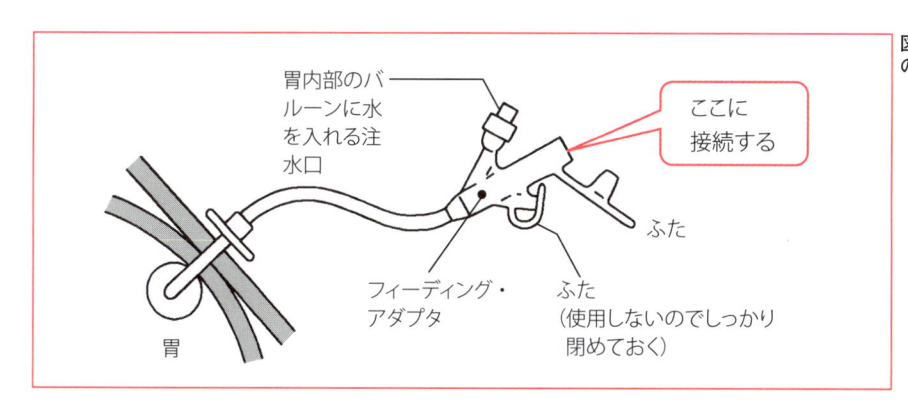

第2章 高齢者および障害児・者の「経管栄養」実施手順

図3-2-9 胃ろうチューブの接続口のしくみ

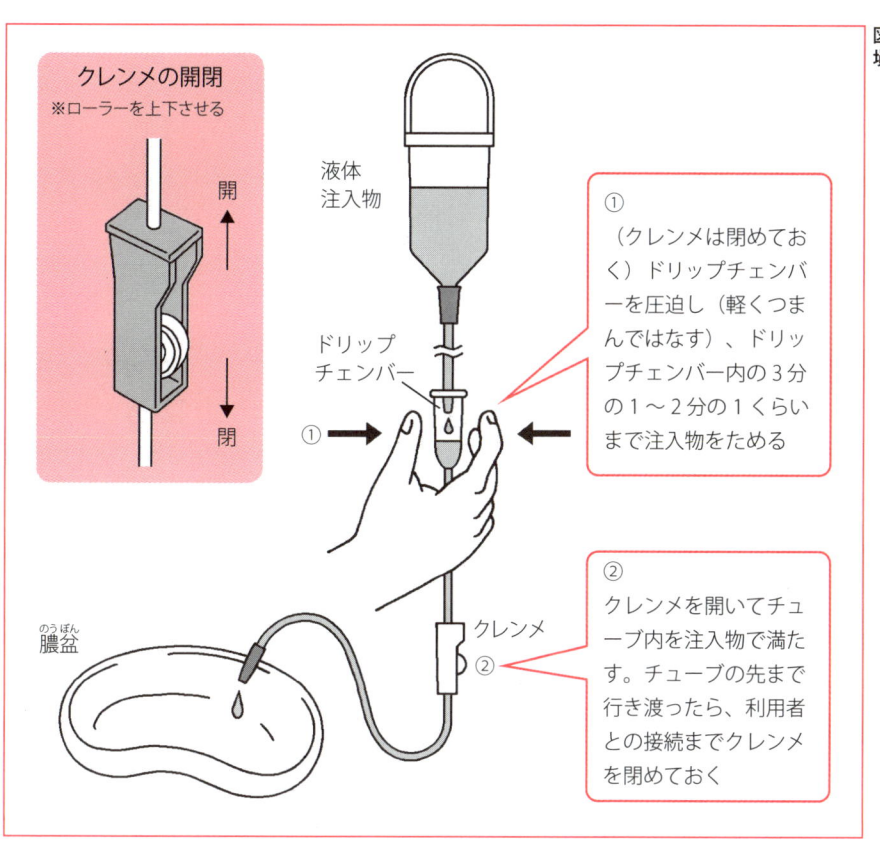

- 胃内部のバルーンに水を入れる注水口
- ここに接続する
- ふた
- フィーディング・アダプタ
- ふた（使用しないのでしっかり閉めておく）
- 胃

図3-2-10 液体注入物の充填

クレンメの開閉
※ローラーを上下させる
開 ↑
閉 ↓

液体注入物

ドリップチェンバー

クレンメ

膿盆（のうぼん）

① （クレンメは閉めておく）ドリップチェンバーを圧迫し（軽くつまんではなす）、ドリップチェンバー内の3分の1～2分の1くらいまで注入物をためる

② クレンメを開いてチューブ内を注入物で満たす。チューブの先まで行き渡ったら、利用者との接続までクレンメを閉めておく

185

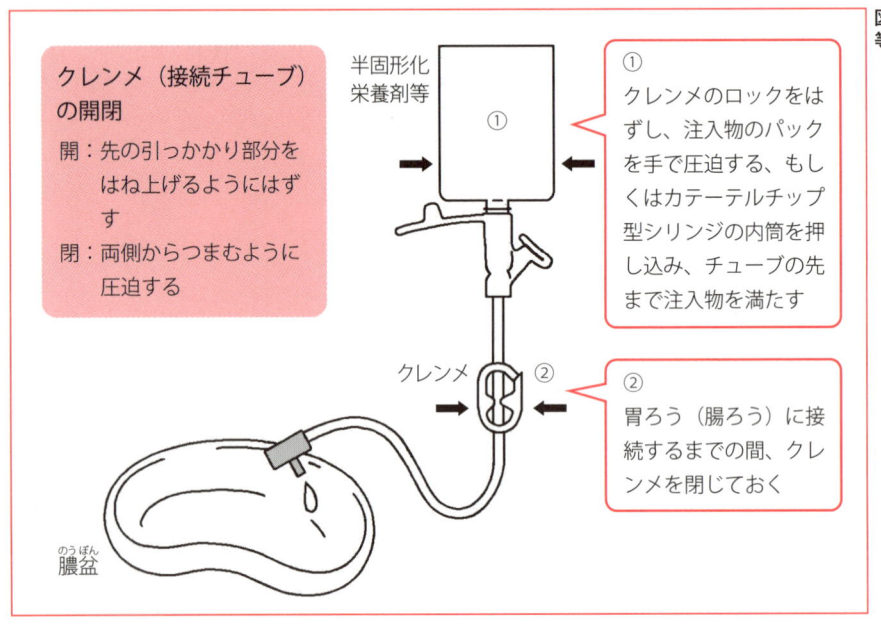

図3-2-11 半固形化栄養剤等の充填

クレンメ（接続チューブ）の開閉
開：先の引っかかり部分をはね上げるようにはずす
閉：両側からつまむように圧迫する

半固形化栄養剤等 ①

① クレンメのロックをはずし、注入物のパックを手で圧迫する、もしくはカテーテルチップ型シリンジの内筒を押し込み、チューブの先まで注入物を満たす

クレンメ ②

② 胃ろう（腸ろう）に接続するまでの間、クレンメを閉じておく

膿盆

◆手順7　利用者との接続

　チューブ内に栄養剤等を満たしたのちに、利用者側の接続口（ボタン型胃ろう〈腸ろう〉、チューブ型胃ろう〈腸ろう〉の先端）と、準備した注入物側のチューブの先端とをつなぐ。口栓付き半固形化栄養剤パックとチューブ型胃ろう（腸ろう）の場合はコネクターで直接接続する（184頁参照）。

　胃ろう（腸ろう）に接続する際は、プライバシーに配慮し、必要以上に肌を露出させないようにする。また、接続後は、チューブにねじれや折れがないか、接続部が十分固定されているかを確認する。

◆手順8　注入の開始
①注入開始の声かけ
　チューブの接続が完了したら、利用者とその家族に**注入開始の声かけ**をしてから注入を始める。
②-1　注入
　液体の注入物の場合は、クレンメを徐々に開きながら滴下の速度を指示どおりに調整する。
　半固形化栄養剤の場合は、接続チューブのクレンメを開き、パックの場合は手で圧迫して、カテーテルチップ型シリンジの場合は内筒を押して、注入する。速度が指示どおりになるように手で調節する。
⑴注入の速度
　注入速度は**医師の指示にしたがう**が、通常200〜300mL／時とされている。胃から食道

表3-2-1 経管栄養の滴下速度の例

液体注入物の滴下速度 （15滴／1mLのチューブの場合）	調節方法
100mL／時	1分間につき25滴になるように調節する
200mL／時	1分間につき50滴になるように調節する
300mL／時	1分間につき75滴になるように調節する
400mL／30分	1分間につき200滴になるように調節する

への逆流がある場合には、100mL／時程度まで速度を遅くする。滴下速度の調節方法は表3-2-1を参考にするとよい。

(2)注入中のチューブ類の位置

注入中にチューブ類が見えることで、利用者が気にしてしまい、チューブ類をひっぱってしまうことがある。そのようなときには、利用者が気にならないように、あらかじめ見えにくい位置などに配置するなど工夫する。また、**注入中にコミュニケーション**や**気分を落ち着かせるケア**（寄り添う、音楽・朗読・子どもでは玩具を用いるなど）をとりいれることで、チューブの抜去を予防することも必要となる。

② -2 複数の注入物がある場合

(1)栄養剤等の前に白湯を注入する場合

チューブのつまりを予防するため、栄養剤等の注入前後に白湯を注入することがある。カテーテルチップ型シリンジを胃ろう（腸ろう）チューブ（接続チューブ）に接続して注入する。指示量を計量カップやカテーテルチップ型シリンジの目盛りで正確に量る（図3-2-12）。

(2)半固形化剤を注入する場合

胃や腸の内部で作用させる半固形化剤を用いる場合も、栄養剤等の前に注入する。その場合、半固形化の機能が失われないよう、栄養剤等は**30分以内**で注入しなくてはならない。したがって、栄養剤等の注入速度は通常より速くなることに注意する。

(3)注入物の切りかえ

栄養剤等の前に白湯を注入する場合のように、注入物が複数あるときは、注入物の切りかえ作業が必要である。**各クレンメを閉じる**か、もしくは**チューブを折り曲げ**ながら、接続チューブもしくはチューブ型胃ろうの接続口の注入物を切りかえる（図3-2-13）。このとき、注入物をこぼして周囲を汚染したり、各接続部がゆるんだりしないように注意する。

液体注入物のイリガートル内に注入物を追加する場合や、液体の栄養剤パックを切りかえる場合も、同様に行う。

③注入開始直後の観察

注入を開始したことで利用者に異常があらわれてはいないか観察する。注入速度が指示どおりか

分野3 経管栄養

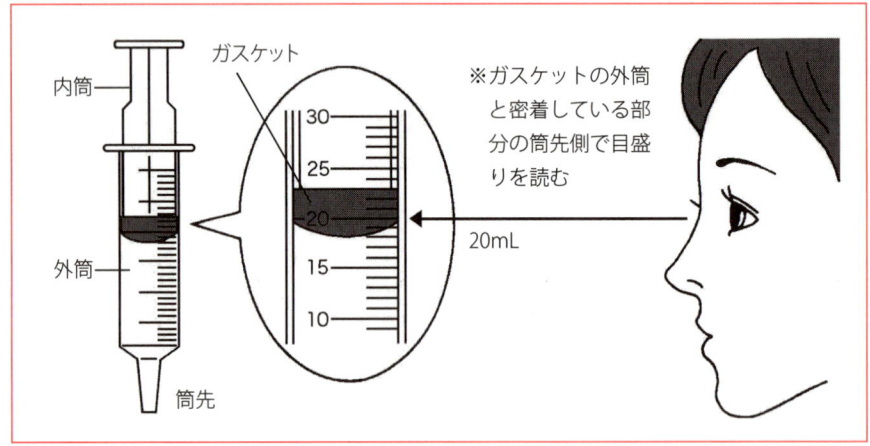

図3-2-12 カテーテルチップ型シリンジの目盛りの読み方

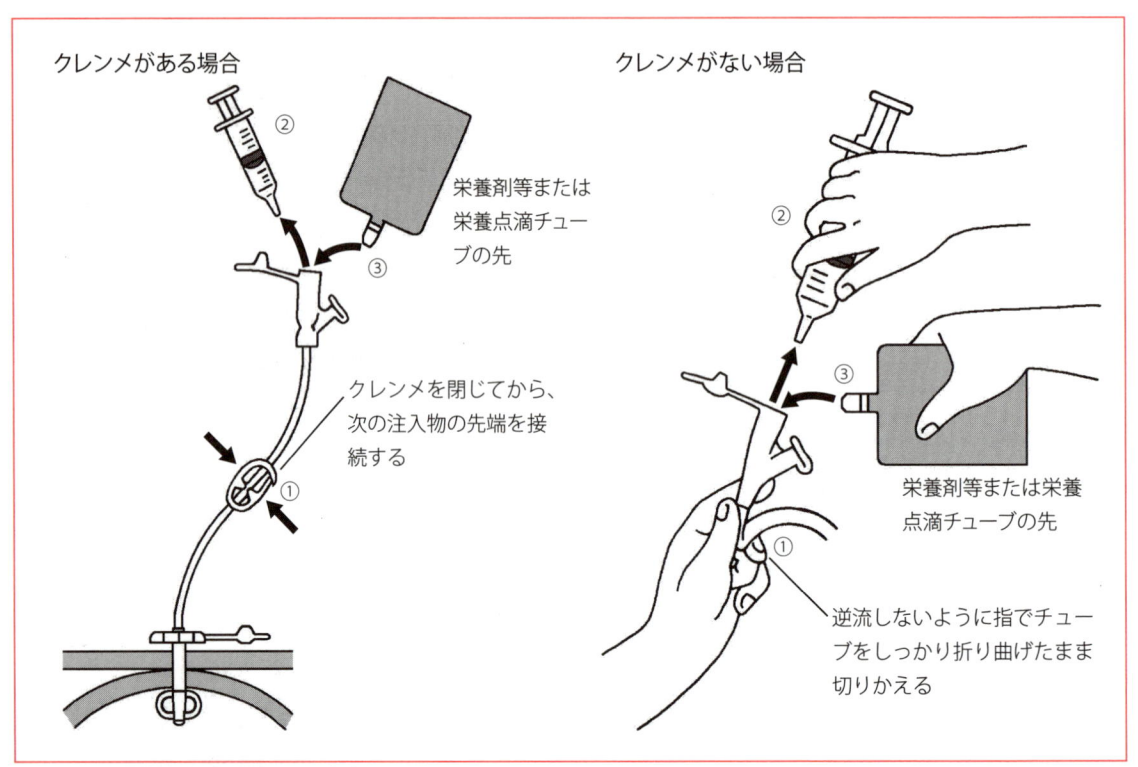

内筒
ガスケット
※ガスケットの外筒と密着している部分の筒先側で目盛りを読む
外筒
20mL
筒先

クレンメがある場合
②
栄養剤等または栄養点滴チューブの先
③
クレンメを閉じてから、次の注入物の先端を接続する
①

クレンメがない場合
②
③
栄養剤等または栄養点滴チューブの先
①
逆流しないように指でチューブをしっかり折り曲げたまま切りかえる

図3-2-13 複数の注入物の切りかえ方法

188

表3-2-2 経管栄養注入中の注意点の例

注意する項目	注意点（例）
もれ	チューブ接続部、胃ろう部
症状	嘔気（おうき）、嘔吐（おうと）、意識障害、呼吸異常など
訴え	苦しい、気分が悪い、気持ち悪いなど
チューブ抜去動作	落ち着かない、体動が多いなど
滴下異常	滴下しない、遅すぎる、速くなってしまった

もあらためて確認する。

◆手順9　注入中の観察

注入中には、定期的に利用者の全身状態、表情の変化、本人からの訴え（不快感や嘔気・嘔吐（おうと）など）のほか、挿入部や接続部の異常の有無、利用者の姿勢、注入物の滴下状態などを観察する。具体的な注意点を表3-2-2に挙げておく。何か異常がある場合には、すみやかに注入を中止し、状況に応じて救急隊員、医師、看護職に報告・連絡・相談を行って指示にしたがう。

◆手順10　注入の終了
①クレンメを閉める

注入が終わったら栄養点滴チューブと接続チューブのクレンメを閉める。

②白湯の注入

経鼻経管やチューブ型胃ろう（腸ろう）の場合、経鼻経管チューブや胃ろう（腸ろう）チューブ内部に栄養剤等が残ると、腐敗による感染やチューブの閉塞（へいそく）をまねくおそれがある。そのため、栄養剤等を注入したあとにはチューブ内に白湯を流し、内部を洗浄する。白湯の注入には、滴下して注入する方法と、カテーテルチップ型シリンジで注入する方法がある。

③食用酢の充填

また、その後チューブ型胃ろう（腸ろう）の腐敗や閉塞予防のために、10倍程度に薄めた食用酢を、チューブ内に充填しておく場合もある。充填する場合には、食用酢に切りかえ注入後、クレンメを閉じるか指で折り曲げるかして、液体が流れてしまわないようにしてから、カテーテルチップ型シリンジや栄養点滴チューブをはずし、接続口のふたを閉める。

注入終了時のチューブ内の腐敗・閉塞予防の対応方法は、あらかじめ医師による指示書などで確認しておく。

④チューブ類の取りはずし

注入終了後は、不要なチューブ類やカテーテルチップ型シリンジをすみやかに取りはずす。取りはずすときには、誤って挿入中のチューブ類を抜去してしまわないように、利用者側のチューブを固定し、取りはずす側のチューブ類をひくようにする（図3-2-14）。取りはずしが終わったら、

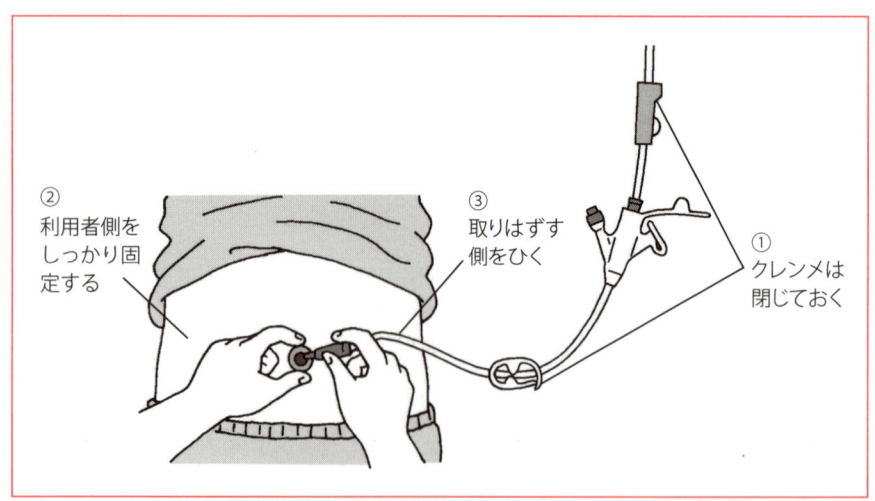

図3-2-14 接続チューブの取りはずし

① クレンメは閉じておく
② 利用者側をしっかり固定する
③ 取りはずす側をひく

挿入チューブ類のふたをしっかりと閉じる。

経鼻経管やチューブ型胃ろう（腸ろう）の場合は、利用者が気になってひっぱったり、皮膚に触れて炎症をひきおこしたりしないように、じゃまにならない位置に補正する。

⑤注入終了の説明と姿勢保持

注入が終了したら、利用者や家族に終了したことを伝え、ねぎらいの言葉をかける。

注入終了後は、消化・吸収活動中である。逆流性の誤嚥予防のため、**30分～1時間**は安静を保ち運動や大きな体動は控えてもらうようにする。そこで、注入終了後の姿勢などの予定を説明することも必要である（姿勢について詳しくは171頁参照）。

◆手順11　利用者の状態を観察・報告

注入の終了後、利用者に不快感や嘔気・嘔吐、腹痛、呼吸困難等がないか確認する。表情の変化にも留意して観察することが必要である。

何か異常がある場合には、すみやかに医師や看護職に報告・連絡・相談を行う（195頁「4　経管栄養実施の報告と記録」参照）。

◆手順12　使用物品の片づけ

物品を正しく管理することは、事故予防のためにも重要である。使用した物品を片づけるときには、物品に劣化や破損がないか、不足はないかを確認し、不備があれば新しいものと交換する。

再使用するもの（膿盆、チューブ類、カテーテルチップ型シリンジ、イルリガートル）は、まず簡単に水ですすいでから、スポンジなどに食器用洗剤などの洗浄剤をつけてよく洗う。そして、流水で汚れや洗浄剤を十分に洗い流す。

物品の表面の汚れが落ちたら、消毒液に完全に沈めて、規定時間浸す。消毒液は、専用のバケツなどにメーカーの規定の濃度に薄めて準備してお

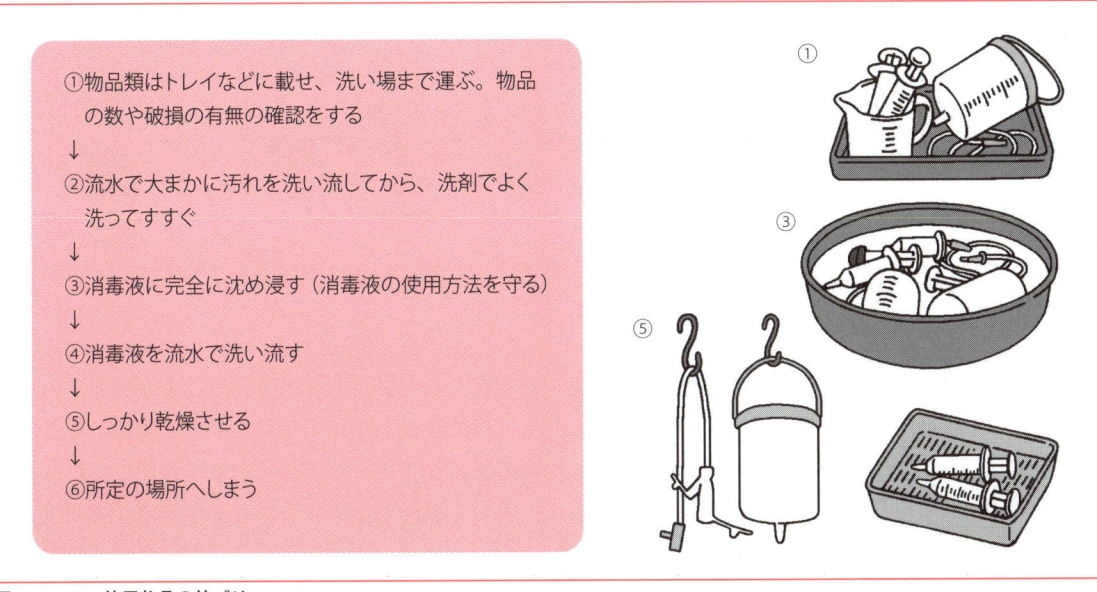

第2章　高齢者および障害児・者の「経管栄養」実施手順

①物品類はトレイなどに載せ、洗い場まで運ぶ。物品の数や破損の有無の確認をする
↓
②流水で大まかに汚れを洗い流してから、洗剤でよく洗ってすすぐ
↓
③消毒液に完全に沈め浸す（消毒液の使用方法を守る）
↓
④消毒液を流水で洗い流す
↓
⑤しっかり乾燥させる
↓
⑥所定の場所へしまう

図3-2-15　使用物品の片づけ

く。薄めた消毒液は、一定時間の効力しかないため、時間を過ぎて使用しない。

　消毒時間が終了したら、もう一度流水で消毒液をきれいに洗い流してから風通しのよい場所で乾燥させ、所定の場所に片づける（図3-2-15）。

　利用者が感染力のある感染症にかかっている場合には、個別に専用の洗い場や容器を準備して、その感染症に効力のある消毒液で消毒する。

◆**手順13　実施記録の記載**

　実施した経管栄養について、正しい記録を残して終了となる。記録の目的等詳しくは、195頁の「4　経管栄養実施の報告と記録」参照。

3 経管栄養にまつわるケア

● 消化・吸収・排泄機能を促進するケア

◆**口腔ケア**

　口腔ケアでは、歯垢や舌苔を除き清潔保持やう歯（虫歯）予防をするとともに、口腔内を保湿する。それだけでなく、口腔内のケアを行うことによって口腔粘膜や唾液腺を刺激し、唾液の分泌をうながす効果が期待できる。**アイスマッサージ**や**口周囲のマッサージ**も、同様の刺激となる。

　口腔ケアの方法は状態に応じて異なり、歯ブラ

191

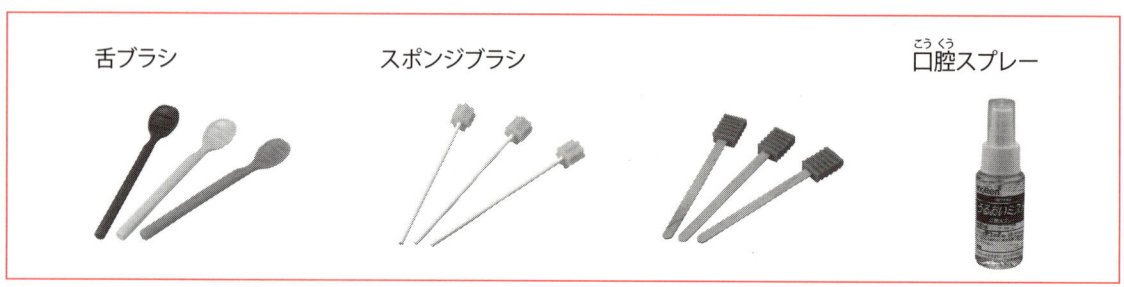

図3-2-16　口腔ケアの物品例
画像提供：㈱モルテン

シ・ガーゼ・舌ブラシ・スポンジブラシなど、利用者に応じた物品を用いる（図3-2-16）。水分の誤嚥がないように注意しながらケアを行う。

◆生活のなかの刺激
　食物による視覚・嗅覚・聴覚への刺激で、唾液や胃液の分泌が活発になる。食事の雰囲気や香りを味わってもらう工夫も必要である。
　また、日光を浴びると体内でビタミンDが生成され、カルシウムの吸収を助けるはたらきをするため、日中に**離床**や**散歩**などのケアを取り入れるのもよい。ただし、紫外線には発がん作用もあるため、直射日光があたらないように配慮する。

◆排泄ケア
　経管栄養食が消化・吸収されると、体内に不要な老廃物が生じる。老廃物は、尿や便として排泄されるが、排泄がとどこおると、**便秘**、**嘔吐**、腸閉塞（intestinal obstruction）、尿路感染症（urinary tract infection）、腎不全（renal failure）などをひきおこすことがある。そのため、排泄の有無・量・性状・症状・訴えなどをよく観察し、悪い症状が進行しないようなケアを行うことが必要である。
　尿や便は、腹圧のかかりやすい**坐位**になることで排出しやすくなる。そのため可能であれば、トイレで排泄できるようサポートすることが望ましい。生活のなかでできるだけ坐位になる時間をつくって、腸の**蠕動運動**を促進し、膀胱内に尿中沈殿物がたまるのを防ぐことが必要である。

●チューブによる皮膚トラブルを防ぐケア

◆鼻腔ケア（経鼻経管栄養の場合）
　経鼻経管栄養では、チューブが空気の出入り口となる鼻腔の一方をふさいでいる。チューブが通っていない方の鼻腔は、呼吸するための重要な通り道である。セルフケアが行えない利用者には、**清拭**などによって鼻腔からの老廃物などを除去し、鼻の通りを良好に保っておく必要がある。

◆チューブ位置の確認
　経鼻経管のチューブがひっぱられると、固定テープもひっぱられ、皮膚に圧力がかかって損傷につながる。また、チューブ型胃ろう（腸ろう）も、

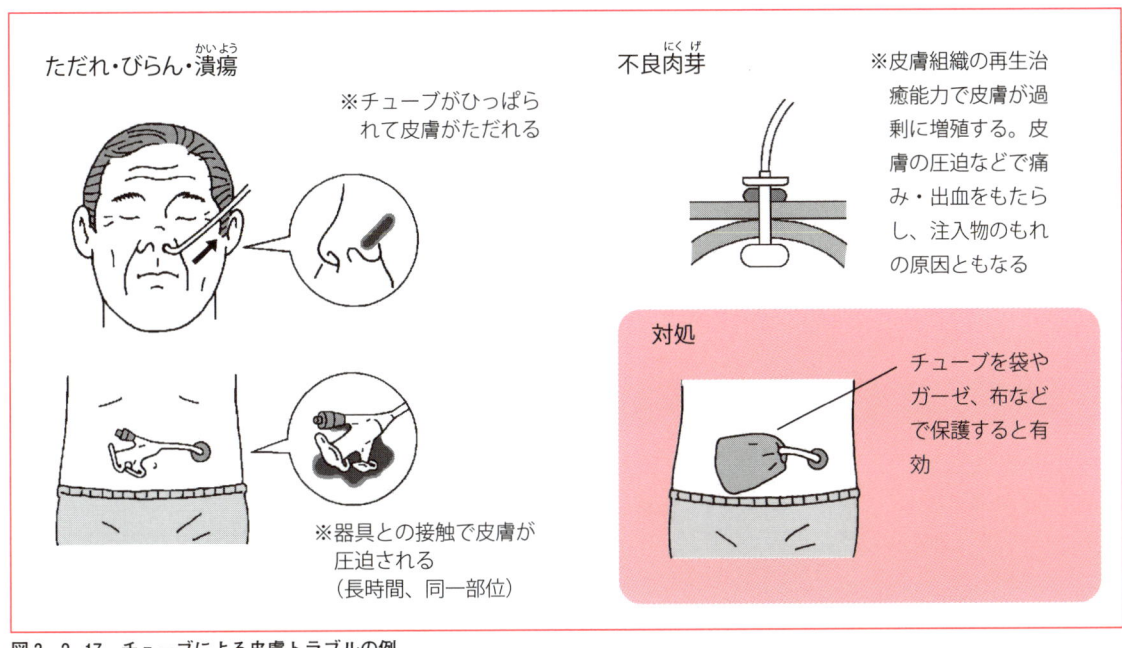

図3-2-17 チューブによる皮膚トラブルの例

ひっぱられた状態が続くと、ろう孔周囲の**損傷・出血・肉芽**の原因となる（図3-2-17）。

特にケアのあとなどは、チューブの位置が正しいかをきちんと確認することが重要である。

◆胃ろう（腸ろう）のろう孔周囲の皮膚ケア

胃ろう（腸ろう）のろう孔の挿入部は、体内と外界が接触する部分である。ろう孔の周囲が汗や老廃物などで汚染されていると、炎症や感染などをひきおこす原因となる。そのため、ろう孔周囲の皮膚は、清潔に保つ必要がある。

病状が安定しており、胃ろう（腸ろう）造設から2週間以内やチューブ交換直後などでなければ、シャワーや**入浴**が可能である。弱酸性せっけんなどで十分洗い流せば、清潔を保つことができる。入浴できない場合は、**清拭**や**洗浄**で清潔を保つ（図3-2-18）。洗浄後は、細菌などが繁殖しないよう水分をよくふきとり皮膚を乾燥させる。

造設直後や感染などの異常のあるときでなければ、一般的にろう孔部の消毒やガーゼは必要ない。医師の指示により処置が必要な場合は看護職が行う。また、肉芽などを予防するための胃ろう（腸ろう）チューブの回転も看護職が行う。

◆テープ類の管理

チューブを固定するテープ類は、基本的には医師か看護職が管理する。そのため、テープがはずれるなどの異常があった場合には、チューブの抜

①衣服がぬれないように整える
②仰向けの場合：タオルなどを棒状に巻いてろう孔の周囲を取り囲む
　横向きの場合：膿盆を皮膚に密着させて置く、または処置用シーツ（吸水パッド）をしく
③ろう孔の周囲を微温湯で湿らせる
④湿らせたガーゼや泡状ソープなどでやさしく洗う、またはガーゼなどでふきとる
⑤微温湯で洗い流す
⑥乾いたタオルで、こすらないように押しふきをする

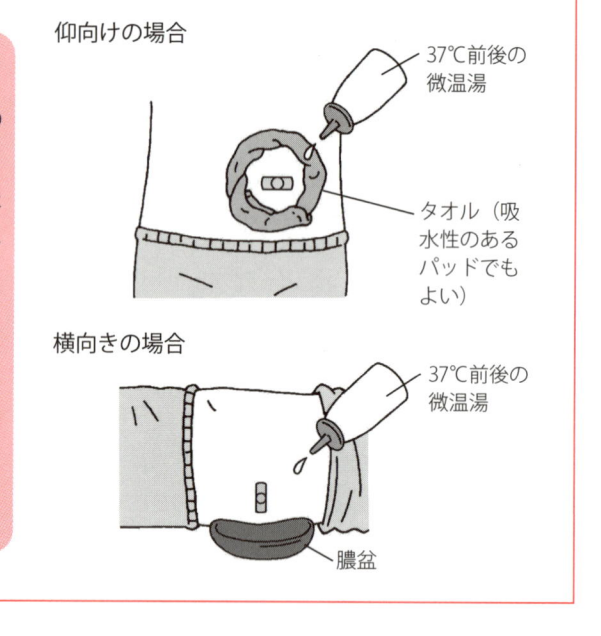

仰向けの場合　37℃前後の微温湯　タオル（吸水性のあるパッドでもよい）
横向きの場合　37℃前後の微温湯　膿盆

図3－2－18　ろう孔周囲の皮膚の洗浄方法の例

去や誤注入を防ぐため、すみやかに医師や看護職に報告・連絡・相談をする必要がある。

　テープには、不織布、伸縮性綿布、ポリエステル編物、チューブ固定専用など、さまざまな種類があり、状況に応じて皮膚トラブルを起こさないものを選ぶ。また、経鼻経管の場合のテープの止め方にはΩ型やα型がある。念のため介護職も確認しておくとよい。

● 誤嚥予防、嚥下機能促進のケア

◆ 姿勢の工夫

　経管栄養終了後は、注入物が逆流しないように、上半身を挙上した姿勢を保つ。ベッド上の場合は**30度以上挙上**する。そのとき、骨突出部の圧迫やからだのずれが生じないように注意する。

　利用者の状態をみて可能であれば、ベッド上よりも離床して坐位を保てる姿勢の方がなおよい。そのときは、胃が圧迫される姿勢にならないように注意する。坐位姿勢を日々継続的に行うことで、嚥下に必要な筋力の保持・向上を図る。

◆ 体操

　嚥下に必要な頸部や背部の筋力の保持・向上のため、からだを動かすことも必要である。首・肩・腕の体操などを行い、血流や筋肉のこわばりの改善を図る。日々継続的に行うことで効果が期待できる。

順	報告・連絡内容	行動の例
1	電話をかける	医師：○○医院　△△△医師（電話○○○-○○○） 看護職：訪問看護ステーション　△△△看護師（電話○○○-○○○）
2	どこの誰か（氏名・職種）を名乗る	「○○に訪問介護に来ている介護福祉士の△△△です」
3	何が起きたか	「利用者○○さんに経管栄養を実施しようと訪問したところ、○○さんの経鼻経管栄養のチューブが規定の位置よりも5cmくらい浅くなっており、抜けてきているようです」
4	今どうしているか	「今、嘔吐や気持ちが悪いなどの訴えや様子はありません。家族の話や記録からみると、昨日までは、特に問題なく経管栄養の注入は行えていたようです」
5	何を依頼したいか	「どうしたらよいでしょうか」
6	対応方法をたずねる	対応方法について指示をもらい実施する
7	ケアチームメンバーへの連絡	経管栄養は継続的なケアであり、以後の注入もあるため、ケアメンバーへ、起こった問題や注意点を連絡しておく
8	利用者への説明	何が起きて、今後どのように対応するのか説明する。説明が難しい場合などには、電話や訪問で看護職が説明することもある
9	家族への説明	家族が居合わせた場合や利用者の意識・理解力が低い場合などには、家族にも、何が起きて今後どのように対応するのか状況を説明する。また、説明が難しい場合などには、電話や訪問で看護職が説明することもある
10	ケアチームメンバーへの報告・記録	利用者の様子、起きたこと、対応方法、その後のケアの変更内容、利用者や家族への対応と反応などについて、報告・記録し、情報を共有できるようにする
11	再発防止策の検討	必要な場合、事故予防対策委員や会議により、再発防止策を検討・実施する。ヒヤリハット・アクシデント報告書やインシデントレポート（事故報告書）へ記入し再発防止につなげる

表3-2-3　医師・看護職への報告・連絡ガイドラインの例

4 経管栄養実施の報告と記録

● 報告

経管栄養に関係する異変や事故は、いつ起こるかわからない。しかし、ほとんどの場合、介護職の注意深い確認や気づき、また正しい実施手順を守ることで防ぐことができる。たとえ経管栄養の実施や対応に慣れていても、何か少し変だなと感じることは、遠慮せずに看護職へ報告・連絡・相談し、連携する。緊急事態の場合は、救急隊や医師への連絡が優先することもある。緊急時などに困ることがないように、**緊急連絡先リスト**（家族、

救急隊、施設配置医師またはかかりつけ医、看護職）や**連絡網**を作成しておく必要がある。

医師・看護職への報告・連絡ガイドラインの例は表3-2-3のとおりである（救急隊への報告・連絡ガイドライン例については174頁参照）。

●記録

◆記録の目的

経管栄養の記録の目的には、以下のように**医療情報源、証明、ケアの質の向上、ケアの継続、資料、緊急避難時の活用**などがある。

① 利用者の健康状態についてなど、ケアの根拠、医療情報源となる
② ケア実施の証明
③ ケア内容を評価する（ケアによって利用者の状態が安定しているのか、または、問題が生じたのかなど）情報源となり、ケアの向上に役立つ
④ 利用者やほかのサービス提供者との情報共有の手段となることで、サービスの一貫性や効果的なサービスの継続につながる
⑤ 過去の事実についての記述が介護事故や訴訟の場合に法的な資料となり、介護職の保護に役立つ
⑥ 利用者にかかわる人への情報源となり、安全確認や緊急避難の際に役立つ

◆記録の原則

記録は、利用者にかかわる人たちが共有するため、正しく、客観的に、すみやかに、わかりやすく、不足なく記入されている必要がある。

① **真正性**：正しく記述する
② **客観性**：主観的・独断的な考えではなく、根拠をもとに事実を記述する
③ **迅速性**：すみやかに記述する
④ **見読性**：誰もが容易に読め、共通認識（同じイメージ）がもてるように記述する
⑤ **完全性**：必要な事項について不足なく記入する。いつ、どこで、誰がまたは何が、どのように何をして、どうなったかなど

◆記録の内容

経管栄養についての記録のおもな内容は、**実施前・中・後の利用者の状態、開始・終了時刻**、注入した**栄養剤等の内容と量**などである。また、チームで**共有した方がよい情報**なども記入する（図3-2-19）。

記録の書類は、利用者のケアプランの計画書に加え、経管栄養に特化した実施計画書が用意される。実施計画書のプランや実施上の留意点に基づききちんと実施できたか、何か困ったことや異常があったか、その際医師や看護職へ報告・連絡・相談し、どうしたのかなどを必ず記録に残す。

◆記録上の注意点

利用者によって特に必要な観察項目がある場合、事前に確認しておき、そのことも記録できるようにしておく必要がある。

統一の書式を用い、記録にもれがないような対策をとることも必要である。

第2章 高齢者および障害児・者の「経管栄養」実施手順

> **POINT 要点確認**
>
> 1. 経管栄養の必要物品を知り、管理や清潔保持の方法を理解する。
> 2. 経管栄養実施の一連の流れを把握し、利用者にとって安全安楽な経管栄養を行うための各手順の留意点を知る。
> 3. 経管栄養にまつわるケアを理解する。
> 4. 医師や看護職への報告・記録の重要性とその方法を理解する。

経管栄養の実施の記録

（利用者ID番号：＿＿＿＿＿＿＿＿＿＿＿）
利用者氏名：＿○○○　○○　様＿　　性別：＿○性＿　　年齢：＿○○＿歳

1. **指示事項**
   胃ろうによる経管栄養、1日2回；朝・夕、K-4S 400mL×2回／1日
   指示期間：平成○年○月○日〜平成○年○月○日

2. **実施記録**

実施日時	平成○年○月○日○時○分〜○時○分
実施場所	ベッド上
実施環境・姿勢	ギャッチアップ30度のファウラー位
説明 同意	□利用者に説明した　　　□家族に説明した □同意を得た　　　　　　□同意を得なかった
	同意が得られなかった理由
栄養剤の種類・量	K-4S 400mL
利用者の様子	実施前：体温36.5℃、脈拍66回／分、 　　　　血圧110／70mmHg 　　　　昨日、排便あり。腹部のはりや痛みなどなし。
特記事項	
実施者	所属：訪問介護事業所○○○ 資格：介護福祉士 氏名：○○　○○

（説明・同意欄への注）利用者や家族の言葉、様子について記入する

（利用者の様子欄への注）実施中や実施後の発言、様子についても記入する

（特記事項欄への注）医師や看護職などに連絡した内容や、チームで共有した方がよい情報などがあれば記入する

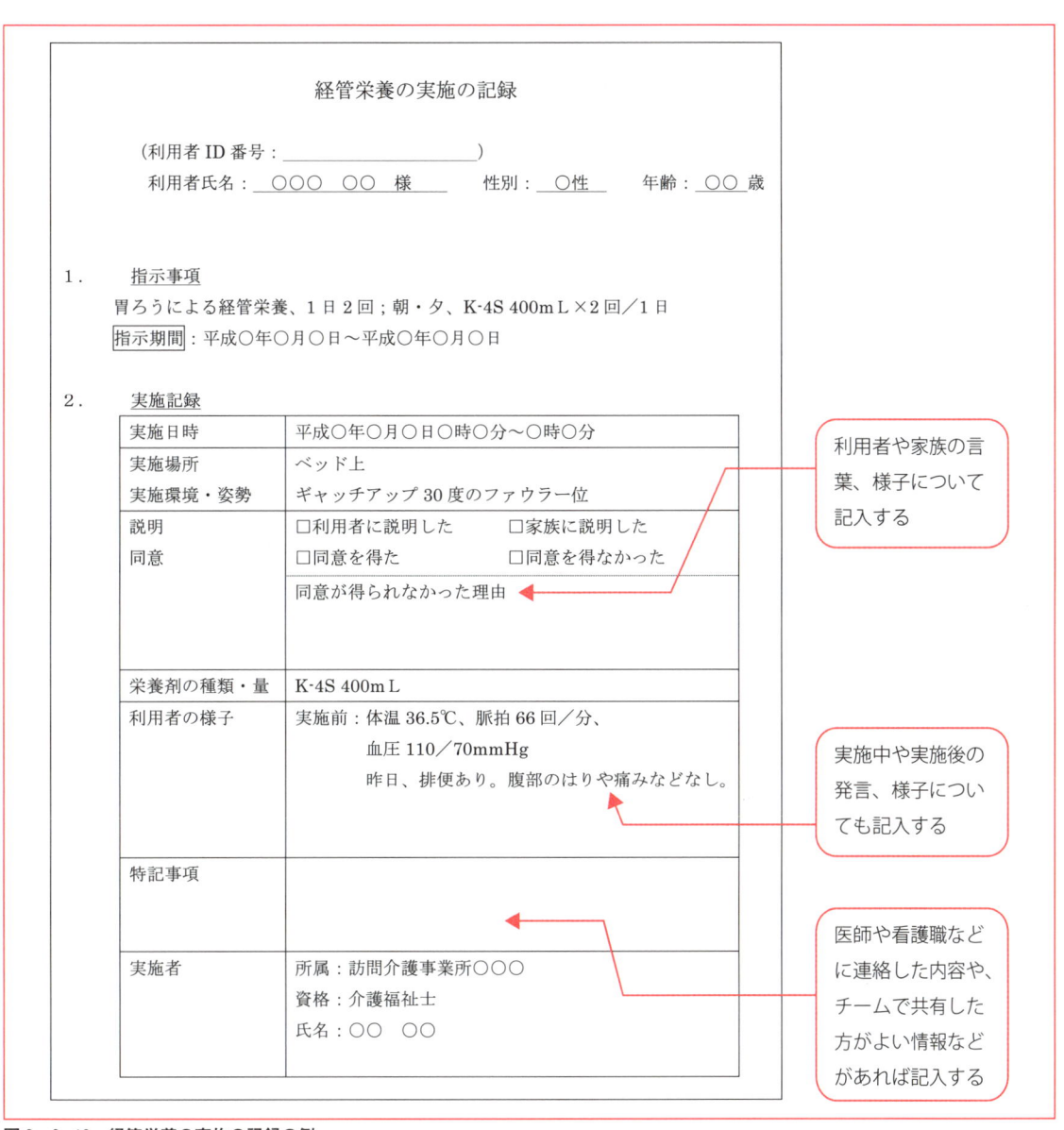

図3-2-19　経管栄養の実施の記録の例

分野 3 重要事項チェック！

- [ ] 唾液の水分によって、食塊は飲み込みやすい形態となり、スムーズに飲み込み（**嚥下**）が行われる。この飲み込みは**嚥下反射**とよばれ、食塊が口腔を通り**咽頭**に触れると無意識に起こり、食塊が食道へと送られる。（☞第1章1）

- [ ] 胃ろう（腸ろう）チューブには、**チューブ型バルーン、チューブ型バンパー、ボタン型バルーン、ボタン型バンパー**などの種類がある。（☞第1章3）

- [ ] 経管からの注入物は、組成成分の違いにより、**ミキサー食・天然濃厚流動食・半消化態栄養剤・消化態栄養剤・成分栄養剤**に分類される。**医薬品扱い**のものと**食品扱い**のものがある。（☞第1章4）

経管栄養の実施のチェック項目（☞第2章2）

- [ ] 利用者の状態を観察し、異常はないことを確認したか。
- [ ] 実施前に手洗い・手指消毒を正しく行ったか。
- [ ] 利用者専用の必要物品を用意したか。
- [ ] 栄養剤等を常温で用意したか。
- [ ] 開始前に利用者に説明し同意を得たか。
- [ ] 利用者個人に応じた姿勢や環境を整えられたか。
- [ ] 準備として、チューブ類を正しく接続し、チューブ内に栄養剤等を満たしたか。
- [ ] 利用者と栄養剤等側のチューブを接続し、栄養剤等の注入速度を適切に調整したか。
- [ ] 栄養剤等の注入前後に指定の注入物がある場合は、切りかえ作業を適切に行い指定の注入物を注入したか。
- [ ] 注入中の利用者の状態を観察できたか。
- [ ] 注入終了後、利用者にねぎらいの言葉をかけ、以後の姿勢について説明したか。
- [ ] 終了後の利用者の観察を行ったか。
- [ ] 使用した物品に劣化や破損がないか確認し、再利用するものの洗浄消毒を行ったか。
- [ ] 実施した経管栄養について正しい記録を残したか。

研修評価票／評価基準

(介護職員等　第1号第2号研修)

■研修評価票：たんの吸引　口腔・鼻腔内吸引（通常手順）

※210頁の評価判定基準にそって記号を記入してください

演習・実地研修　第（　）回目／　月　日　時間　：　　　　　　　　　氏名：

実施手順	評価項目	内容	評価
準備	1	医師の指示等の確認を行う	
	2	手洗いを行う	
	3	必要物品をそろえ、作動状況等を点検確認する	
	4	必要物品を実地研修協力者（利用者、演習の場合は演習シミュレーター）のもとに運ぶ	
実施	5	実地研修協力者に吸引の説明をする	
	6	吸引の環境・実地研修協力者の姿勢を整える	
	7	口腔・鼻腔内を観察する	
	8	手袋を着用またはセッシを持つ	
	9	吸引チューブを清潔に取り出す	
	10	吸引チューブを清潔に吸引器と連結管（接続チューブ）で連結する	
	11	（浸漬法の場合）吸引チューブ外側を清浄綿（アルコール綿）等でふく	
	12*	吸引器の電源を入れて水を吸い、決められた吸引圧になることを確認する	
	13*	吸引チューブの先端の水をよく切る	
	14	実地研修協力者に吸引開始について声かけを行う	
	15	適切な吸引圧で適切な深さまで吸引チューブを挿入する	
	16	適切な吸引時間で分泌物等の貯留物を吸引する	
	17	吸引チューブを静かに抜く	
	18	吸引チューブの外側を清浄綿等でふく	
	19	洗浄水を吸引し、吸引チューブ内側の汚れを落とす	
	20	吸引器の電源を切る	
	21	吸引チューブを連結管からはずし保管容器に戻す	
	22	手袋をはずす（手袋を使用している場合）またはセッシを戻す	
	23	実地研修協力者に吸引終了の声かけを行い、姿勢を整える	
	24	吸引物および実地研修協力者の状態を観察する	
	25	実地研修協力者の吸引前の状態と吸引後の状態変化を観察する	
	26	吸引後に経鼻経管栄養チューブ（胃管）が口腔内に出てきていないかを観察する（経鼻経管栄養を受けている利用者のみ）	
	27	手洗いを行う	

実施手順	評価項目	内容	評価
報告	28	吸引物および実地研修協力者の状態を報告する	
	29	吸引後に経鼻経管栄養チューブが口腔内に出てきていないことを報告する（経鼻経管栄養を受けている利用者のみ）	
	30	ヒヤリ・ハット、アクシデントの報告をする（該当する場合のみ）	
片づけ	31	吸引びんの排液量が70～80％になる前に排液を捨てる	
	32	使用物品をすみやかに片づけまたは交換する	
記録	33	実施記録を記載する	

＊本文および映像では吸引前の通水は実施していない

アの個数　　　計

※受けた指導の内容・注意点など、自由に記載してください

■研修評価票：たんの吸引　口腔・鼻腔内吸引（人工呼吸器装着者：非侵襲的人工呼吸療法）

※210頁の評価判定基準にそって記号を記入してください

演習・実地研修　第（　）回目／　月　日　時間：　　　　　　　　　　氏名：

実施手順	評価項目	内容	評価
準備	1	医師の指示等の確認を行う	
	2	手洗いを行う	
	3	必要物品をそろえ、作動状況等を点検確認する	
	4	必要物品を実地研修協力者（利用者、演習の場合は演習シミュレーター）のもとに運ぶ	
実施	5	実地研修協力者に吸引の説明をする	
	6	吸引の環境・実地研修協力者の姿勢を整える	
	7	口腔・鼻腔内を観察する	
	8	手袋を着用またはセッシを持つ	
	9	吸引チューブを清潔に取り出す	
	10	吸引チューブを清潔に吸引器と連結管（接続チューブ）で連結する	
	11	（浸漬法の場合）吸引チューブ外側を清浄綿（アルコール綿）等でふく	
	12*	吸引器の電源を入れて水を吸い、決められた吸引圧になることを確認する	
	13*	吸引チューブの先端の水をよく切る	
	14	実地研修協力者に吸引開始について声かけを行う	
	15	口鼻マスクまたは鼻マスクをはずす**	
	16	適切な吸引圧で適切な深さまで吸引チューブを挿入する	
	17	適切な吸引時間で分泌物等の貯留物を吸引する	
	18	吸引チューブを静かに抜く	
	19	口鼻マスクまたは鼻マスクを適切に戻す**	
	20	吸引チューブの外側を清浄綿等でふく	
	21	洗浄水を吸引し、吸引チューブ内側の汚れを落とす	
	22	吸引器の電源を切る	
	23	吸引チューブを連結管からはずし保管容器に戻す	
	24	手袋をはずす（手袋を使用している場合）またはセッシを戻す	
	25	実地研修協力者に吸引終了の声かけを行い、姿勢を整える	
	26	人工呼吸器が正常に作動していること、口鼻マスクまたは鼻マスクの装着感が通常どおりであることを確認する	
	27	吸引物および実地研修協力者の状態を観察する	

実施手順	評価項目	内容	評価
実施	28	実地研修協力者の吸引前の状態と吸引後の状態変化を観察する	
	29	吸引後に経鼻経管栄養チューブ（胃管）が口腔内に出てきていないかを観察する（経鼻経管栄養を受けている利用者のみ）	
	30	手洗いを行う	
報告	31	吸引物および実地研修協力者の状態を報告する	
	32	吸引後に経鼻経管栄養チューブが口腔内に出てきていないことを報告する（経鼻経管栄養を受けている利用者のみ）	
	33	人工呼吸器が正常に作動していること、口鼻マスクまたは鼻マスクの装着感が通常どおりであることを報告する	
	34	ヒヤリ・ハット、アクシデントの報告をする（該当する場合のみ）	
片づけ	35	吸引びんの排液量が70〜80％になる前に排液を捨てる	
	36	使用物品をすみやかに片づけまたは交換する	
記録	37	実施記録を記載する	

＊本文および映像では吸引前の通水は実施していない
＊＊清潔の保持、マスクの着脱時の皮膚損傷の予防、確実な呼吸器の装着を確認する

アの個数　　計

※受けた指導の内容・注意点など、自由に記載してください

■研修評価票：たんの吸引　気管カニューレ内吸引 (通常手順)

※210頁の評価判定基準にそって記号を記入してください

演習・実地研修　第（　）回目／　月　日　時間　：　　　　　　　　　氏名：

実施手順	評価項目	内容	評価
準備	1	医師の指示等の確認を行う	
	2	手洗いを行う	
	3	必要物品をそろえ、作動状況等を点検確認する	
	4	必要物品を実地研修協力者（利用者、演習の場合は演習シミュレーター）のもとに運ぶ	
実施	5	実地研修協力者に吸引の説明をする	
	6	吸引の環境・実地研修協力者の姿勢を整える	
	7	気管カニューレ周囲や固定の状態を観察する	
	8	手袋を着用またはセッシを持つ	
	9	吸引チューブを清潔に取り出す	
	10	吸引チューブを清潔に吸引器と連結管（接続チューブ）で連結する	
	11*	（浸漬法の場合）吸引チューブ外側を清浄綿（アルコール綿）等でふく	
	12*	吸引器の電源を入れて原則として滅菌精製水（滅菌蒸留水）を吸い、決められた吸引圧になることを確認する	
	13*	吸引チューブの先端の水をよく切る	
	14	実地研修協力者に吸引開始について声かけを行う	
	15	適切な吸引圧で適切な深さまで吸引チューブを挿入する**	
	16	適切な吸引時間で気管カニューレ内の分泌物等の貯留物を吸引する	
	17	吸引チューブを静かに抜く	
	18	吸引チューブの外側を清浄綿等でふく	
	19	滅菌精製水を吸引し、吸引チューブ内側の汚れを落とす	
	20	吸引器の電源を切る	
	21*	吸引チューブを連結管からはずし保管容器に戻す、または単回使用の場合は原則として廃棄する	
	22	手袋をはずす（手袋を使用している場合）またはセッシを戻す	
	23	実地研修協力者に吸引終了の声かけを行い、姿勢を整える	
	24	吸引物および実地研修協力者の状態を観察する	
	25	実地研修協力者の吸引前の状態と吸引後の状態変化を観察する	
	26	吸引後に経鼻経管栄養チューブ（胃管）が口腔内に出てきていないかを観察する（経鼻経管栄養を受けている利用者のみ）	

実施手順	評価項目	内容	評価
実施	27	手洗いを行う	
報告	28	吸引物および実地研修協力者の状態を報告する	
	29	吸引後に経鼻経管栄養チューブが口腔内に出てきていないことを報告する（経鼻経管栄養を受けている利用者のみ）	
	30	ヒヤリ・ハット、アクシデントの報告をする（該当する場合のみ）	
片づけ	31	吸引びんの排液量が70～80％になる前に排液を捨てる	
	32	使用物品をすみやかに片づけまたは交換する	
記録	33	実施記録を記載する	

＊本文および映像では吸引前の通水は実施していない。また、吸引チューブは1回で使い捨てを原則としてある

アの個数　　　計

＊＊気管カニューレ内からの吸引については、特に清潔の遵守が必要。気管カニューレの深さ以上に挿入しない

※受けた指導の内容・注意点など、自由に記載してください

■研修評価票：たんの吸引　気管カニューレ内吸引（人工呼吸器装着者：侵襲的人工呼吸療法）

※210頁の評価判定基準にそって記号を記入してください

演習・実地研修　第（　）回目／　月　日　時間　：　　　　　　　　氏名：

実施手順	評価項目	内容	評価
準備	1	医師の指示等の確認を行う	
	2	手洗いを行う	
	3	必要物品をそろえ、作動状況等を点検確認する	
	4	必要物品を実地研修協力者（利用者、演習の場合は演習シミュレーター）のもとに運ぶ	
実施	5	実地研修協力者に吸引の説明をする	
	6	吸引の環境・実地研修協力者の姿勢を整える	
	7	気管カニューレ周囲や固定の状態、人工呼吸器の作動状況を観察する	
	8	手袋を着用またはセッシを持つ	
	9	吸引チューブを清潔に取り出す	
	10	吸引チューブを清潔に吸引器と連結管（接続チューブ）で連結する	
	11*	（浸漬法の場合）吸引チューブ外側を清浄綿（アルコール綿）等でふく	
	12*	吸引器の電源を入れて原則として滅菌精製水（滅菌蒸留水）を吸い、決められた吸引圧になることを確認する	
	13*	吸引チューブの先端の水をよく切る	
	14	実地研修協力者に吸引開始について声かけを行う	
	15	人工呼吸器の接続をはずす	
	16	適切な吸引圧で適切な深さまで吸引チューブを挿入する**	
	17	適切な吸引時間で気管カニューレ内の分泌物等の貯留物を吸引する	
	18	吸引チューブを静かに抜く	
	19	人工呼吸器の接続を元に戻す**	
	20	吸引チューブの外側を清浄綿等でふく	
	21	滅菌精製水を吸引し、吸引チューブ内側の汚れを落とす	
	22	吸引器の電源を切る	
	23*	吸引チューブを連結管からはずし保管容器に戻す、または単回使用の場合は原則として破棄する	
	24	手袋をはずす（手袋を使用している場合）またはセッシを戻す	
	25	実地研修協力者に吸引終了の声かけを行い、姿勢を整える	
	26	人工呼吸器が正常に作動していることを確認する**	

実施手順	評価項目	内容	評価
実施	27	吸引物および実地研修協力者の状態を観察する	
	28	実地研修協力者の吸引前の状態と吸引後の状態変化を観察する	
	29	吸引後に経鼻経管栄養チューブ（胃管）が口腔内に出てきていないかを観察する（経鼻経管栄養を受けている利用者のみ）	
	30	手洗いを行う	
報告	31	吸引物および実地研修協力者の状態を報告する	
	32	吸引後に経鼻経管栄養チューブが口腔内に出てきていないことを報告する（経鼻経管栄養を受けている利用者のみ）	
	33	人工呼吸器が正常に作動していることを報告する	
	34	ヒヤリ・ハット、アクシデントの報告をする（該当する場合のみ）	
片づけ	35	吸引びんの排液量が70〜80％になる前に排液を捨てる	
	36	使用物品をすみやかに片づけまたは交換する	
記録	37	実施記録を記載する	

＊本文および映像では吸引前の通水は実施していない。また、吸引チューブは1回で使い捨てを原則としてある

＊＊気管カニューレ内からの吸引については、特に清潔の遵守（じゅんしゅ）が必要。気管カニューレの深さ以上に挿入しない。確実な呼吸器の装着・確認をする

アの個数	計

※受けた指導の内容・注意点など、自由に記載してください

207

■研修評価票：胃ろうまたは腸ろうによる経管栄養

※210頁の評価判定基準にそって記号を記入してください

演習・実地研修　第（　）回目／　月　日　時間　：　　　　　　　　　　　氏名：

実施手順	評価項目	内容	評価
準備	1	医師の指示等の確認を行う	
	2	手洗いを行う	
	3	必要な物品を準備する	
	4	指示された栄養剤（流動食）の種類・量・時間を確認する	
	5	経管栄養の注入準備を行う	
	6	準備した栄養剤（流動食）を実地研修協力者（利用者、演習の場合は演習シミュレーター）のもとに運ぶ	
実施	7	実地研修協力者に本人確認を行い、経管栄養の実施について説明する	
	8	注入する栄養剤（流動食）が実地研修協力者本人のものであるかを確認し、適切な体位をとり、環境を整備する	
	9	チューブ類に不具合がないか確認し、確実に接続する	
	10	注入を開始し、注入直後の様子を観察する	
	11	注入中の表情や状態を定期的に観察する	
	12	注入中の実地研修協力者の体位を観察する	
	13	注入物の滴下の状態を観察する	
	14	挿入部からの栄養剤（流動食）のもれを確認する	
	15	注入中に実地研修協力者の状態を観察する	
	16	注入終了後は白湯（さゆ）を注入し、状態を観察する	
	17	クレンメを閉め、経管栄養チューブの接続をはずし、半坐位（はんざ）の状態を保つ	
報告	18	注入後、実地研修協力者の状態を観察し、報告する	
	19	体位交換が必要な実地研修協力者に対しては、異常がなければ体位交換を再開する	
	20	ヒヤリ・ハット、アクシデントの報告をする（該当する場合のみ）	
片づけ	21	環境を汚染させないよう使用物品をすみやかに片づける	
記録	22	実施記録を記載する	
		アの個数　　　計	

※受けた指導の内容・注意点など、自由に記載してください

■研修評価票：経鼻経管栄養

※210頁の評価判定基準にそって記号を記入してください

演習・実地研修　第（　）回目／　月　日　時間　：　　　　　　氏名：

実施手順	評価項目	内容	評価
準備	1	医師の指示等の確認を行う	
	2	手洗いを行う	
	3	必要な物品を準備する	
	4	指示された栄養剤（流動食）の種類・量・時間を確認する	
	5	経管栄養の注入準備を行う	
	6	準備した栄養剤（流動食）を実地研修協力者（利用者、演習の場合は演習シミュレーター）のもとに運ぶ	
実施	7	実地研修協力者に本人確認を行い、経管栄養の実施について説明する	
	8	注入する栄養剤（流動食）が実地研修協力者本人のものであるかを確認し、適切な体位をとり、環境を整備する	
	9	経管栄養チューブ（栄養点滴チューブ）に不具合がないか確認し、確実に接続する	
	10	注入を開始し、注入直後の様子を観察する	
	11	注入中の表情や状態を定期的に観察する	
	12	注入中の実地研修協力者の体位を観察する	
	13	注入物の滴下の状態を観察する	
	14	注入中に実地研修協力者の状態を観察する	
	15	注入終了後は白湯（さゆ）を注入し、状態を観察する	
	16	クレンメを閉め、経管栄養チューブの接続をはずし、半坐位（はんざ）の状態を保つ	
報告	17	注入後、実地研修協力者の状態を観察し、報告する	
	18	体位交換が必要な実地研修協力者に対しては、異常がなければ体位交換を再開する	
	19	ヒヤリ・ハット、アクシデントの報告をする（該当する場合のみ）	
片づけ	20	環境を汚染させないよう使用物品をすみやかに片づける	
記録	21	実施記録を記載する	
		アの個数　　　計	

※受けた指導の内容・注意点など、自由に記載してください

■研修（演習）の実施手順と評価判定基準

研修（演習）実施手順

基本研修（演習）および実地研修は、以下のSTEP1〜8の手順をふまえ行われる。
このうち、STEP4〜8については「基本研修（演習）及び実地研修評価基準・評価票」を用いて評価される。

STEP1：安全管理体制の確保（※実地研修のみ）	実際の医療的ケアが、医師や看護職との連携体制・役割分担の下で行われることを想定し、医師が看護職とともに研修の実施についての総合的判断を行う（医師と看護職とは実施研修指導講師）
STEP2：観察判断（※実地研修のみ）	実地研修指導講師が、実地研修の実施ごとに実地研修協力者（利用者）の状態像を観察し、実施の可否等を確認する
STEP3：観察	受講者が、演習シミュレーターまたは実地研修協力者（利用者）の状態像を観察する
STEP4：準備	受講者が、演習または実地研修の実施に必要な準備を行う
STEP5：実施	受講者が、医療的ケアの演習または実地研修を実施する ※経鼻経管栄養の場合、栄養チューブが正確に胃の中に挿入されていることの確認を除く
STEP6：報告	受講者が、演習シミュレーターまたは実地研修協力者（利用者）の医療的ケア実施後の状態を指導講師に報告する
STEP7：片づけ	受講者が、演習または実地研修で使用した物品等を片づける
STEP8：記録	受講者が、演習または実施研修で行った医療的ケアについて記録する

評価判定基準

1．基本研修（演習）評価判定基準

各評価項目について、以下のア〜ウの3段階で演習指導講師が評価する。

記号	評価
ア	評価項目について手順どおりに実施できている
イ	評価項目について手順を抜かしたり、間違えたりした
ウ	評価項目を抜かした（手順どおりに実施できなかった）

2．実地研修評価判定基準

各評価項目について、以下のア〜エの4段階で実地研修指導講師が評価する。

記号	評価
ア	ひとりで実施でき、評価項目について手順どおりにできている
イ	ひとりで実施したが、評価項目について手順を抜かしたり、間違えたりした。実施後に指導講師による指導があった
ウ	ひとりで実施したが、評価項目について手順を抜かしたり、間違えたりした。その場で指導講師による指導があった
エ	ひとりで実施できない（まかせられるレベルにない）

索引

あ行

ICF（国際生活機能分類）　　30、31
アクシデント　　52、53
圧力計　　119
圧力調節ダイヤル　　119
アラーム〈人工呼吸器〉　　102
胃　　147
胃管　　152、153
医行為　　44
医師法　　44
医師法・歯科医師法・保健師助産師看護師法の規制対象と
　ならない行為　　45、46
1ケア1手洗い　　68
医療廃棄物　　74
医療保険制度　　41、42
医療倫理（の）原則　　33、34
イルリガートル（栄養ボトル）　　177
胃ろう　　151、153
胃ろうチューブ　　152
陰圧　　92、118
陰圧管　　119
咽頭　　92、93、146
インフォームド・コンセント　　37
ウォータートラップ　　101
うがい　　68、140
栄養剤等の形状　　155
栄養剤等の作用　　155
栄養剤等の種類　　155
栄養点滴チューブ　　176
AED（自動体外式除細動器）　　57、63
SaO_2（動脈血酸素飽和度）　　97
S状結腸　　149
SpO_2（動脈血酸素飽和度）　　97、104
嚥下　　146
嚥下違和感（異常感）　　150
嚥下困難　　150
嚥下反射　　146
横隔膜　　84、92、94、147
応急手当　　56
横行結腸　　149
嘔吐　　150
汚染　　65

か行

介護事故　　54
介護保険制度　　41、42
介護保険法　　40、42
咳嗽反射　　99
咳嗽法　　140
回腸　　147
拡散　　92、93
拡張期血圧　　79
隔離　　65
下行結腸　　149
ガス交換　　92、93、100
活動　　31
活動制限　　31、32
カテーテルチップ型シリンジ　　177、188
カフ　　102
カラーコード　　120、121
換気　　100
環境因子　　31
環境整備　　72
管腔臓器　　149
観察〈経管栄養〉　　178
観察〈たんの吸引〉　　126
感染経路　　67
感染源　　64、65、66
感染症　　64
感染性廃棄物　　74
肝臓　　147
乾燥法　　124、125
気管　　92、93
気管カニューレ　　101、102、103
気管支　　92、93、95
気管切開　　101
危機管理　　53
起坐呼吸　　96
気道異物除去　　58、59
機能障害（構造障害を含む）　　31
吸引圧　　118、119
吸引器　　118、119、128
吸引チューブ　　120
　──の保管方法　　125
吸引びん　　119

211

QOL（生活の質）　　30、50
救急蘇生　　55
吸息　　92、94
急変状態　　87
救命曲線　　55、56
救命の連鎖　　56
仰臥位呼吸　　96
胸郭　　84、92
胸骨圧迫　　60、62
胸式呼吸　　84
業務独占　　44、45
記録　　116、142、196、197
空腸　　147
口すぼめ呼吸　　96
クレンメ　　176、185、186
計画書　　23
経鼻胃管　　151、153
経鼻経管（栄養）　　151、152、153
計量カップ　　177
血圧　　79
　　――の異常　　80
　　――の正常値　　80
　　――の測定方法　　81
結腸粘膜　　149
下痢　　151
健康　　76、78
健康管理　　70
健康状態　　31
健康保険法　　40、42
現代病　　76、77
高額療養費制度　　43
後期高齢者医療制度　　40
口腔　　92、146
口腔ケア　　139、191、192
高血圧　　80
喉頭　　92、93
喉頭蓋　　146
肛門　　147、149
肛門括約筋　　148、149
高齢者の医療の確保に関する法律（高齢者医療確保法）
　　40、42
誤嚥　　147
誤嚥性肺炎　　52、53、112、150

呼吸　　84
呼吸器　　92、93
呼吸（状態）の異常　　84、85、94
呼吸のしくみ（メカニズム）　　84、94
国際生活機能分類　→　ICF
国民皆保険制度　　40、41
国民健康保険法　　40、42
個人因子　　31
個人情報　　36
個人情報の保護に関する法律（個人情報保護法）　　36、37
個人の尊厳　　30
呼息　　92、94
子どもの気道異物除去　　59
コネクター　　176

さ行

最高血圧　　79
最低血圧　　79
サイドチューブ　　102
杯細胞　　93
参加　　31
参加制約　　31、32
事業者登録　　48
自己決定の権利　　36
指示書　　22、179
施設内感染　　65
施設内の環境整備　　73
事前指示書　　35
実質的違法性阻却（論）　　47、48、50
実施手順〈気管カニューレ内吸引〉　　135
実施手順〈経管栄養〉　　178
実施手順〈口腔・鼻腔内吸引〉　　127
実施の説明と同意〈経管栄養〉　　165
実施の説明と同意〈たんの吸引〉　　110
疾病構造　　40、41
至適血圧　　79
社会福祉士及び介護福祉士法　　47
ジャパン・コーマ・スケール（JCS）　　87
収縮期血圧　　79
充塡〈チューブ内〉　　183、185、186
重度訪問介護　　43

■索引

十二指腸　　147、148
絨毛　　148
守秘義務　　36
消化　　146
障害児支援の強化　　41
障害者自立支援制度　　42
障害者総合支援法　　40、41、42
消化器　　147
消化態栄養剤　　155、156、157
上行結腸　　149
小腸　　147、148
小腸粘膜　　148
消毒　　65
食道　　146、147
徐脈　　82
自立　　30
人工呼吸　　63
人工呼吸器　　100、101、103
浸漬法　　124、125
侵襲型〈人工呼吸器〉　　101
心身機能・身体構造　　31
心肺蘇生　　60、61
深部体温　　85
診療補助に該当し得る行為　　44、51
膵臓　　147
スクイージング　　141、142
スタンダード・プリコーション（標準予防策）　　66、67
スタンド　　177
スピリチュアル　　76
スポーツ心臓　　82、83
生活機能　　31
生活の質　→　QOL
生活保護法　　43
成年後見制度　　36
成分栄養剤　　155、156、157
世界保健機関　→　WHO
接続チューブ〈経管栄養〉　　176
接続チューブ〈たんの吸引〉　　119
蠕動運動　　147、149
線毛　　94
側臥位呼吸　　96
咀嚼　　146
速乾性手指消毒薬　　70

尊厳死の宣言書　　35

た行

体位ドレナージ　　139、140
体温　　85
　──の異常　　85
　──の測定方法　　86
大腸　　147、148、149
WHO（国際保健機関）　　30
たん　　97
胆囊　　147
地域における自立した生活のための支援の充実　　41
チーム医療　　50
虫垂　　149
注入物の切りかえ　　187、188
チューブ型　　153
腸ろう　　151、152、153
腸ろうチューブ　　152
チョークサイン　　58
直腸　　147、149
手洗い　　68、69
低血圧　　81
ディスポーザブル手袋　　72、73
低体温　　86
テープ類の管理　　193
滴下速度　　187
手指消毒　　68、71
天然濃厚流動食　　154、155、156
同意書　　24
動脈血酸素飽和度（サチュレーション）　　96、104、114
特定疾患治療研究事業　　43
ドリップチェンバー　　176
努力性呼吸　　96

な行

肉芽　　193
日本国憲法　　30
認定特定行為業務従事者認定証　　50
脳幹　　92、93
膿盆（ベースン）　　177

213

は行

肺　84、94
背景因子　31
排泄　148
排泄ケア　192
バイタルサイン　78
排たんケア　139
背部叩打法　59
肺胞　92、93
ハインリッヒの法則　54
発熱　85
ハッフィング　141、142
バルーン　153
パルスオキシメーター　97、104、128
半固形化栄養剤　155、156、158
半固形化剤　155、156、158
半消化態栄養剤　155、156、157
バンパー　153
鼻腔　92
鼻腔ケア　192
非侵襲型〈人工呼吸器〉　101
必要物品〈気管カニューレ内吸引〉　123、124
必要物品〈経管栄養〉　176、180
必要物品〈口腔・鼻腔内吸引〉　121、122
皮膚ケア　193
皮膚トラブル　193
ヒヤリ・ハット　52、54
ヒヤリハット様式　26
頻脈　82
腹式呼吸　84
腹部突き上げ法　59
不整脈　82、83
プレパレーション（心理的準備）　107
フロート　118、119、128
噴門部　147
便秘　150
報告　88、115、172、174、195
報告書　25
保健医療に関するおもな制度　42
保健師助産師看護師法　44
ボタン型　153

ま行

マスク法〈人工呼吸器〉　102
ミキサー食　154、155
脈拍　81
　——数の標準値　82
　——測定の部位　83
　——の異常　82
　——の測定方法　82、83
無菌操作　65、137
胸やけ　150
滅菌蒸留水　123、124
滅菌手袋　123、124、136
盲腸　149

や行

幽門部　147
陽圧　101

ら行

ラ音　96
リスク　52
リスクマネジメント　52
利用者の準備〈経管栄養〉　181
利用者の準備〈たんの吸引〉　128、129
倫理的ジレンマ　33
連携　50、116、172
連結管　119
連絡　115、174
ろう孔　151
老人保健法　41
肋間筋　84、92、94

わ行

ワクチン接種　70、72

参考文献

- 大川弥生「ICFから高齢者医療・介護を考える 生活機能学の立場から」『老年看護学 Vol.13 No.2（特集 日本老年看護学会第13回学術集会）』日本老年看護学会、2009年
- 宮坂道夫『医療倫理学の方法 原則・手順・ナラティヴ』医学書院、2005年
- 正木治恵・真田弘美編『老年看護学概論 「老いを生きる」を支えることとは』南江堂、2011年
- 厚生労働省『厚生労働白書』各年版
- 内閣府「経済財政改革の基本方針2009」2009年
- 林正健二編『ナーシング・グラフィカ 人体の構造と機能（1） 解剖生理学 第2版』メディカ出版、2008年
- 平成16年厚生労働科学特別研究事業「高齢者介護施設における感染対策マニュアル」2005年
- 東京都福祉保健局「社会福祉施設等におけるノロウイルス対応標準マニュアル 第3版」2006年
- 佐賀県杵藤保健所「高齢者介護施設における感染症予防マニュアル」2006年
- 山元恵子監修『写真でわかる小児看護技術 改訂第2版 小児看護に必要な臨床技術を中心に』インターメディカ、2011年
- 大岡良枝・大谷眞千子編『Newなぜ？がわかる看護技術 lesson』学習研究社、2006年
- 村上美好監修『写真でわかる基礎看護技術1 看護技術を基礎から理解！』インターメディカ、2005年
- 『臨床看護 第33巻第4号（特集 難易度別 確実に身につけたい基本看護技術50）』へるす出版、2007年
- 社団法人日本老年医学会「立場表明2012」2012年
- 川島みどり監修『看護技術スタンダードマニュアル』メヂカルフレンド社、2006年
- 飯塚美和子・桜井幸子・瀬尾弘子・曽根眞理枝編『最新子どもの食と栄養 食生活の基礎を築くために 第7版』学建書院、2011年
- 野中淳子監修『改訂 子どもの看護技術』へるす出版、2007年
- Suzanne Evans Morris, Marsha Dunn Klein著／金子芳洋訳『摂食スキルの発達と障害 原著第2版 子どもの全体像から考える包括的支援』医歯薬出版、2009年

執筆者紹介　　（所属；執筆担当。掲載順）

久代和加子（くしろ　わかこ）／淑徳大学総合福祉学部教育福祉学科教授；分野1第1章

岡本あゆみ（おかもと　あゆみ）／淑徳大学看護栄養学部看護学科助教；分野1第2章、分野3第1章3～10・第2章

田代和子（たしろ　かずこ）／淑徳大学看護栄養学部看護学科教授；分野1第3章・第4章・第5章

渡邉弘美（わたなべ　ひろみ）／淑徳大学看護栄養学部看護学科教授；分野2第1章1～2、分野3第1章1～2

根岸貴子（ねぎし　たかこ）／淑徳大学看護栄養学部看護学科准教授；分野2第1章3～9・第2章

本文デザイン　栗谷佳代子
図制作　テラカドヒトシ・レオプロダクト
DTP　レオプロダクト
編集　ワードクロス
企画制作　SIXEEDS

監修者紹介

竹宮敏子（たけみや　としこ）

1961年東京女子医科大学卒業。同大学附属病院で研修後1962年医師免許取得。同大学大学院博士課程修了後1966年医学博士、1985年同大学教授（内科・神経内科）、2001年同大学名誉教授。
おもな著書、監修書に『自律神経機能検査』（分担執筆・査読、文光堂、第1版1992年、第2版1995年、第3版2000年）、『最新内科学体系70　神経・筋疾患6（末梢・自律神経疾患）』（分担執筆、中山書店、1996年）、『Key word神経変性疾患1998-1999』（分担執筆、先端医学社、1997年）、『介護福祉士国家試験解説集　第15回』（監修、中央法規出版、2003年）、『介護福祉士国家試験解説集　第16回』（監修、中央法規出版、2004年）ほか。

介護職員実務者研修テキスト
医療的ケア　DVD付

2015年10月10日　初版第1刷発行　　　〈検印省略〉

定価はカバーに表示しています

監修者	竹宮　敏子
著者	岡本　あゆみ
	久代　和加子
	田代　和子
	根岸　貴美
	渡邉　弘
発行者	杉田　啓三
印刷者	平野　竜太郎

発行所　株式会社　ミネルヴァ書房
607-8494　京都市山科区日ノ岡堤谷町1
電話　代表075-581-5191
振替口座01020-0-8076

©SIXEEDS, 2015　　　シナノ書籍印刷

ISBN978-4-623-07484-6
Printed in Japan

介護職員実務者研修テキスト

前田崇博 監修
実務者研修テキスト編集委員会 編
Ｂ５判・376頁・本体4500円

MINERVA福祉資格テキスト
介護職員初任者研修 DVD付［改訂版］

田中由紀子・住居広士・鈴木眞理子・島津淳・小林一郎 監修
初任者研修テキストブック編集委員会 編
Ｂ５判・504頁・本体5000円

MINERVA福祉資格テキスト
介護福祉士　人間と社会編

吉賀成子 監修
ミネルヴァ書房テキストブック編集委員会 編
Ｂ５判・208頁・本体2800円

MINERVA福祉資格テキスト
介護福祉士　介護編

小櫃芳江・鈴木知佐子 監修
ミネルヴァ書房テキストブック編集委員会 編
Ｂ５判・336頁・本体3700円

MINERVA福祉資格テキスト
介護福祉士　こころとからだのしくみ編

石井享子 監修
ミネルヴァ書房テキストブック編集委員会 編
Ｂ５判・288頁・本体3500円

―――― ミネルヴァ書房 ――――
http://www.minervashobo.co.jp/